公路隧道维修加固实例集

中交瑞通路桥养护科技有限公司 主编

人民交通出版社股份有限公司
China Communications Press Co.,Ltd.

图书在版编目(CIP)数据

公路隧道维修加固实例集／中交瑞通路桥养护科技有限公司主编．—北京：人民交通出版社股份有限公司，2019.4
ISBN 978-7-114-15449-2

Ⅰ.①公… Ⅱ.①中… Ⅲ.①公路隧道—维修②公路隧道—加固 Ⅳ.①U459.2

中国版本图书馆 CIP 数据核字(2019)第 062036 号

书　　名：	公路隧道维修加固实例集
著　作　者：	中交瑞通路桥养护科技有限公司
责任编辑：	李　沛　侯蓓蓓　周佳楠
责任校对：	刘　芹
责任印制：	张　凯
出版发行：	人民交通出版社股份有限公司
地　　址：	(100011)北京市朝阳区安定门外外馆斜街 3 号
网　　址：	http://www.ccpress.com.cn
销售电话：	(010)85285838，59757973
总　经　销：	人民交通出版社股份有限公司发行部
经　　销：	各地新华书店
印　　刷：	北京市密东印刷有限公司
开　　本：	720×960　1/16
印　　张：	26.75
字　　数：	317 千
版　　次：	2019 年 4 月　第 1 版
印　　次：	2019 年 4 月　第 1 次印刷
书　　号：	ISBN 978-7-114-15449-2
定　　价：	120.00 元

(有印刷、装订质量问题的图书，由本公司负责调换)

本书编审委员会

顾　　问：韩常领

主　　编：宫成兵　秦　洲

副 主 编：顾博渊　田　正

编写人：李玉文　陈建勋　李志厚　姜　杰
　　　　　曹校勇　杨彦民　王万平　肖了林
　　　　　袁永新　秦　峰　秦之富　高世军
　　　　　邓承波　雷　华　罗彦斌　姚红志
　　　　　苏臣宏　李伟平　朱小明　冯　勇
　　　　　蒲建军　刘燕鹏　蔺虎平　张立东
　　　　　李　祥　姜　博　秦　楠　成光明
　　　　　刘宝华　张彦晓　王文浩　杨　溢
　　　　　石开荣

主　　审：叶　飞

前 言 QIANYAN

近年来,在役公路隧道的运营安全受到社会各界的广泛关注,我国交通运输主管部门通过制定制度、开展专项行动、颁布相关标准规范等手段不断加强行业监管。2018年12月25日,交通运输部发布公告颁布了《公路隧道加固技术规范》(JTG/T 5440—2018),促进在役公路隧道提质升级行动,规范、指导公路隧道维修加固领域工作。

为便于使用者更好地掌握、执行《公路隧道加固技术规范》(JTG/T 5440—2018),规范编写组编制了《公路隧道维修加固实例集》一书,以工程实例的形式将规范中的相关规定、要求具体化。编制过程中,编写组对国内典型公路隧道维修加固案例进行筛选,并与规范紧密结合,客观地总结和分析工程案例中的经验和成果。希望本书可以给公路隧道养护从业人员提供借鉴,以期达到抛砖引玉的效果,为不断提高我国的公路隧道养护技术水平尽绵薄之力。

本书主要从公路隧道运营期常见病害的现状、类型、成因及维修加固面临的问题、原则、方法等进行介绍。筛选了国内公路隧道典型加固案例33篇,含衬砌加固4篇,套拱加固5篇,换拱加固2篇,隧底加固4篇,洞口工程处治2篇,渗漏水处治4篇,冻害处治3篇,震害、火灾处治3篇,综合处治6篇。

编写过程中,长安大学叶飞教授为本书编写提供了宝贵意见,在此表示感谢。由于时间仓促和作者水平限制,书中难免存在谬误及疏漏,望广大读者批评指正。

目　录 MULU

第1章　绪论 ... 1
1.1　隧道工程发展状况 ... 1
1.1.1　隧道的功能 ... 1
1.1.2　我国隧道的发展简史 ... 1
1.2　公路隧道加固维修 ... 4
1.2.1　我国公路隧道病害现状及认识 ... 4
1.2.2　公路隧道维修加固的特点 ... 6
1.2.3　公路隧道维修加固面临的问题 ... 8
第2章　公路隧道病害分类及成因 ... 9
2.1　公路隧道病害 ... 9
2.1.1　公路隧道病害类型 ... 9
2.1.2　公路隧道常见病害 ... 10
2.2　公路隧道病害成因 ... 16
2.2.1　外荷载作用 ... 16
2.2.2　材料劣化 ... 19
2.2.3　地下水作用 ... 20
第3章　公路隧道维修加固方法 ... 22
3.1　公路隧道维修加固原则 ... 22
3.2　公路隧道维修加固方法 ... 23
3.2.1　衬砌加固 ... 23
3.2.2　注浆加固 ... 31
3.2.3　换拱加固 ... 34
3.2.4　隧底加固 ... 36
3.2.5　洞口工程加固 ... 39
3.2.6　衬砌裂缝处治 ... 42
3.2.7　渗漏水处治 ... 44
3.2.8　冻害处治 ... 48
3.2.9　震害处治 ... 52

    3.2.10 火灾病害处治 …………………………………… 54
第4章 衬砌加固 …………………………………………… 57
  4.1 猫狸岭隧道 ……………………………………………… 57
    4.1.1 工程概况 …………………………………………… 57
    4.1.2 隧道病害状况 ……………………………………… 58
    4.1.3 隧道加固方案 ……………………………………… 61
    4.1.4 整治效果 …………………………………………… 65
  4.2 石苍岭隧道 ……………………………………………… 66
    4.2.1 工程概况 …………………………………………… 66
    4.2.2 隧道病害状况 ……………………………………… 67
    4.2.3 隧道加固方案 ……………………………………… 70
    4.2.4 整治效果 …………………………………………… 75
  4.3 新琼隧道 ………………………………………………… 76
    4.3.1 工程概况 …………………………………………… 76
    4.3.2 隧道病害状况 ……………………………………… 77
    4.3.3 隧道加固方案 ……………………………………… 84
    4.3.4 整治效果 …………………………………………… 89
  4.4 枫香垭隧道 ……………………………………………… 90
    4.4.1 工程概况 …………………………………………… 90
    4.4.2 隧道病害状况 ……………………………………… 92
    4.4.3 隧道加固方案 ……………………………………… 94
    4.4.4 整治效果 …………………………………………… 100
第5章 套拱加固 …………………………………………… 101
  5.1 六甲洞隧道 ……………………………………………… 101
    5.1.1 隧道概况 …………………………………………… 101
    5.1.2 隧道病害状况 ……………………………………… 103
    5.1.3 隧道加固方案 ……………………………………… 106
    5.1.4 整治效果 …………………………………………… 111
  5.2 麻街岭隧道 ……………………………………………… 112
    5.2.1 隧道概况 …………………………………………… 112
    5.2.2 隧道病害现状及成因分析 ………………………… 114
    5.2.3 隧道加固方案 ……………………………………… 119
    5.2.4 整治效果 …………………………………………… 120

5.3 甘肃某隧道 ……………………………………………… 121
　5.3.1 隧道概况 ………………………………………… 121
　5.3.2 隧道病害现状及成因分析 ………………………… 125
　5.3.3 隧道加固方案 ……………………………………… 129
　5.3.4 整治效果 …………………………………………… 132
5.4 龙门隧道 ………………………………………………… 133
　5.4.1 隧道概况 …………………………………………… 133
　5.4.2 隧道病害现状及成因分析 ………………………… 134
　5.4.3 隧道加固方案 ……………………………………… 137
　5.4.4 整治效果 …………………………………………… 138
5.5 槐树关隧道 ……………………………………………… 139
　5.5.1 隧道概况 …………………………………………… 139
　5.5.2 隧道病害状况 ……………………………………… 141
　5.5.3 隧道加固方案 ……………………………………… 143
　5.5.4 整治效果 …………………………………………… 145

第6章 换拱加固 ………………………………………… 147
6.1 观音岩隧道 ……………………………………………… 147
　6.1.1 工程概况 …………………………………………… 147
　6.1.2 隧道病害状况 ……………………………………… 148
　6.1.3 隧道加固方案 ……………………………………… 149
　6.1.4 整治效果 …………………………………………… 155
6.2 四角山隧道 ……………………………………………… 155
　6.2.1 工程概况 …………………………………………… 156
　6.2.2 隧道病害状况 ……………………………………… 156
　6.2.3 隧道加固方案 ……………………………………… 160
　6.2.4 整治效果 …………………………………………… 163

第7章 隧底加固 ………………………………………… 164
7.1 白云隧道 ………………………………………………… 164
　7.1.1 隧道概况 …………………………………………… 164
　7.1.2 隧道病害现状及成因分析 ………………………… 166
　7.1.3 隧道加固方案 ……………………………………… 169
　7.1.4 加固效果及经验总结 ……………………………… 172
7.2 西南某高速公路隧道 …………………………………… 173

  7.2.1 隧道概况 …………………………………………… 173
  7.2.2 隧道病害现状及成因分析 …………………………… 175
  7.2.3 隧道加固方案 ………………………………………… 176
  7.2.4 加固效果及经验总结 ………………………………… 181
 7.3 铁峰山Ⅱ号隧道 …………………………………………… 182
  7.3.1 隧道概况 ……………………………………………… 182
  7.3.2 隧道病害现状及成因分析 …………………………… 185
  7.3.3 隧道加固方案 ………………………………………… 188
  7.3.4 加固效果及经验总结 ………………………………… 189
 7.4 八盘山隧道 ………………………………………………… 190
  7.4.1 隧道概况 ……………………………………………… 190
  7.4.2 隧道病害现状及成因分析 …………………………… 192
  7.4.3 隧道加固方案 ………………………………………… 194
  7.4.4 加固效果及经验总结 ………………………………… 202

第8章 洞口工程处治 ……………………………………………… 204
 8.1 焦溪岭Ⅲ号隧道 …………………………………………… 204
  8.1.1 隧道概况 ……………………………………………… 204
  8.1.2 隧道病害现状及原因分析 …………………………… 205
  8.1.3 隧道加固方案 ………………………………………… 206
  8.1.4 整治效果 ……………………………………………… 210
 8.2 西汉高速公路两座隧道 …………………………………… 211
  8.2.1 隧道概况 ……………………………………………… 211
  8.2.2 隧道病害现状及成因分析 …………………………… 213
  8.2.3 隧道加固方案 ………………………………………… 215
  8.2.4 整治效果及经验总结 ………………………………… 218

第9章 渗漏水处治 ………………………………………………… 220
 9.1 坪东隧道 …………………………………………………… 220
  9.1.1 工程概况 ……………………………………………… 220
  9.1.2 隧道病害现状及成因分析 …………………………… 223
  9.1.3 隧道加固方案 ………………………………………… 226
  9.1.4 加固效果及经验总结 ………………………………… 230
 9.2 碌冬隧道 …………………………………………………… 232
  9.2.1 工程概况 ……………………………………………… 232

  9.2.2　隧道病害现状及成因分析 ……………………………… 236
  9.2.3　隧道加固方案 ……………………………………………… 239
  9.2.4　加固效果及经验总结 ……………………………………… 245
 9.3　鲘门隧道 …………………………………………………………… 247
  9.3.1　工程概况 …………………………………………………… 247
  9.3.2　隧道病害现状及成因分析 ……………………………… 248
  9.3.3　隧道加固方案 ……………………………………………… 250
  9.3.4　加固效果及经验总结 ……………………………………… 252
 9.4　藤蔑山隧道 ………………………………………………………… 255
  9.4.1　工程概况 …………………………………………………… 256
  9.4.2　隧道病害现状及成因分析 ……………………………… 259
  9.4.3　隧道加固方案 ……………………………………………… 259
  9.4.4　加固效果及经验总结 ……………………………………… 263

第10章　冻害处治 …………………………………………………………… 264
 10.1　梯子岭隧道 ……………………………………………………… 264
  10.1.1　隧道概况 ………………………………………………… 264
  10.1.2　隧道病害现状及成因分析 …………………………… 266
  10.1.3　隧道加固方案 …………………………………………… 268
  10.1.4　处治效果及经验总结 …………………………………… 271
 10.2　天恒山隧道 ……………………………………………………… 273
  10.2.1　隧道概况 ………………………………………………… 273
  10.2.2　隧道冻害分析 …………………………………………… 275
  10.2.3　隧道防冻设计与施工 …………………………………… 276
  10.2.4　防冻效果及经验总结 …………………………………… 278
 10.3　雾淞岭隧道 ……………………………………………………… 281
  10.3.1　隧道概况 ………………………………………………… 281
  10.3.2　隧道冻害分析 …………………………………………… 283
  10.3.3　隧道防冻设计与施工 …………………………………… 283
  10.3.4　防冻效果及经验总结 …………………………………… 285

第11章　震害、火灾处治 …………………………………………………… 289
 11.1　紫坪铺隧道 ……………………………………………………… 289
  11.1.1　工程概况 ………………………………………………… 289
  11.1.2　隧道震害现状及成因分析 …………………………… 291

    11.1.3　隧道加固方案 …… 294
    11.1.4　加固效果及经验总结 …… 297
    11.1.5　施工安全措施与建议 …… 297
  11.2　新七道梁隧道 …… 298
    11.2.1　工程概况 …… 298
    11.2.2　隧道病害现状及成因分析 …… 301
    11.2.3　隧道加固方案 …… 308
    11.2.4　加固效果及经验总结 …… 311
  11.3　大宝山隧道 …… 311
    11.3.1　工程概况 …… 312
    11.3.2　隧道病害现状及成因分析 …… 314
    11.3.3　隧道加固方案 …… 320
    11.3.4　加固效果及经验总结 …… 323

第12章　综合处治 …… 325
  12.1　六盘山隧道 …… 325
    12.1.1　工程概况 …… 325
    12.1.2　隧道病害现状及成因分析 …… 329
    12.1.3　隧道加固方案 …… 334
    12.1.4　整治效果 …… 340
  12.2　西北地区某隧道 …… 341
    12.2.1　工程概况 …… 341
    12.2.2　隧道病害状况 …… 345
    12.2.3　隧道加固方案 …… 348
    12.2.4　整治效果 …… 356
  12.3　华蓥山隧道 …… 357
    12.3.1　工程概况 …… 357
    12.3.2　隧道病害状况 …… 360
    12.3.3　隧道加固方案 …… 371
    12.3.4　整治效果 …… 375
  12.4　广东省珠海市某隧道 …… 376
    12.4.1　工程概况 …… 376
    12.4.2　隧道病害状况 …… 378
    12.4.3　隧道加固方案 …… 381

  12.4.4　整治效果…… 385
12.5　金鸡关隧道…… 386
  12.5.1　工程概况…… 386
  12.5.2　隧道病害状况…… 387
  12.5.3　隧道加固方案…… 394
  12.5.4　整治效果…… 400
12.6　山王庙隧道…… 401
  12.6.1　隧道概况…… 401
  12.6.2　隧道病害现状及成因分析…… 402
  12.6.3　隧道加固方案…… 405
  12.6.4　加固效果及经验总结…… 408
结语…… 410
参考文献…… 412

第1章 绪 论

1.1 隧道工程发展状况

1.1.1 隧道的功能

隧道(图1-1-1、图1-1-2)通常指埋置于地层内用作地下通道的工程建筑物,是人类利用地下空间的一种形式,可分为公路隧道、铁路隧道、水工隧道、矿山隧道等。公路隧道在公路交通体系中发挥着重要的作用,且具有自身明显优势。平原区公路隧道可减少用地、构成立体交叉、解决交叉路口的拥挤阻塞问题并疏导交通;山岭区公路隧道可以克服地形或高程障碍、改善线形、提高车速、缩短里程、节约燃料、节省时间、减少对植被的破坏、保护生态环境等。公路隧道还可作为防治局部路段落石、塌方、雪崩、崩塌等危害的措施。

图1-1-1 早期修建的毛洞　　图1-1-2 现代化的隧道

1.1.2 我国隧道的发展简史

我国关于隧道修建的记载非常早,早在公元66年(东汉年间)就在陕西省汉中市褒谷口内修建了第一座交通隧道——石门隧道。

石门隧道总长 15.75m,宽 4.15m,高 3.6m,规模虽然不大,但在当时技术条件下修建了 3~4 年,开创了我国交通隧道建造的先河。

但由于我国早期所修建的公路等级低,线形要求不高,当需翻越山岭时,大都采用盘山展线绕行。总体来讲,我国公路隧道前期发展缓慢,直到中华人民共和国成立前仅有十余座,最长的只有 200m,且大部分为单车道隧道,洞身为裸洞或采用条石、砖进行简单支护,具有代表性的是修建于抗战时期的重庆市山洞隧道。

中华人民共和国成立初期,我国仅有公路隧道 30 多座,总长约 2.5km,均为中、短隧道。到六七十年代,我国在干线公路上修建的也仅是 100m 左右的隧道,如 1964 年的北京至山西原平公路(四级公路),修建了两座 200m 以上的隧道,在当时已是非常大的工程。

进入 20 世纪 80 年代,随着我国交通事业的发展,建设者面对高山险阻开山破岩,建造出千米以上的长隧道。此阶段建成的公路隧道总长达到约 150km,1000m 以上的公路隧道已有十余座,具有代表性的是甘肃的七道梁隧道、新疆天山铁力买提隧道(图 1-1-3)等。

20 世纪 90 年代,我国进入了公路隧道高速发展时期,出现了成渝高速公路的中梁山隧道、川藏公路的二郎山隧道、南广邻高速公路的华蓥山隧道(图 1-1-4)等,把我国公路隧道单洞长度提高到 3000m 以上,并在应对突涌水、岩溶、瓦斯等不良地质及处治塌方、大变形等问题方面积累了经验,特别是在公路隧道机电设施、运营管理、防灾救援等技术方面取得了突破性进展,为我国后来修建山岭长大公路隧道积累了宝贵经验。

进入 21 世纪,我国已修建了众多的长隧道、特长隧道以及隧道群,隧道在公路里程中比重不断增大,同时隧道建设技术也不断

图 1-1-3　新疆铁力买提隧道

图 1-1-4　四川华蓥山隧道

提高和日趋成熟。特别是涌现出一批世界级的公路隧道工程,如陕西省秦岭终南山隧道(长 18.02km)(图 1-1-5)、甘肃省麦积山隧道(长12.29km)(图 1-1-6)、山西省西山隧道(长 13.65km)等。一大批特长隧道的出现,也促使我国在公路隧道防灾救援领域的研究有了长足进步。我国公路隧道不仅单洞长度在增加,内轮廓断面也逐渐扩大。早期的公路隧道为单车道隧道,后来出现了双车道隧道,并不断发展为三车道隧道及四车道隧道。

图 1-1-5　终南山隧道　　　　　图 1-1-6　麦积山隧道

随着我国公路隧道数量增多、规模增大,结构形式变得多样。由于地形限制,部分情况下双洞隧道左右线间距往往不能满足建设需求,在正常分离式的基础上,出现了连拱式(图 1-1-7)或小净距式等多种隧道结构形式。此外,由于复杂地形条件限制及其他特殊需求，我国公路隧道还出现了分岔式结构形式、桥隧相接结构形式（图1-1-8）、地下立交结构形式等。

图1-1-7　连拱隧道　　　　　　图1-1-8　桥隧相接

截至2018年底，我国已建成公路隧道16229座，总里程17236.1km，其中特长隧道4706.6km/1058座，长隧道7421.8km/4315座。

1.2　公路隧道加固维修

1.2.1　我国公路隧道病害现状及认识

结合发达国家的发展历程，我国公路隧道工程的发展大致可分为三个时期：大规模建设时期、新建和维修改造并重时期、改造和维修加固为主时期。我国幅员辽阔、地域自然条件差异较大，隧道穿越山体的工程地质、水文地质条件复杂多变，既有隧道受设计、施工、养护等因素的限制，很多隧道在投入运营初期就出现了各种各样的病害。如隧道渗漏水（图1-2-1）、衬砌开裂（图1-2-2）、路面开裂（图1-2-3）、限界受侵、基底下沉、底鼓、冻害（图1-2-4）、火灾（图1-2-5）、震害（图1-2-6）等问题，不同程度地影响了隧道内的行车环境和行车安全。不仅部分早期建设的隧道已进入"高维修"阶段，而且预期在不久的将来会有大量的公路隧道需要进行维修加固处治。

图 1-2-1　衬砌渗水

图 1-2-2　衬砌开裂

图 1-2-3　路面开裂

图 1-2-4　隧道冻害

图 1-2-5　隧道火灾

图 1-2-6　隧道震害

有资料显示,我国目前大约30%的公路隧道处于病害发育的亚健康状态,但公路隧道管理者没有给予足够的重视,仍普遍存在"轻检查、轻维护"的问题。往往是隧道出现轻微病害时得不到及时、有效的维修加固,等到部分隧道发生局部失稳、掉块、坍塌、涌水等严重病害才进行处治,导致处治难度大、费用高昂、对交通影响大、对社会影响大。因此,立足全寿命周期成本,建立"预防为主、早期发现、及时维护、对症下药"的理念是非常必要的。

"预防为主"是指经过日常或周期性检查,发现不利的前兆后,通过经验预测可能出现的病害,并采取必要措施防止病害发生,是最经济的运营管理方法。

"早期发现"是指在隧道病害发生的初期,及时发现病害并作出科学判定,及时处治防止可能发生的病害,是当前各国进行维修管理的基本前提,这一点对我们现阶段隧道发展状况有更重要的意义。

"及时维护",拖延处理只会使病害继续发展,最后可能导致隧道病害加剧,甚至引起安全事故。隧道是修建在地下的线状结构物,工程地质、水文地质条件是十分复杂的,隧道病害有发展趋势的情况下,就必须采取有效措施进行处治。实践证明,在病害发生初期阶段往往采取一些简单措施就可以解决问题,达到"事半功倍"的效果;如果不及时处治任由病害发展,可能发展为严重病害危及安全,处理的代价也是十分高昂的。

"对症下药",隧道病害产生机理往往是十分复杂的,与之对应的加固维修方法也是多种多样的,加固前必须通过各种检查、检测,查清病害的产生原因和机理,从而采取针对性的维修加固方法,以期获得良好的整治效果。

1.2.2 公路隧道维修加固的特点

目前,我国公路隧道通车总里程已突破17000km,这是一笔巨大的社会财富,管好、用好这些财富是运营管理单位的重要任务。随着既有公路隧道运营时间的增长,病害逐渐增多,影响正常使用,隧道维修加固问题也将日益突出,运营管理单位责任重大。

在隧道结构物使用期间进行维修加固,防止隧道病害发展乃至提高原结构性能指标,可保证隧道结构物具有良好的运营条件和使用功能,不断延长结构物的使用寿命。由于隧道加固可以用比新建隧道少很多的费用延长隧道的使用期限,从而带来很高的社会效益与经济效益。

从维修加固角度来看,隧道结构物的性质与一般地上工程结构物有明显的区别,主要表现在以下几个方面:

(1)隐蔽性

隧道结构与其他土建结构最大的不同在于其隐蔽性,出现病害时往往无法迅速发现,且只能看到病害表象,增加了判明病害规模和病因的难度。

(2)复杂性

造成隧道病害的原因通常是多方面的,可能涉及地形、地质、设计、施工、运营管理等多方面。工程师需要具备丰富的工程经验、知识,采用先进的检测手段,才能查明真相,采取针对性措施,做到"药到病除"。

(3)环境影响

隧道的运营环境问题,如车辆运行振动引起的结构疲劳、电力迷流、空气中腐蚀性物质等,对结构物的影响等是不容忽视的。不仅如此,隧道结构物还受到围岩缓慢变形和地下水水压、酸碱度的影响。

(4)可维修性

在工程维修加固领域,隧道加固空间狭小,加固维修代价较大。

(5)可实施性

隧道的维修加固施工往往对运营影响较大,隧道加固施工前需制订相应的交通管制措施和应急预案。比如高速公路、一级公路隧道通常为双洞隧道,维修加固时可降低服务水平,在一座单洞内采取双向行车方案,另一座单洞进行加固施工,这样就不至于中断交通,但在交通量大的路段经常造成交通堵塞问题。二级公路及低等级公路隧道加固施工时,一般没有临时可以代替的行车通道,施工困难、风险大时,一般长时间中断交通进行施工;施工风险较小时,一般在夜间交通量较小时短时间中断交通进行施工。无论采取哪种交通管制措施,对运营的影响都是不可能完全消除的,同时在突发情况下还需要启动事先制订的应急预案,这也是目前部分隧道已经"伤痕累累"但仍然"带病服役"的原因之一。

1.2.3 公路隧道维修加固面临的问题

早期,我们对公路隧道维修加固的认识不足,导致隧道病害在初期往往得不到及时的加固处治,贻误了最佳加固时机,即使后期进行了有效加固,其效果也往往达不到最佳水平,此方面的问题主要表现在以下几点:

(1)对隧道维修加固的理念认识不足,未能做到对隧道病害"早发现、早处理",往往是病害危及结构或行车安全时才采取措施。这种麻痹心理往往导致重大安全事故的发生,同时也导致病害不断发展,处理难度加大、缩短隧道寿命。

(2)管养部门的隧道技术人员未能进行必要的培训,专业知识匮乏,不能科学地开展隧道养护管理工作。

(3)对于《公路隧道养护技术规范》(JTG H12)所规定的日常巡查、经常检查和定期检查执行不力,即使有技术服务单位进行了相关工作,技术成果也往往不被重视。

(4)"重新建、轻养护"的思想仍然有较大市场,导致养护资金、技术人员等不足,不能进行有效的检查和维修加固。

(5)公路隧道加固对正常运营影响较大,且实施风险大,管养部门对此十分谨慎。

第 2 章 公路隧道病害分类及成因

2.1 公路隧道病害

我国已建成公路隧道具有穿越地质条件复杂多变,结构形式多样,技术难度大的特点。由于受建设期技术水平和条件的限制,隧道在设计、施工阶段往往存在不完善和不合理的现象;同时受各种因素制约,运营期养护管理也往往存在不到位现象,导致病害不能及时处治或处治措施针对性不强等问题。以上诸多因素导致公路隧道病害不断出现,甚至发生运营期间衬砌严重变形、破坏等现象。

2.1.1 公路隧道病害类型

公路隧道病害类型众多,经过归纳见表2-1-1,表中内容基本涵盖了各种土建病害类型。

公路隧道病害类型　　　　　　表2-1-1

部位	病害特征
洞口	落石、泥石流、坡体坍塌、雪害等
洞门	裂缝、渗水、错台、前倾、沉陷、不均匀沉降、挂冰、混凝土腐蚀、钢筋腐蚀等
衬砌	裂缝、渗漏水、错台、衬砌变形、下沉、混凝土腐蚀、钢筋腐蚀、结冰、剥落剥离、掉块、蜂窝麻面、突发性坍塌等
路面	开裂、错台、翻浆冒泥、积水、渗水、结冰、底鼓、沉陷等
排水设施	排水系统堵塞、水量过大、排水沟破损与变形等
电缆槽	电缆槽破损与变形等
内装饰	破损、开裂等
预埋件	锈蚀、不牢固等

2.1.2 公路隧道常见病害

公路隧道病害种类很多,本节仅对常见的、对行车安全造成较大威胁的病害进行介绍。

2.1.2.1 衬砌裂缝

衬砌裂缝是隧道最常见病害类型,该类病害是在不利荷载、温度变化、养护不到位等条件下产生的。一般浅层裂缝对结构承载力影响不大,贯穿性裂缝会使结构承载力的急剧下降,大面积交叉裂缝往往会导致衬砌结构突然失稳和垮塌而产生严重后果。按照裂缝发展方向和受力特性,衬砌裂缝可以进行以下分类。

(1)裂缝形态

按裂缝形态其类型可分为:纵向裂缝、斜向裂缝及环向裂缝,如图2-1-1所示。

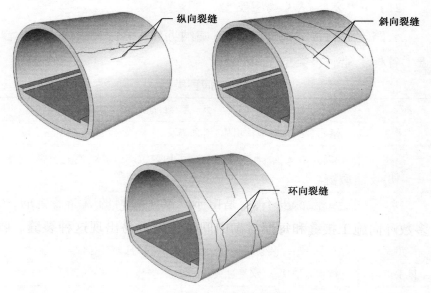

图 2-1-1 裂缝形式

一般来讲,衬砌纵向开裂对结构安全影响最大,斜向裂缝次之。

(2)裂缝的受力特性

按形成机理,裂缝类型可分为:弯张裂缝、剪切裂缝、收缩裂缝、扭弯裂缝、压剪裂缝。

①弯张裂缝

弯张裂缝特征为裂缝张口较大、锯齿状破口、一般无错台,是一种较为普遍的裂缝形态。开裂严重时,衬砌背面出现挤压剥离现象,其破坏形态如图2-1-2所示。

②剪切裂缝

剪切裂缝是一种主要的裂缝类型。其特征为裂缝张口小、有明显的错台、破口一般无锯齿状、有相对滑移的痕迹,其破坏形态如图2-1-3所示。

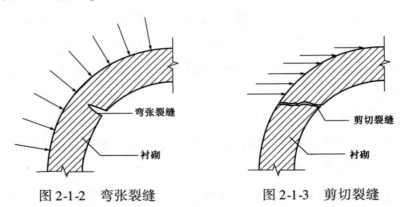

图2-1-2 弯张裂缝　　　　图2-1-3 剪切裂缝

③收缩裂缝

收缩裂缝一般深度不大,是由于混凝土材料的收缩产生的,大多数环向施工接缝和每模衬砌中间位置附近易出现这种裂缝。收缩裂缝一般对隧道结构的稳定威胁不大。

④扭弯裂缝

扭弯裂缝的数量较少,其特征为裂缝张口不大、破口一般无锯齿、通常沿斜向发展、经常由一条或数条方向基本相同的裂缝组成,其形态如图2-1-4所示。

⑤压剪裂缝

压剪裂缝一般破口无明显锯齿状、有错台、出现刀刃形的尖劈裂缝。衬砌表面形成薄片状剥离体,其形状如图 2-1-5 所示。

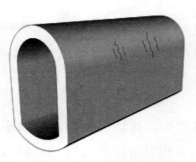
图 2-1-4　扭弯裂缝

图 2-1-5　压剪裂缝

以上是几种常见的裂缝形态,实践工程中有的是一种裂缝单独出现,有的是几种裂缝同时出现。一般由裂缝产生的部位、方向和形状,结合水文地质、工程地质条件可以分析衬砌结构背后的受力状态。

2.1.2.2　衬砌变形

隧道衬砌的变形主要有以下两种形式:内轮廓变形、衬砌错台等。

(1)内轮廓变形

隧道内轮廓变形分为横向和纵向两种,横向变形是主要变形形式,是衬砌由于受力原因而引起的拱轴形状的改变。衬砌移动是指衬砌的整体或其中一部分出现转动(倾斜)、平移和下沉(或上抬)等变化。衬砌移动也有纵向移动和横向移动之分,对于大多数已发生裂损的衬砌,往往是纵向和横向移动同时出现。

若隧道内轮廓变形较大,可能会导致内轮廓"侵限"问题的出现。

(2)衬砌错台

衬砌错台按其方向可分为凸出错台和凹进错台两种形式,一

第2章 公路隧道病害分类及成因

般纵向发生在隧道起拱线位置附近,环向发生在施工缝处。错台的发展方向与剪力方向一致,如图 2-1-6、图 2-1-8、图 2-1-9 所示;也有与半径线斜交 θ 角的,e、Δ、θ 三者发展方向不一致,如图 2-1-7 所示。

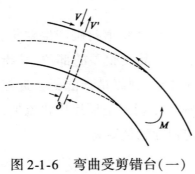

图 2-1-6　弯曲受剪错台(一)
δ-裂缝宽度

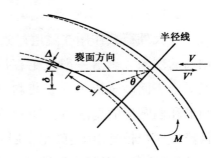

图 2-1-7　弯曲受剪错台(二)
Δ-变形;θ-崩角;δ-裂缝宽度;

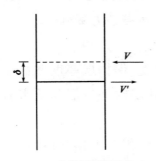

2-1-8　直接受剪错台(一)
δ-裂缝宽度

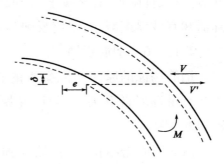

图 2-1-9　直接受剪错台(二)
δ-裂缝宽度;e-错缝深度

2.1.2.3　渗漏水

渗漏水也是隧道最常见的病害类型,有"十隧九漏"之说。按水量的大小可定性将渗漏水分为浸渗、滴漏、涌流、喷射四个等级;按渗漏水形状可分为点漏、线漏、面漏三种形式。

渗漏水是导致衬砌混凝土材料劣化的重要原因,还因会携带背后砂土流出,使围岩松弛引起外荷载作用相关病害。同时渗漏水本身也会产生一些直接病害,比如:使路面湿滑而影响交通安全;对隧道内的附属设施产生不良影响;影响行车舒适性以及隧道内的美观;在寒冷地区,还会导致路面冻结或衬砌上挂冰,引起更大的问题。

2.1.2.4 衬砌剥落、剥离

过大外荷载作用在隧道衬砌上时,常会使隧道衬砌产生剥落、剥离的现象。剥落一般发生在混凝土表层品质较差的部位,是指混凝土表面砂浆流失和粗集料外露的现象;剥离是指混凝土近似圆形和椭圆形的剥落,它与剥落的区别在于剥离是呈片块状流失,且流失面积较剥落大;鼓出发展到一定程度就是剥离。

2.1.2.5 混凝土腐蚀

混凝土腐蚀是材料劣化的一种形式,包括混凝土碳化、多孔、开裂、密实性降低、体积膨胀等现象。混凝土腐蚀会导致衬砌强度降低和有效厚度减小,最终反映为衬砌的承载能力降低。

2.1.2.6 钢筋锈蚀

钢筋锈蚀的原因与混凝土的碳化深度、保护层厚度和盐化物的含有量等因素有关。同时,混凝土碳化随时间发展与盐害有着密切的关系。

钢筋混凝土结构,其钢筋受到锈蚀,体积产生膨胀以后,会助长沿着钢筋的裂缝扩展,并使钢筋有效面积减小,结构的强度也将降低。

2.1.2.7 衬砌突发性坍塌

通常情况下,隧道的病害是逐渐发展的,但也存在隧道衬砌没有明显病害,或者仅存在较轻微的病害,却在短时间内产生了坍塌现象,称之为突发性坍塌。

导致衬砌发生突发性崩塌的原因是多方面的,具有代表性的是衬砌上方存在较大空洞,如图2-1-10a)所示。空洞上部的岩块在某种原因作用下与围岩分离并突然落下,对衬砌造成较大的冲击

力,当隧道衬砌强度充足时,岩块会停在衬砌上部,如图 2-1-10b)所示;当隧道衬砌强度不足时,便会被冲垮,与岩块一起落到隧道内部,如图 2-1-10c)所示,形成衬砌坍塌现象。

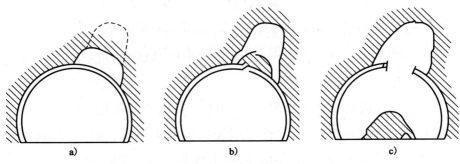

图 2-1-10　隧道衬砌突发性坍塌

2.1.2.8　底鼓

底鼓的直接反映是路面的隆起,造成路面开裂、错台,并有可能危及车辆的运行安全。底鼓与上部衬砌结构的收敛有关时,往往会危及结构安全。隧道基底岩土体具有膨胀性、底板强度和厚度不足、底板水压过大等因素都会导致底鼓现象发生。

2.1.2.9　路面积水、渗水、翻浆冒泥、结冰

路面积水一般是指衬砌渗漏水或排水边沟中水溢出,在路面汇集的现象;路面渗水是指隧道基底下水流在压力作用下渗到路面上,该类基底通常为石质;路面翻浆冒泥是指隧道基底下水流及泥沙在压力作用下渗到路面上,该类基底一般为软岩或土(砂)质;路面结冰是在寒冷地区路面上积水、渗水冻结的现象。该类病害导致行车道湿滑,均对行车安全构成威胁。

2.1.2.10　落石

落石是指隧道洞口安全影响区范围内,不稳定岩(土)体发生坠落,对洞口段行车安全造成威胁。落石一般是在岩(土)体长期风化发生剥离或既有防护措施失效时,可能产生。当隧址区发生

地震时，洞口也可能发生落石现象。

2.2 公路隧道病害成因

既有隧道病害形态根据其成因，大致可分为由作用在隧道上的外荷载作用产生的，由材料劣化产生的，由渗漏水产生的，另外还有在隧道建设时人为原因所产生的缺陷、病害。

2.2.1 外荷载作用

公路隧道是修建在自然地层中的一种地下结构物，松弛地压、偏压、坡面蠕动、滑坡、膨胀性等围岩压力及水压力、地震等外荷载由地层和衬砌结构共同承担，从而实现其功能。同时以上外荷载过大或结构承载能力不足时，将导致病害发生。

2.2.1.1 松弛地压

松弛地压是指围岩自然松弛，不能支持其自重而作用在衬砌结构上的荷载。多以垂直压力为主，容易导致隧道拱部沿纵向产生张开性的裂缝。而垂直压力的大小沿隧道断面多为马鞍形分布，所以拱腰处纵向裂缝一般较多。还有一种松弛地压，当隧道衬砌上部有较大的空洞，而空洞上部围岩突然掉落冲击衬砌结构，衬砌由于承载力不足就会发生突发性坍塌，这种病害的破坏性很大。

围岩产生松弛地压的情况如下：

（1）施工中超挖部分回填不密实，衬砌结构与围岩之间存在空洞或脱空现象。

（2）设计或施工不当导致衬砌承载能力不足。

（3）围岩自重、地震振动使围岩松弛。

（4）因长期风化降低节理面的结合力。

（5）砂质围岩中细颗粒成分流失使黏结力降低。

2.2.1.2 偏压、坡面蠕动

隧道衬砌在偏压、坡面蠕动条件下可能产生两种形式的病害：

一种是当隧道走向与坡面平行时,在靠近山侧衬砌拱腰处产生水平张拉开裂、错动,而另一侧拱腰处衬砌则产生压溃;另一种是当隧道走向垂直坡面时,洞口段衬砌一般容易产生被动拉力或压力,洞口衬砌产生环向裂缝、错台等。对于洞口工程而言,坡面蠕动则可能造成洞口坡体坍塌、洞门墙开裂、错台、前倾等。

产生偏压、坡面蠕动的情况如下:

(1) 设计时,偏压衬砌、开挖、防护、回填等因素考虑不周全,埋深较小,侧边墙基础嵌入深度不足,没有设置仰拱等。

(2) 在施工阶段,衬砌背后有空洞、施工开挖方式不合适、基础回填不密实、衬砌强度或厚度不足、坡面防护措施不足等。

(3) 埋深较小侧发育河流,河流长期冲刷导致偏压加重。

(4) 强降雨、地震等自然灾害也会增加病害发生的可能性。

2.2.1.3 滑坡

滑坡是指斜坡上的土体或者岩体,在重力作用下,受河流冲刷、地下水活动、地震及人工开挖等因素影响,沿着软弱面或者软弱带,整体或者分散地顺坡向下滑动的自然现象。当隧道与滑坡面平行时,衬砌在靠山侧拱部、边墙产生水平开裂、错动,拱顶压溃、坍塌、边墙收敛、侧沟错动、路基变形、底鼓、地表下沉、开裂。当隧道与滑坡面垂直时,洞口会产生被动拉力或压力,洞口衬砌产生环向裂缝、错台,拱顶压溃、坍塌、地表下沉、开裂等。

隧址区存在滑坡的原因如下:

(1) 地质勘察工作深度不足,未发现滑坡体的存在。

(2) 选址不当,设计阶段应尽量避绕滑坡体等较大不良地质地段;但若避绕困难或因此导致工程造价大幅度提高时,可视为合理。

(3) 滑坡治理措施不合理,未达到预期效果。

(4) 施工质量不良,未达到设计要求。

(5)强降雨、地震等自然灾害增加病害发生的可能性。

2.2.1.4　膨胀性压力

隧道承受膨胀性岩土的膨胀力,会造成边墙或者拱腰水平开裂、边墙挤出、净空收敛大、底鼓、拱顶压溃等病害现象。膨胀力的一般特征是围岩位移和压力随时间而增长,进而产生衬砌破损。

膨胀性压力在以下情况下可能导致隧道产生病害：

(1)设计或施工原因导致隧道衬砌结构上有缺陷,如衬砌厚度或强度不足、无仰拱、背后有空洞、直边墙；

(2)初期抑制围岩变形的措施不当,如对地下水的处理、初期支护措施等。

2.2.1.5　水压力

隧道处于地下水水位以下时,隧道将承受一定的水压。当地下水水位高出隧道设计高程较多,同时地下水连通性好时,隧道承受的水压力就很大,可能造成边墙或者拱腰水平开裂、边墙挤出、净空收敛大、底鼓、拱顶压溃等病害现象。

水压力在以下情况下可能导致隧道产生病害：

(1)设计或施工原因导致隧道衬砌结构上有缺陷,如衬砌厚度或强度不足、无仰拱或仰拱强度不足、直边墙。

(2)排水设施堵塞,水压增大。

(3)未考虑堵水措施或施工质量不良。

2.2.1.6　地震

我国现有的公路隧道相当多位于高烈度区,强震产生的偶然荷载对隧道工程的破坏相当大,而且很多是毁灭性的破坏,所以地震引起的隧道病害也应得到充分的重视。

地震引起的隧道病害主要的表现形式有：

(1)衬砌裂损、错台、变形、边墙断裂、基线移动、崩塌、掉块。

(2)衬砌背后围岩松动掉落而挤压支护结构,使钢筋屈曲变形。

(3)路基发生底鼓,基底挤压破坏,土砂流入,翻浆冒泥。

(4)洞口山体滑坡,洞门开裂、前倾,墙端破损,严重的会崩塌埋没,特殊地层塌陷。

(5)引发次生灾害,如火灾、水害、毒气等。

公路隧道是道路的控制工程,长大隧道更是国家生命线工程。为防止和减轻隧道震害,必须将"综合治理、防范为主"的思想贯穿到选线、设计、施工、维修养护等各个阶段。根据有关规范进行防震设计,对处于Ⅸ度以上地区的隧道必须进行专门的地震安全性评价工作。

2.2.2 材料劣化

衬砌材料劣化引起的隧道病害,视其施工条件、环境、使用条件等因素而各不相同。一般而言,材料劣化种类很多,且并不是单独产生,很多情况下几种病害现象同时发生,相互助长使病害加重。这些病害的发生、发展与隧道的地理环境、水文情况、地质条件、防水设施、混凝土品质、混凝土配合比、通风条件等有密切的关系。导致材料劣化的原因很多,主要为常年老化、冻害、盐害、水害、碱集料反应、火灾、尾气、使用材料、施工工艺等。

常年老化:混凝土中的碱性物质与大气中的二氧化碳长期接触反应,失去碱性而碳化。混凝土碳化不仅损害混凝土的密实性,还会腐蚀钢筋。

冻害:混凝土中的水分冻结并伴随着体积膨胀,集料和砂浆间剥离,应力超过混凝土抗拉强度时混凝土产生开裂,特别是反复的冻融,使混凝土反复拉压最终疲劳破坏。在寒冷地区的隧道,冻害是衬砌劣化的主要原因,冻害引起混凝土产生麻面,表面集料膨胀飞出,导致砂浆、混凝土剥落等。

盐害：多发生在海底隧道或近海隧道,含盐分的水渗入衬砌中,助长碳化,并产生碱集料反应、混凝土钙化反应,腐蚀钢筋,导致混凝土多孔、开裂、体积膨胀、表面剥离、钢筋腐蚀等。

水害：水中含有对衬砌有害的成分,特别是为酸性时,是衬砌劣化的重要原因,使与水接触的表面衬砌劣化,强度降低。

碱集料反应：混凝土中存在的碱性物质和水发生化学反应,使混凝土开裂,反应物析出,导致结构错动、衬砌承载力降低。

火灾：隧道内发生火灾时,由于相对封闭,洞内温度上升很快,高温导致混凝土出现开裂、剥离、疏松,钢筋强度降低等。

尾气：汽车尾气主要是 CO_2、SO_x 和 NO_x 等气体,对混凝土腐蚀比较严重,其中 SO_x 和 NO_x 气体在隧道内与潮湿空气或衬砌表面的渗水结合,形成酸性腐蚀,可导致衬砌开裂、混凝土集料离析、混凝土碳化、钢筋腐蚀等。

使用材料：施工所采用材料不适合,当地环境或材料品质不良,导致混凝土达不到耐久性要求。

施工工艺：施工工艺不合适,导致结构强度或密实性不足,达不到耐久性要求。

2.2.3 地下水作用

修建隧道破坏了山体原始的水系平衡,改变了原有地下水的运移规律,隧道成为所穿过山体附近地下水排泄的通道,地下水在隧道周围富集。当隧道围岩与含水地层连通,而衬砌的防水及排水设施、方法不完善时,隧道水害就可能发生。在运营隧道中渗漏水是常见的病害,隧道内路面积水、渗水、翻浆冒泥现象也多有发生。由于地下水的原因导致各种病害,危及行车安全。造成隧道水害的原因可分为客观和主观两个方面,具体如下。

2.2.3.1 客观原因

(1)隧道处于富水地层中,比如砂类土、漂卵石类土、断层破碎带等。

（2）隧道处于石灰岩、白云岩等可溶性地层,当有水的溶槽、溶洞或暗河等与隧道连通时。

（3）浅埋隧道地段,地表水可沿覆盖层的裂隙、空隙渗透到隧道内。

2.2.3.2　主观原因

（1）设计或施工原因,导致既有隧道防水、排水设施不完善。

（2）混凝土衬砌施工质量差,蜂窝、空隙、裂缝多,自身防水能力差。

（3）防水层施工质量不良或材质耐久性差,使用数年后失效。

（4）混凝土衬砌的施工缝、伸缩缝、沉降缝等未做好防水处理。

（5）衬砌变形后产生的裂缝渗漏水。

（6）既有排水设施年久失修堵塞,如衬砌背后的盲沟、排水管、排水沟等,无衬砌的辅助坑道、排水孔、暗槽等。

隧道建设分为勘测设计、施工、验收等阶段,在任一个阶段或材料供应等关键环节出现问题,都可能引发隧道水害。例如,设计阶段对水文情况调查不仔细、对地下水的运动规律认识不足、工程防水标准不合理、受力分析不够、结构细部防水设计不详细等均会造成隧道渗漏水。施工阶段中常出现的附加防水层接缝处理不好导致漏水,防水材料品质不过关导致防水失效,防水材料与基面黏结不良或不适应等均会产生水害现象。

另外,隧道渗漏水与其他病害是密切相关的。考虑水的可流动性和水压的传递性,隧道的衬砌结构往往要承受较高的水头压力。在这样的条件下,衬砌中的任何缺陷和病害都可能成为渗漏水的通道。当隧道发生渗漏水时,其会加速各类病害的发生和发展,影响隧道的使用性能和使用寿命。因此,隧道渗漏水实际上是隧道各种病害的综合反映。

第3章 公路隧道维修加固方法

3.1 公路隧道维修加固原则

对于隧道病害应尽可能早处理,根据以往经验隧道维修加固的原则可以总结为以下几点:

(1)预防为主

定期进行详细的检查,发现可能导致隧道病害的情况时,采取必要的对策防止病害的发生,同时预防性维修加固通常也是最经济的。目前,管养单位或人员对公路隧道预防性养护的重要性尚认识不足,在未发生病害时一般仅进行简单的常规检测,往往不能发现隐患。

(2)早期发现

隧道病害的发生一般都有前兆,需要我们早期发现这些前兆,并作出正确判断,及时处理可能发生的病害,将其消灭在萌芽状态,这一点对于运营安全和防止病害发生是非常重要的。

(3)及时加固

隧道出现了病害,应及时处理,在其初期阶段往往只需采取一些简单的措施就可以解决问题,这样会收到事半功倍的效果;拖延处理,只会使病害继续发展,最后导致治理难度加大、费用增加,甚至可能导致各种事故的发生。

(4)对症下药

隧道病害是多种多样的,其成因往往非常复杂或具隐蔽性,同时即使同一种病害其成因往往是不同的。维修加固时只有正确判断其成因,才能做到"有的放矢""药到病除";若不能正确判断成因,采取的加固措施往往是徒劳的。

3.2 公路隧道维修加固方法

近些年我国陆续对一些病害隧道进行了加固,在公路隧道维修加固领域积累了一定的经验,通过总结可以归纳为以下方法。

3.2.1 衬砌加固

衬砌加固是常见的隧道加固措施,包括粘贴纤维复合材料、粘贴钢板(带)、喷射混凝土、嵌入钢拱架、锚杆、套拱等六种加固方法。

3.2.1.1 粘贴纤维复合材料法

粘贴纤维复合材料法(图3-1-1~图3-1-3)是通过胶黏剂将高强度纤维复合材料粘贴于衬砌混凝土表面,通过两者的共同作用达到加固补强、改善结构受力的一种结构外部加固方法。纤维复合材料抗拉强度通常都达到1500MPa以上,碳纤维复合材料可达到3000MPa以上,具有高强、轻质、耐腐蚀、耐疲劳等优异物理力学性能,以及施工速度快、粘贴质量容易得到保证、占用空间小等优点。其缺点是不耐高温、高湿环境,施工工艺要求较高。

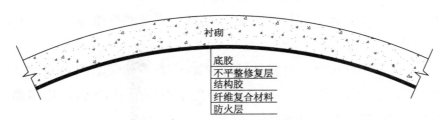

图3-1-1 纤维复合材料粘贴断面

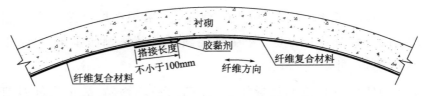

图3-1-2 单层纤维复合材料接头构造

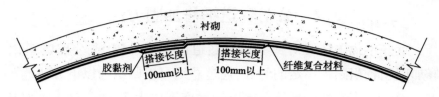

图 3-1-3　多层纤维复合材料接头构造

采用粘贴纤维复合材料加固,对结构的刚度提高不大,对于以控制衬砌结构变形为主要目的的加固是不适宜的,主要应用于衬砌开裂并趋于稳定的受拉区域,也可以作为局部较轻缺陷的防护措施。粘贴纤维复合材料加固应符合以下要求:

(1)采用粘贴纤维复合材料进行隧道加固时,原衬砌混凝土强度等级应不低于C20,且混凝土表面的正拉黏结强度不低于2.5MPa。否则受拉区域应力较大时容易导致衬砌混凝土发生脆性的剥离破坏,导致纤维复合材料不能充分发挥作用。

(2)在选择胶黏剂时,应注意胶黏剂与纤维复合材料、衬砌混凝土相适宜性,并进行基底处理,比如断面修复、裂缝和渗漏水处治、表面整平等,保证黏结牢固。

(3)用于衬砌加固的纤维复合材料主要是碳纤维复合材料和玻璃纤维复合材料。

(4)采用纤维复合材料进行衬砌加固时,纤维复合材料宜黏结成条带状,其沿纤维受力方向的搭接长度不应小于100mm,搭接部位应避免设置在衬砌开裂部位。

(5)纤维复合材料加固可采用多条或多层的方式,其搭接位置应相互错开,错开距离不宜小于100mm。采用多层纤维复合材料加固时,宜将其逐层截断,并在每层截断处最外侧加压条,黏结形式为内层短、外层长。

(6)碳纤维是电的良导体,胶黏剂为易燃物品,故采用纤维复合材料加固后其表面应进行必要的防火处理,可采用水泥砂浆抹面,施工中应特别注意防火、防电。

(7)环境湿度过大通常会影响纤维材料的粘贴质量,因此空气湿度大于90%时应采取措施或停止施工。若所用材料适应潮湿环境,不受此条限制。

(8)粘贴位置的混凝土表层含水率不应大于4%,对含水率超限和浇筑时间不足90d的混凝土应进行人工干燥处理。

(9)温度过高,胶黏剂固化时间短,影响对纤维的浸侵;温度过低,固化时间长,影响胶黏剂的黏结强度。故加固施工环境温度应符合胶黏剂使用说明书中的规定,若无具体规定,宜在不低于5℃和不高于35℃的条件下进行。

3.2.1.2 粘贴钢板(带)法

粘贴钢板(带)法(图3-1-4、图3-1-5)是在衬砌混凝土表面,用胶黏剂及锚栓将钢板(带)与混凝土连接成一体,使钢板(带)参与混凝土受力,提高衬砌结构承载能力的一种加固方法。

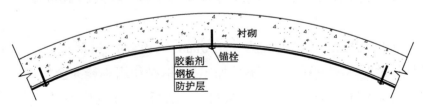

图3-1-4 钢板粘贴方法

图3-1-5 粘贴钢板(带)加固

粘贴钢板(带)法具有占用空间小、施工简便、快速等优点。其缺点是混凝土表面需打磨会产生粉尘,且施工费用较高等。粘贴钢板(带)加固一般用于长期温度不超过60℃,相对湿度不大于70%,无化学腐蚀且无放射性的环境下。粘贴钢板(带)法适用于衬砌局部脱落或强度、厚度不足,且净空富余较小情况下隧道衬砌结构的加固。

采用粘贴钢板(带)进行衬砌加固时,应符合以下要求:

(1)采用粘贴钢板(带)进行衬砌加固时,衬砌混凝土强度等级不低于 C20,且混凝土表面的正拉黏结强度不低于2.5MPa,防止因衬砌混凝土强度或正拉黏结强度过低,混凝土易发生脆性剥离破坏,导致钢板不能充分发挥作用。

(2)钢板(带)一般在衬砌表面环向全断面设置,也可根据具体病害和实际需要调整方向。

(3)为保证黏结效果,胶黏剂应与钢板(带)、衬砌混凝土相适宜。

(4)钢板(带)厚度宜为 5~10mm,钢板(带)过薄加固效果不理想,过厚时则粘贴困难、不易加工,且钢材作用不能完全发挥。

(5)钢板(带)宜呈条带状设置,钢板(带)宽度宜为其厚度的 30~50 倍,钢板(带)过窄时加固效果不理想,过宽时则黏结效果不理想。钢板宽度一般为 200~400mm,W 型钢带宽度一般为 200~300mm。

(6)钢板(带)应采用锚栓进行固定后,再用胶黏剂黏结,锚栓承载力应进行验算,不得采用膨胀型锚栓。

(7)钢板(带)接头处宜进行焊接,相邻两环的接头应环向错开,错开距离不小于 500mm。

(8)钢板(带)接头位置应设置钢压板,相邻两环钢板可采用钢压板进行纵向连接,钢压板厚度、宽度宜与钢板(带)一致,并经锚栓固定后采用胶黏剂黏结。

（9）钢板（带）表面应进行防腐蚀、防锈蚀处理,处理材料应对钢板及胶黏剂无害。

（10）粘贴施工宜在环境温度 5～35℃、空气湿度不大于90%的条件下进行,条件不符合时,应采取措施予以保证或停止施工。

（11）粘贴位置的混凝土表层含水率不应大于4%。对含水率超限的混凝土和浇筑时间不足90d的混凝土应进行人工干燥处理。

（12）钢板（带）长期外露时,表面应进行耐火防护,满足隧道耐火等级及耐火极限要求。

（13）根据内轮廓情况及实际需要,可对钢板（带）周边混凝土进行凿毛,全断面喷涂不小50mm厚的聚合物水泥砂浆、钢纤维混凝土等材料,将钢板（带）覆盖。

3.2.1.3 喷射混凝土法

喷射混凝土法加固是利用喷射机械将空气压缩,把按一定比例配合的混凝土或纤维混凝土拌和料高速喷射到衬砌结构上,并黏结成一体共同受力,从而达到加固衬砌的一种方法。喷射混凝土施工工艺有干喷法、湿喷法和潮喷法三种,加固施工应采用湿喷法。

喷射混凝土法加固衬砌具有经济、快速高效、质量可靠等优点,其缺点是施工粉尘较大、材料回弹量大等。衬砌局部破损或厚度、强度不足,可采用喷射混凝土法进行加固。采用喷射混凝土进行隧道加固时应注意以下要求：

（1）喷射混凝土加固时新增结构层较厚,应核查采用喷射混凝土加固是否会造成"侵限"问题。

（2）为保证加固效果,应采用较高强度等级的混凝土,必要时可采用合成纤维混凝土。

（3）若衬砌破损较严重应与钢筋网、植筋（锚杆）等配合使用。

（4）喷射混凝土厚度不应小于50mm，不宜大于200mm。厚度小于50mm时粗集料偏少，容易引起收缩；厚度大于200mm时不经济，宜采用套拱加固。

（5）为确保喷射混凝土与既有衬砌的有效黏结，既有衬砌表面应进行凿毛处理，必要时涂刷界面剂或植筋增强新旧结构层的黏结。

（6）喷射混凝土一般全断面实施，纵向一般向加固段落外延伸1~2m。

（7）喷射混凝土与原衬砌采用植筋连接时，植筋间距不应大于0.75m，锚固长度不应小于$10d$（d为钢筋直径），钢筋直径不应小于12mm，植筋位置应避开裂损处。

（8）喷射混凝土应精细化施工，喷射完成后立即进行表面抹平处理，若混凝土终凝表面仍存在不平整现象，需进行打磨处理。

3.2.1.4 嵌入钢拱架法

嵌入钢拱架法是在既有素混凝土衬砌上开槽嵌入钢拱架后，再进行封闭以提高衬砌承载力的方法。

嵌入钢拱架法加固的优点是在不占用隧道净空的条件下，能较大幅度提高结构承载能力。其缺点是开槽会产生粉尘，同时对既有衬砌有一定损伤，也具有一定风险性。隧道净空富余较小的素混凝土二次衬砌需提高承载能力时，宜采用嵌入钢拱架法进行加固。

采用嵌入钢拱架进行衬砌加固时，应符合以下要求：

（1）凿除混凝土时应尽量避免对两侧衬砌的损伤，宜采用静态爆破、机械切割、人工凿除等方法。

（2）混凝土开槽深度应不大于原模筑衬砌厚度的2/3，衬砌厚度不能以设计厚度为依据，应进行现场检测取得。

（3）钢拱架间距宜采用0.75~1.5m，钢拱架临空一侧的混凝土应满足保护层厚度要求。钢架拱脚基础应牢固,宜采用锁脚措施与钢架连接。

(4)新增混凝土的强度等级应比原衬砌混凝土提高一级,且应不低于C25。

(5)为确保槽内填充混凝土与既有混凝土的有效黏结,槽内既有混凝土表面应保持毛面。

(6)考虑衬砌结构安全,凿槽不应连续进行,必要时可进行临时支撑。

(7)槽内宜采用自密实补偿收缩混凝土进行填充。混凝土的限制膨胀率介于0.025%~0.06%,集料粒径通常不大于12mm。

3.2.1.5 锚杆加固

锚杆是加固岩土体的杆件体系结构,通过纵向拉力作用克服岩土体抗拉能力远远低于抗压能力的缺点。表面上看是限制了岩土体脱离原体;宏观上看是增加了岩土体的黏聚性;实质上是锚杆位于岩土体内与岩土体形成一个新的复合体,这个复合体中的锚杆是提高围岩体抗拉能力的关键,从而使岩土体自身的承载能力大大加强。

同时锚杆加固效果是否理想,地质条件很关键。严重湿陷性黄土、严重腐蚀等地段不适宜采用锚杆加固,若要采用一般要进行试验。其原因是在严重湿陷性黄土地段锚杆施作后锚固效果较差;在严重腐蚀地段将导致杆体腐蚀,防治有一定难度。锚杆加固适用于地质条件适宜情况下衬砌开裂、错台等病害的加固,一般不单独使用,宜与喷射混凝土、嵌入钢架、套拱等方法配合使用。

采用锚杆进行衬砌加固时,应符合以下要求:

(1)锚杆类型选择、布设方式与现场情况联系紧密,应根据病害情况,结合地质条件、水文条件等确定锚杆类型、长度、间距、布设范围、倾角等。

(2)锚杆加固范围宜延伸至加固段落外3~5m,锚杆长度不宜小于4m。

(3)全长黏结型及端头锚固型锚杆杆体直径宜为22~32mm。

(4)锚杆外露端头需设垫板并紧贴衬砌表面,能产生径向约束力,增大锚杆的作用范围,使锚杆的加固效果大大提高。垫板尺寸不宜小于150mm×150mm×6mm(长×宽×厚),并应施加不小于50kN的锚固力。

(5)在膨胀性围岩、高地应力软岩等地压力较大条件下,锚杆长度不宜小于8m,设置角度、材料、尺寸、锚固段长度、防腐等应符合现行《锚杆喷射混凝土支护技术规范》(GB 50086)的相关规定。

(6)围岩压力以垂直地压为主时锚杆宜布置在拱部,以侧压为主时锚杆宜布置在围岩压力较大一侧。隧道病害较严重时,锚杆应全断面布置。

(7)锚杆锚头应采取封锚措施。

3.2.1.6 套拱加固

套拱加固(图3-1-6)是为阻止隧道衬砌进一步裂损变形或处治严重渗漏水,沿原衬砌表面增设相当厚度的拱形结构,使其与原衬砌形成共同承载体的加固方法。

图3-1-6 套拱加固

隧道衬砌受损严重或大面积劣化、剥落病害可采用套拱加固。套拱加固可以极大地提高隧道的承载能力,在隧道结构加强中是最有效的加固方式之一;同时由于可以在套拱和原有衬砌结构之间重新施作防排水系统,对解决衬砌渗漏水问题效果显著。

根据套拱与既有衬砌的接触方式,套拱的形式可分为叠合式和复合式。叠合式套拱是套拱混凝土与既有衬砌混凝土,采用凿毛和植筋的方式有效黏结连为一体,达到结构加强的目的;复合式套拱是套拱混凝土与既有衬砌混凝土之间铺设防水板或保温层,实现结构加强同时可兼顾渗漏水或冻害处治。

根据套拱所采用材料的不同可分为钢筋混凝土套拱、钢拱架混凝土套拱等。采用套拱进行隧道加固时,应符合以下要求:

(1)由于套拱结构层较厚,应考虑加固后既有隧道净空是否满足原技术标准,不满足时应进行论证。

(2)考虑套拱加固效果,采用喷射混凝土时厚度不宜小于150mm,混凝土强度较原衬砌混凝土强度高一个等级,且不低于C25;采用模筑混凝土时,厚度不宜小于200mm,混凝土强度等级不低于C30。

(3)钢架混凝土套拱时,钢架可采用钢格栅、工字钢、H型钢等,钢架间距宜为0.5~1.20m。

(4)套拱加固后,既有衬砌上的病害将成为隐蔽病害,故套拱施工前应将既有衬砌上的病害进行相应治理。

(5)套拱加固范围应较病害发育段落增长2~3m,并避开衬砌变形缝。

(6)套拱宜采用全断面布置,应有可靠的基础,不能将套拱基础置于电缆沟上,必要时可增设仰拱。

(7)套拱施工影响原有排水系统时,应恢复原有排水系统功能。

3.2.2 注浆加固

注浆加固包括围岩注浆、衬砌背后空洞注浆等加固方法(隧底注浆加固纳入隧底加固一节)。衬砌背后空洞、围岩松弛引起的衬砌开裂、变形、渗漏水等病害,可采用注浆加固。

注浆加固对于稳定隧道周边的岩土体、减小围岩荷载或优化衬砌结构受力具有显著效果,同时进行注浆加固后可以减小其他加固措施实施时的风险,故当注浆加固与其他加固措施配合使用时,一般先进行注浆加固。

对于设置防排水系统的隧道,注浆施工往往会破坏防水板、堵塞排水通道。隧道原有防排水系统基本完好时,注浆加固措施需慎重使用。当隧道结构病害严重,注浆加固具有良好处治效果时,一般先进行注浆加固处理结构问题,再采取增加集水孔、疏通排水设施等补救措施,保证加固后排水系统通畅。

3.2.2.1 围岩注浆

围岩注浆是利用注浆材料填充、胶结松散体及围岩松动圈,提高围岩的自承能力,改善结构受力状态,减小围岩渗透系数的方法。采用围岩注浆加固应符合以下要求:

(1)注浆材料宜选用普通水泥浆、水泥-水玻璃浆,特殊条件下可选用其他浆液。比如当地下水较大时,应结合堵水要求,选用水泥-水玻璃浆液或水溶性聚氨酯浆液等高分子堵水注浆材料;中、细、粉砂层及细小裂隙岩层、断层泥地段隧道,宜采用渗透性好、环保及遇水膨胀的化学类浆液。

(2)配合比宜根据浆液种类、胶凝时间、地质条件等因素,通过现场试验确定,并符合下列要求:

①普通水泥浆液的水灰比应介于 $0.5:1 \sim 1:1.2$ 之间。

②水泥-水玻璃浆液中水泥浆与水玻璃的体积比宜为 $1:0.3 \sim 1:1$,水泥浆液的水灰比宜为 $0.5:1 \sim 1.5:1$,水玻璃模数宜为 $2.4 \sim 3.2$,浓度不宜小于 $40°Bé$。

③超细水泥浆水灰比宜为 $0.5:1 \sim 1:1$。

(3)注浆孔宜采用梅花形布设,孔深不宜小于4m,间距宜为0.75~1.5m。

(4)注浆压力宜根据静水压力、浆液种类、地质条件等因素通过现场试验确定,并符合下列要求:

①注浆压力宜采用0.5~1.5MPa,不影响结构安全时,黏度高的悬浊液宜采用高压;渗透性好的化学浆在满足注浆扩散半径条件下,宜采用较低压。

②有堵水要求时,注浆压力一般比静水压力大0.5~1.5 MPa;当静水压力较大时,注浆压力宜为静水压力的2~3倍。

③湿陷性黄土地区,化学浆液宜低压慢注,注浆压力宜为50~300kPa。

(5)注浆管应采用钢管,管径宜采用42~50mm,壁厚不宜小于3.5mm。

(6)注浆量应根据围岩岩性、孔隙率及扩散半径等因素计算确定。

(7)注浆通常采用先两端、后中间的施工顺序;若注浆范围有封浆条件时,也可采用先中间、后两端的顺序。

(8)隧道围岩注浆时,宜根据水文地质条件预留排水孔。

3.2.2.2 衬砌背后空洞注浆

衬砌背后空洞注浆(图3-1-7)是衬砌与围岩或二次衬砌与初期支护不密贴,导致结构受力不均匀,采用压注回填材料改善结构受力状态的方法。采用衬砌背后空洞注浆加固应符合以下要求:

(1)注浆孔布设应根据衬砌背后空洞规模、位置及施工条件等综合确定,宜采用梅花形布设,间距为1.2~1.5m。

(2)注浆管宜采用钢管或硬质塑料管,管径40~60mm,注浆管宜深入空洞不小于1/3处。

(3)注浆材料宜采用水泥砂浆,水泥砂浆的水灰比宜为

0.8:1~1:1,水泥和砂的比率宜为1:0.5,且水泥砂浆的掺砂量不宜大于水泥质量的200%。

(4)注浆压力应根据混凝土衬砌厚度和配筋等情况确定。素混凝土衬砌注浆压力不宜大于0.1MPa;钢筋混凝土衬砌宜采用0.2MPa。

(5)注浆宜采用先下后上的施工顺序。

(6)有水压条件下,宜先设置排水孔排水,再进行注浆。

(7)当围岩较稳定需进行较大空洞填充时,宜在衬砌上开口,开口面积不宜小于600mm×600mm,采用喷射混凝土、泵送混凝土进行填充。填充完成后,应采用模筑混凝土或喷射混凝土进行开口封闭,并采用植筋等方式与原衬砌稳固衔接。

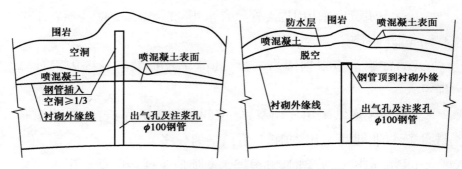

图3-1-7 衬砌后空洞加固示意

3.2.3 换拱加固

换拱加固是衬砌病害严重或存在"侵限",拆除既有衬砌重新施作衬砌以满足运营要求的加固方法。当衬砌存在开裂、错动、剥落等破坏严重病害,对既有衬砌进行加固不能满足使用要求时,或既有隧道的技术标准不能满足目前或远期使用要求时,宜采用换拱加固。

换拱加固根据部位和范围的不同,可分为整体换拱加固和局部衬砌更换两种形式,应结合衬砌病害类型、程度、范围选用。局

部衬砌更换的适用情况为:

(1)衬砌局部劣化厚度或欠厚大于衬砌设计厚度 1/2 以上。

(2)衬砌结构局部位置严重损伤,但其他部位衬砌结构基本完整,严重损伤面积小于 $10m^2$。

(3)衬砌结构中供配电、消防、照明、通信、监控等出现严重损伤的预留洞室处。

较以上情况严重、范围较大时可采用整体换拱。换拱施工的难度和风险性大,且施工进度慢、劳动强度大、工程费用高、对行车干扰大等,确定换拱加固前,须先做安全性评估和经济效益与社会效益评估。

采用换拱方法进行衬砌加固时,应符合以下要求:

(1)换拱加固方案应根据隧道病害程度、地质条件及施工环境等,确定衬砌换拱范围、结构形式、支护参数。

(2)确定换拱加固方案前应掌握导致病害的原因,若为地质原因引起,应先进行相应处治再进行换拱加固。具体措施如下:

①地形偏压、滑坡导致衬砌破坏时,宜结合减载、反压、支挡等措施进行处理。

②地下水导致衬砌破坏时,宜采用疏通排水设施、注浆堵水、导洞排水等措施进行处理。

③腐蚀导致衬砌混凝土劣化时,应根据劣化程度、类型采取衬砌背后压注防腐蚀浆液,增加防腐蚀防水层,采用防腐蚀混凝土等措施。

(3)隧道底部有病害时,宜先进行隧底加固,后更换拱墙衬砌。

(4)施工前需进行详细的拆除方案设计,包括围岩加固及扩挖、临时防护、拆除工艺、监控量测等。

(5)拆除衬砌应采用凿除、机械切割、静态爆破等工艺。

(6)整体换拱加固应满足以下要求:

①衬砌内轮廓宜与原内轮廓保持一致,当原内轮廓断面不能

满足使用需要时,应重新确定断面形式。

②宜采用复合式衬砌,二次衬砌宜采用钢筋混凝土结构。

③换拱范围宜向需换拱段外适当延伸。

④换拱段落应根据地质、地形、荷载变化情况设置变形缝或沉降缝。

(7)局部衬砌更换应满足以下要求:

①宜采用现浇混凝土衬砌,新旧混凝土结合紧密。

②既有衬砌为素混凝土结构时,应采取植筋、嵌钢拱架等措施与原结构进行衔接补强。

③既有衬砌为钢筋混凝土结构时,新旧衬砌钢筋、拱架等应可靠连接。

(8)换拱加固段落应做好与既有衬砌结构及防排水系统衔接。

(9)换拱加固应体现动态设计与信息化施工的思想,制订监控量测的总体方案及应急预案。

3.2.4 隧底加固

隧底加固(图3-1-8)是指隧底出现底鼓、不均匀沉降、翻浆冒泥、路面渗水等病害时的处治方法。隧底加固主要措施包括加固地基、隧底换填、结构加强、增设仰拱、加深仰拱等,根据病害情况可组合使用。

图3-1-8 隧底注浆加固

加固前需查明隧底工程地质及水文地质条件、结构现状、排水设施现状、病害情况等,并结合施工条件、环境条件,确定隧底加固具体方案。不同隧底病害引起原因不同,隧底出现底鼓通常是隧底围岩压力大、结构强度不足引起的;不均匀沉降通常是隧底结构强度或围岩承载力不一致导致的;隧道路面翻浆冒泥、渗水通常是隧址区地下水发育软化基底围岩,且隧底排水设施堵塞或不完善导致的。

部分隧底加固措施实施风险较大,比如增设仰拱、底部换填、加深仰拱等,故需制订严密的监控量测方案,施工中严格落实,避免安全事故发生。采用隧底加固时,还应符合以下要求:

(1)隧道原结构无仰拱需加强隧底时,宜采用隧底注浆、增设锚杆(管)、隧底换填、增设仰拱等措施进行加固;隧道原结构有仰拱需加强隧底时,宜采用仰拱补强或重做仰拱、仰拱加深方案,并结合隧底注浆、增设桩基等措施进行加固。

(2)采用增设仰拱、重做仰拱或隧底换填方案时,需进行隧底开挖,应制订对原衬砌墙脚的加固、支撑措施,防止上部衬砌结构病害加剧甚至失稳。

(3)隧底加固往往会破坏隧底防排水系统,不进行修复或不采取补救措施可能导致地下水富集引起其他病害,应结合加固方案及既有排水设施状况制订隧底排水方案。

(4)仰拱补强方案包括仰拱加厚和仰拱内嵌入钢拱架两种方式。具体设计应符合下列规定:

①增加的仰拱厚度不宜小于200mm,宜采用钢筋混凝土结构,新增仰拱应与原衬砌结构采用植筋或其他有效方式连接。

②仰拱内嵌入钢架间距宜为0.50~1.50m,钢架与原衬砌、仰拱采用植筋或其他有效方式连接。

(5)膨胀性围岩、高地应力等区段发生严重底鼓时,宜采取加深仰拱方案处治,加深仰拱应符合下列规定:

①应采用钢筋混凝土仰拱结构,仰拱曲率、厚度应根据病害程度、受力情况、围岩条件计算确定。

②加深仰拱宜与隧底注浆、锚杆(管)锁脚及衬砌加固等措施配合使用。

(6)基底软弱、承载力不足时,宜采用隧底注浆加固,隧底注浆应符合下列规定:

①应根据病害情况、地质、施工条件合理确定注浆范围、孔距、孔深。

②注浆孔宜采用梅花形布置,间距宜为1.0~2.0m,孔底至仰拱或底板以下应不小于3m。注浆管宜采用钢管,管径宜为42~110mm。

③隧底注浆宜采用水泥基浆液,特殊地质条件也可采用化学浆液。

④加固注浆可分为压密注浆、渗透注浆、劈裂注浆等。渗透性较好的砂层和渗透性差的黏性土层宜采用劈裂注浆,中砂以上的砂性土和有裂隙的岩石宜采用渗透注浆,中砂地基和有适宜排水条件的黏土地基宜采用压密注浆。

⑤注浆压力应根据隧底地层特性及注浆工艺确定。

(7)基底围岩软化、基底虚渣、仰拱回填料不满足要求引起的病害,宜采用隧底换填方案进行加固,隧底换填设计应符合下列规定:

①换填厚度按现行《建筑地基处理技术规范》(JGJ 79)中换填垫层法的规定进行计算。

②换填材料可采用素混凝土、片石混凝土、砂砾等,混凝土强度等级不应低于C15。

③换填深度不宜超过2m,不宜小于1m。当底部松散体厚度超过2m时,应与其他加固方案进行比选。隧底换填应跳槽分段进

行,并应进行基槽检验,当与设计不符时,应修正设计。

(8)隧底承载力不足引起的隧道病害宜采取隧底桩基加固方案,包括树根桩、钢管桩、灰土桩、高压旋喷桩等,并应符合下列规定:

①应根据地质条件、衬砌病害情况、桩基施工情况选用相应的桩基方案。

②隧底桩基设计宜进行桩长范围内的复合土层及下卧层地基变形计算。

③桩基不得侵入边沟断面内,并应进行桩头封闭处理。桩基对原仰拱结构有影响时,应采取结构补强措施。

(9)隧底空洞造成隧底病害时,宜采用浆砌片石、混凝土、注浆等措施对空洞进行充填。

(10)隧道路面渗水、翻浆冒泥时,可采用加深洞内排水沟,并铺设横向盲沟、盲管等措施进行处治。设置盲沟或盲管时,盲沟宽度应不小于150mm、深度应不小于100mm、盲管直径应不小于50mm。

3.2.5 洞口工程加固

洞口工程包括洞门结构、洞口边仰坡、洞口安全影响区等范围。洞门结构一般包括洞门墙、洞口翼墙、明洞、棚洞等;洞口边仰坡通常指隧道开挖洞口时,形成的洞口两侧边坡和洞顶仰坡;洞口安全影响区是指隧道洞顶边仰坡以上,存在落石、滚石、崩塌、滑坡、泥石流、雪崩、水害等现象,可能危及隧道洞口安全的区域。

洞口工程加固应根据洞口病害特征、地形、地质及环境等因素,遵循"运营安全、环境协调、实用美观"的原则,确定洞口加固方案,并符合以下要求:

(1)隧道洞口段是行车安全的重要位置,存在光过渡、横断面过渡等情况,加固后需保持洞口的整体和谐、美观,恢复洞口生态绿化,有益行车安全。洞门装饰不采用反光眩目的装饰材料,洞口工程加固后不影响洞口行车视距等。

（2）新增洞口明洞、棚洞等工程时，新增工程与原结构应合理衔接，并应完善洞口工程防排水系统。

（3）洞门结构加固应符合以下规定：

①洞门结构加固应根据病害特征、洞门形式确定加固方法，可按表 3-1-1 选用。

洞门结构加固方法一览表　　　　表 3-1-1

病害特征	加固方法	备注
洞门墙墙体局部有裂缝，无明显发展，整体稳定；装饰板材局部劣化、剥落，可能会危及行车（人）安全	裂缝修补、装饰修复	
洞门墙墙体有竖、横、斜向裂缝，并有发展迹象；墙体局部有轻微沉陷或倾斜；墙面装饰板材大面积劣化、剥落，已危及行车（人）安全	基底加固、肋柱式扶墙、裂缝修补、装饰修复	
墙体局部倾斜，整体稳定较差；墙体有错台开裂现象，大量纵斜向裂缝；局部可能有倾覆危险，已严重危及行车（人）安全	洞顶清方减载、洞门墙背注浆、基底加固、洞门正面锚固、设置抗滑桩、增大洞门墙截面、接长明洞、棚洞、裂缝修补、墙体局部更换	
墙体严重倾斜，结构严重破坏，整体有倾覆危险；墙体大面积开裂错台，已严重危及行车（人）安全；洞口被掩埋、洞门墙倒塌、洞口整体破坏损毁，已无法通行	洞顶清方减载、洞口段地表注浆加固、接长明洞、棚洞拆除、重建洞门	多发生在强烈地震后

②当洞门墙体有裂缝、渗漏水等轻微病害时，宜采取裂缝处治、墙体下部增设泄水孔、集中漏水点埋管引排、墙背注浆等措施处治。

③当墙体大面积开裂、错台、剥落时，应对墙体采取增大截面加固或拆除重建措施。增大截面加固时，墙体新增部分应采用现浇混凝土结构，混凝土强度等级不应低于C25，新旧结构间应植筋连接。局部拆除重建时，新建墙体应与既有墙体采用植筋等方式有效衔接。

④因冻胀引起洞门墙结构破损时，应采取防冻胀及防排水措施，并对破损处进行修复；重新施作的洞门墙宜采用钢筋混凝土结构，其基础应置于冻结线以下。

⑤因地基承载力不足导致洞门墙沉降、倾斜、开裂时，应对基底采取加固措施，宜采用注浆、扩大基础、树根桩、钢管桩等加固措施。

(4) 洞口边仰坡加固适用于坡面破损、局部垮塌和坡体失稳等病害的处治，并应符合以下规定：

①应根据坡体破坏原因、破坏程度、地质、地形及环境条件选择加固方法，可采用清方、坡面防护、挡土墙、坡体锚固、抗滑桩、接长明洞等措施。

②坡面防护可选择植物、骨架植物、圬工等防护形式，宜选用生态防护，局部受损坡面修复和加固后宜与周边环境相协调。

③地震多发区的隧道洞口宜采取接长明洞、棚洞等措施，不宜设置重力式支挡结构物，洞口新建洞门墙宜采用轻型钢筋混凝土结构。

④隧道洞口接长明洞或棚洞时，长度不宜小于5m，长度过小处治效果不明显，同时也不利于洞口的纵向稳定。

(5) 洞口安全影响区加固包括落石、滚石、崩塌、滑坡、泥石流、雪崩、风吹雪、水害等危及洞口安全的病害处治，相应的处治加固方法可按表3-1-2选用。

洞口安全影响区加固方法 表 3-1-2

危及洞口安全的因素	处治加固方法
落石、滚石	清除危石、锚固危石、主动防护网、被动防护网、拦石墙、隔离沟、接长明洞、棚洞
崩塌	清除崩塌体、主动防护网、被动防护网、拦石墙、隔离沟、预应力锚索、接长明洞、棚洞
滑坡	清方减载、反压护坡、抗滑桩、预应力锚索
泥石流	泥石流渡槽、导流槽、挡墙、接长明洞、棚洞
雪崩、风吹雪	洞口防雪棚、防护墙、接长明洞、棚洞
水害	拦水墙、修复洞口排水系统、改沟、防护

(6) 修复、增设洞口截排水沟应符合下列规定：

①根据洞口地形、汇水面积及流量等因素校核洞外原截、排水沟的排水能力，不足时应增设或扩大截排水沟。

②原截排水沟破损时应进行修复，延长或局部重作截排水沟时，应做好接缝处的防渗处理。

③截水沟基础应置于稳定地层上，当不满足承载力要求时，应进行地基处理。

④洞口截、排水沟出水口应引入自然冲沟或路基边沟，不得冲刷隧道基础、路基坡面及桥涵锥坡等设施。

(7) 当隧道洞口存在风吹雪现象，影响行车安全时，宜采用防雪棚、防雪板等措施，并符合下列要求：

①防雪棚应根据洞口地形、风向、积雪厚度确定合理的设置长度。

②防雪棚结构应考虑承受雪荷载的作用，可采用钢筋混凝土结构、钢结构。

③防雪棚上部宜采用半圆形或斜坡状。

3.2.6 衬砌裂缝处治

根据现行《混凝土结构加固设计规范》(GB 50367) 的相关要

求,模筑混凝土裂缝按其形成分为三类:静止裂缝、活动裂缝、尚在发展裂缝。结合地下工程的特点,几种裂缝定义如下:

(1)静止裂缝:形态、尺寸和数量均已稳定不再发展的裂缝。

(2)活动裂缝:裂缝规模在现有环境和工作条件下始终不能保持稳定,易随着结构构件的受力、变形持续发展。

(3)尚在发展裂缝:长度、宽度或数量尚在发展,但经历一段时间后可能会静止的裂缝。

衬砌裂缝处治在《公路隧道加固技术规范》中的含义,包括针对病害原因的处治和裂缝修补两方面,并应符合以下要求:

(1)裂缝处治前,应按裂缝的成因、类型、规模、位置合理确定处治方法、材料、顺序。

(2)对活动裂缝和尚在发展裂缝,结合病害产生原因可采取围岩注浆、衬砌加固、隧底加固、加强隧底结构等措施进行处治,使裂缝停止发展后再进行修补。

(3)裂缝有渗漏水时,应先进行渗漏水处治后再进行裂缝修补;裂缝区的钢筋锈蚀时,应先进行钢筋除锈后再进行裂缝修补。裂缝修补后宜进行表面修饰处理。

(4)裂缝修补宜采用表面封闭法或注射法(图3-1-9),根据裂缝的成因、性质、宽度、深度等因素选择采用。

图3-1-9　注射法修补裂缝

(5)裂缝修补采用表面封闭法时,应符合下列规定:

①适用于宽度不大于0.2mm的裂缝。

②封闭材料宜采用低黏度、渗透性良好的裂缝封闭胶。

③封闭宽度范围不应小于50mm。

(6)裂缝修补采用注射法时,应符合下列规定:

①适用于宽度大于0.2mm的裂缝。

②注射材料宜采用低黏度、可注性好的改性环氧树脂类、改性聚氨酯类胶液。

③注射孔可采用骑缝或斜缝布置方式,孔间距宜为100~500mm;注射压力宜为0.1~0.3MPa。

④裂缝宽度小于0.5mm时,宜采用改性环氧树脂类、聚合物改性水泥砂浆等进行裂缝表面封闭,再进行注胶。

⑤裂缝宽度不小于0.5mm时,应进行开槽填充后再进行注胶。开槽槽形宜为倒梯形,深度和宽度分别不应小于20mm和15mm,填充材料宜为聚合物改性水泥砂浆。

3.2.7 渗漏水处治

隧道衬砌渗漏水会加速混凝土的劣化,同时可能影响隧道内行车安全,对隧道内机电设备会产生侵蚀破坏。所以隧道内发生渗漏水时,应该引起足够的重视,尽早进行处治。

目前已进行渗漏水处治的隧道比较多,但是达到预期效果的比例不高,主要存在三方面原因:其一是受认识水平、资金等因素限制,处治措施可能不合适或不到位;其二是防渗堵漏材料多样,性能良莠不齐;其三是渗漏水施工作业技术性强,需精细作业,施工队伍素质往往达不到要求。

套拱、围岩注浆及衬砌背后注浆都是渗漏水处治的有效措施。工程实践证明,套拱加固有条件重新设置防排水系统,治理严重渗漏水效果良好,但需考虑净空和造价问题。围岩注浆、衬砌背后空洞注浆对于抑制大面积、严重渗漏水病害具有较好的作用,对于无防排水设施的隧道是适宜的;对于设置防排水系统的隧道,注浆施工往往会破坏防水系统,堵塞排水系统,故通常要求慎重采用。前文已经对以上三种措施的具体要求进行阐述,本节不再赘述。

渗漏水处治方案选择时应根据水文地质条件、渗漏水程度等,并遵循"排堵结合、综合治理"的原则确定处治方案。当排水对环境影响较大时,比如隧道内排水对当地居民生活、生产有显著影响,隧道邻近水库影响蓄水等情况,应采取"以堵为主"的措施。衬砌渗漏水处治应符合以下要求:

(1)衬砌渗漏水处治应结合其状态、特征选用一种或几种方法综合处治,可参照表 3-1-3 选用。

渗漏水处治方法 表 3-1-3

方法	漏水状态			
	浸渗	滴漏	涌流	喷射
止水法	有条件适用	有条件适用	—	—
导水法	适用	适用	适用	适用
喷射法	适用	适用	—	—
涂层法	有条件适用	有条件适用	—	—
围岩注浆、衬砌背后空洞注浆	—	适用	适用	适用
降低水位法	适用	适用	适用	适用

(2)处治中有降水和排水需要时,应先做好降水和排水工作。

(3)结构仍在变形时不应先进行渗漏水处治,因为结构的进一步变形可能导致渗漏水处治措施失效,所以需要先进行结构处治,再进行渗漏水处治。

(4)大面积渗漏水宜采用综合处治的方法;渗漏水状态为浸渗、滴漏时,宜采用导水法处治;渗漏水状态为涌流、喷射时,宜在降低水位后,采用导水法处治;当衬砌背后存在较大空洞时,宜采用衬砌背后空洞注浆进行处治;变形缝、施工缝处渗漏水应根据渗漏水情况采用导水法、沟槽注浆止水法等进行处治。

(5)采用导水法、止水法等进行渗漏水处治后,衬砌表面宜进行喷射法或涂层法处理,喷、涂层范围宜向开槽两侧延伸不小于50mm。

(6)止水法可分为沟槽充填止水和沟槽注浆止水两种形式。两种方法的相同点是都要在渗漏水处开槽填充止水材料,不同点在于沟槽注浆止水增加了对渗漏水裂缝注浆止水这一要求。开槽宜为倒梯形,开槽尺寸不宜小于50mm×50mm(宽×深)。应选用与基面黏结强度高、抗渗性好和具有耐环境因素作用的止水材料对沟槽进行充填。

(7)采用沟槽注浆止水处治时,应满足下列要求:

①注浆钻孔应位于沟槽底面,深度不宜超过衬砌厚度的2/3。

②钻孔间距宜为300~400mm,孔径20~25mm。

③宜采用水溶性聚氨酯浆液、丙烯酸盐浆液、超细水泥浆等注浆材料。

④注浆压力宜为0.1~0.3MPa。

(8)采用导水法处治衬砌渗漏水时,应满足下列要求:

①导水管的位置、间距、管径应根据渗漏水位置、渗漏水量、净空富余量等情况确定,导水管材料应具有耐久性和一定的强度。

②工程实践证明,导水管管径较小时容易被地下水中析出物或沉淀物堵塞,导水管断面应具有一定富余量,管径不宜小于50mm。

③开槽埋管导水时(图3-1-10)宜采用倒梯形槽,开槽尺寸不宜小于100mm×100mm(宽×深),槽内应选用与基面黏结强度高、抗渗性好和具有耐环境因素作用的堵漏材料填充。

④导水管外置(图3-1-11)时,应避开机电附属设施,不得侵入建筑限界,并应对导水管外表面进行防护。

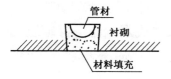 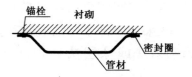

图 3-1-10　开槽埋管导水　　　　图 3-1-11　导水管外置

⑤设置导水管就应将水尽量从其中排出,故宜结合渗漏水位置沿导水管底部设置引水孔将水汇入导水管内。

⑥导水法宜与沟槽注浆止水法配合使用,对于锚喷衬砌宜采用与围岩注浆堵水相结合的处治方式。

(9)采用喷涂法、涂层法处治渗漏水时,应满足下列要求:

①应根据渗漏水位置、面积、水量等确定处治范围。

②喷射、涂层材料宜选用与基面黏结强度高、抗渗性能好的防水砂浆、聚合物改性水泥砂浆及防水涂料等。

③掺加外加剂、掺合料的水泥基防水涂料厚度宜为 1.5～2.0mm;水泥基渗透结晶型防水涂料厚度不应小于 0.8mm;有机防水涂料厚度宜为 1.2～2.0mm。

④喷射法和涂层法是面状封闭水路的方法,通常配合导水法进行渗漏水处治。

(10)采用降低水位法处治渗漏水时,应满足下列要求:

①降低水位法通常针对较严重及以上渗漏水,根据地下水位、渗漏水量、含泥沙量、原排水沟的状况等,可选择采用泄水孔、加深水沟、泄水洞等降低水位的方法。

②泄水孔位置宜靠近边墙底部,钻孔内应设置排水管,并引至排水沟内,泄水孔深入围岩深度不宜小于 2m。

③当地下水发育,有长期补给水源,采用加深水沟、扩大排水沟断面均不能满足排水要求时,经技术论证后宜增设泄水洞。泄

水洞方案通常在溶、断层破碎带或地表水与地下水联系紧密等段落采用。

④加深水沟或增设泄水洞时,应考虑对原衬砌结构的影响。

⑤采用降低水位法时,应防止排水造成水土流失、危及地面建筑物及农田水利设施。

3.2.8 冻害处治

冻害处治适用于由气候寒冷引起的隧道衬砌剥落掉块、衬砌壁面渗水挂冰、路面溢水结冰、洞口风吹雪等病害。低温和水是隧道发生冻害的必要条件,隧道冻害处治的原则是"以防水为基础、排水为核心、保温为关键,三者有机结合综合治理"。因此,在寒冷地区将完善的隧道防排水系统与保温技术相结合,才能达到"不渗、不漏、不冻胀"的目的。

寒区隧道冻害处治措施主要分为隔热防冻法、加热防冻法和保温排水法等三种方法(图3-1-12)。

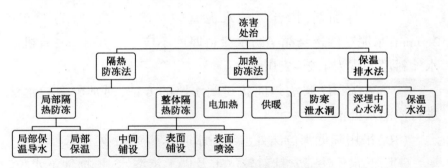

图3-1-12 冻害处治措施结构图

隔热防冻法可分为局部隔热防冻和整体隔热防冻两种。局部隔热防冻可分为局部保温和局部保温导水两种措施;整体隔热防冻可分为表面喷涂、表面铺设和中间铺设三种措施。

局部保温是在局部易冻结的部位设置保温材料进行包裹的措施;局部保温导水是衬砌存在渗漏水且结冰,进行凿槽埋管排水后,在其上铺设保温层防止冻结的措施(图 3-1-13)。

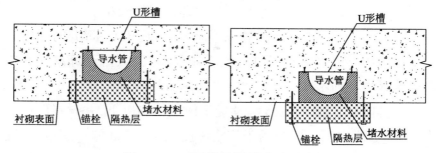

图 3-1-13　局部保温导水法示意

　　表面喷涂(图 3-1-14)、表面铺设(图 3-1-15)和中间铺设三种措施都是对隧道进行全断面保温。三者区别在于表面喷涂、表面铺设是将保温材料固定在衬砌表面;中间铺设是将保温材料固定在初期支护和二次衬砌之间,或二次衬砌与套拱之间。表面铺设便于保温层的维修、更换,但由于其层厚较大,应避免出现"侵限"问题,故要求隧道净空富余量要大。表面喷涂喷层厚度小,适用于净空富余量小的隧道,但施工时对环境有污染,也不利于施工人员身体健康,需加强通风,一般用于短隧道。中间铺设保温材料时受外界影响小,但达到使用年限后不易更换。

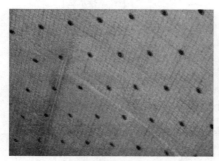

图 3-1-14　表面喷涂法(喷涂防火涂料前)

图 3-1-15　表面铺设法(表面设置防火板)

　　加热防冻法又分为电加热和供暖等。电加热法适用于寒冷程度较高,呈线状局部漏水、冻结的情况,净空断面有富余,有供电电源的隧道。供暖法一般应用于城市或靠近城市的隧道，要求具有供热条件，该方法能耗大，采用的隧道通常规模较小。

保温排水法主要包括设置保温水沟、深埋中心水沟、防寒泄水洞等措施。保温水沟是对排水沟采用保温材料进行保温；深埋中心水沟是增加中心水沟的埋置深度，埋置深度通常在1.5~2.5m范围，有仰拱的段落中心水沟设置于仰拱结构以下，并设置保温出水口；防寒泄水洞一般应用于冻土深度大于2.5m的严寒地区，通常设置在隧道下方，并设置保温出水口。保温出水口通常选择在背风、朝阳、排水畅通的位置，表层用保温材料覆盖。保温出水口有端墙式和掩埋保温圆包头式两种，出水口地形较陡时，通常采用端墙式；地形平坦时，通常采用掩埋保温圆包头式。

进行隧道冻害处治应符合以下要求：

(1) 隧道冻害处治方法、措施可按表3-1-4选用。

隧道冻害处治方法、措施　　　　表3-1-4

气候条件				
寒冷程度	最冷月平均气温(℃)	冻结深度(m)	冻害特征	处治方法、措施
轻微	-5~-10	0.6~1	轻微，不影响交通	中心排水沟、局部隔热防冻
较轻	-10~-15	1~1.5	衬砌冻裂，洞内渗水挂冰，路面结冰，冻害发生于12月至翌年2月	保温水沟、深埋中心排水沟、局部隔热防冻、加热防冻
较重	-15~-25	1.5~2.5	衬砌破裂较严重，含水围岩较大面积发生渗漏，较大范围挂冰，路面冻冰，冻结期大于4~5个月	保温水沟、深埋中心排水沟、整体隔热防冻、加热防冻

续上表

气候条件			冻害特征	处治方法、措施
寒冷程度	最冷月平均气温(℃)	冻结深度(m)		
严重	<-25	>2.5	衬砌破裂严重,大面积渗漏水,挂冰严重,路面结冰,排水系统被冰堵塞,冻结期大于5个月	防寒泄水洞、整体隔热防冻、加热防冻

(2)当寒冷程度轻微或较轻、局部衬砌发生线状渗漏水结冰时,可采用局部保温导水进行处治。局部衬砌渗漏水结冰严重时,可采取局部保温导水与注浆止水相结合的方法进行处治。

(3)对排水系统局部易冻结的部位,应采取局部保温或加热防冻法进行处治。

(4)整体隔热防冻法的隔热层铺设方式,宜根据隧道净空断面的富余量及长度情况选择。

(5)在衬砌表面铺设整体隔热防冻层时,应考虑风荷载、自重及外界气候长期反复冻融作用等因素,将隔热防冻层固定牢靠,不得产生面层剥落、保护层脱落、开裂等破坏。

(6)在衬砌中间铺设整体隔热防冻层时,隔热防冻层应具有一定的承载能力,并应做好防水处理。

(7)采用隔热防冻法时,应将隔热层、保护层和固定材料(胶黏剂、锚固件等)作为系统构造综合设计。隔热防冻系统应满足防冻、防潮、防火、牢固可靠的要求,并应具有物理-化学稳定性。

(8)因排水系统冻结造成隧道壁面挂冰或路面结冰时,可采用保温水沟进行处治,有条件时也可采用加热防冻法,必要时可采用深埋中心水沟或增设防寒泄水洞等措施。

(9)排水系统出水口存在冻结情况时,应采用保温出水口,其纵坡不应小于5%。

3.2.9 震害处治

我国是一个发生地震较多的国家,同时隧道震害表现的特征多样,也与地震波的传播方式有关。通过对"5·12"汶川地震及我国其他几次地震后,震区隧道受损情况的调查发现,断层破碎带段隧道结构震害最为严重,洞口结构次之,普通段隧道结构震害最轻。总结主要部位震害表现特征如下:

(1)洞口区震害的主要表现形式是边仰坡垮塌、滚石、山体崩塌掩埋洞口。

(2)洞门墙与明洞段震害主要表现为墙体开裂、断裂和被崩塌体破坏,洞门墙滑动或倾覆的情况较少。

(3)洞身震害根据发生部位不同主要分为衬砌震害与隧底震害。其中,衬砌震害按破坏程度又分为洞室塌方、二次衬砌大面积垮塌、二次衬砌局部垮塌与掉块、二次衬砌错台、二次衬砌剥落与开裂、施工缝开裂等;隧底震害主要表现为隧底(路面)隆起、塌陷、错台、开裂和涌水等。

地震发生后,隧道所处的路段可能就是唯一一条紧急救援通道,那么当隧道在地震中发生严重病害时,就需要进行紧急加固,满足救援的需要,故震害加固分为应急加固和永久加固两种。

应急加固具有时间紧、公路可能不通,大型机械、加固材料不易进场的特点,因此应急加固遵循方便、快捷的原则,加固材料通常就近取材,还需考虑与永久加固方案的协调性,使已实施措施在永久加固阶段能继续利用。

震害加固具体应符合以下要求:

(1)洞口区震害加固应按洞口加固相关内容进行处治。

(2)洞身衬砌震害各阶段加固措施应符合表3-1-5的规定。

第3章 公路隧道维修加固方法

洞身衬砌震害各阶段加固措施　　　　　表 3-1-5

病害特征	应急加固		永久加固
	抢通阶段	保通阶段	
情况正常(无异常情况)			
衬砌有少量裂缝,且裂缝以环向为主,裂缝宽度小于1mm	观测	观测	裂缝修补
二次衬砌有少量纵、斜向离散裂缝,且裂缝宽度小于1mm或环向裂缝宽度大于1mm	观测	钢架支撑	裂缝修补、锚杆加固、粘贴钢板
二次衬砌为素混凝土时有少量纵、斜向裂缝,但裂缝延展长、宽度大、深入衬砌内部,甚至为贯通裂缝;二次衬砌为钢筋混凝土结构时,裂缝较多,纵横交织呈网状	钢架支撑	钢架支撑、锚杆	围岩注浆、套拱
素混凝土二次衬砌裂缝纵横交织呈网状;衬砌混凝土剥落、掉块、局部垮塌;衬砌大面积垮塌;钢筋混凝土衬砌剥落、掉块、钢筋弯曲外露	钢架支撑、局部支顶	钢架支撑、锚杆、喷射混凝土、破损二次衬砌和初期支护局部恢复	围岩注浆、套拱、换拱

(3)应急加固设计应符合下列规定:

①抢通阶段宜采用型钢钢架全断面环向支撑,间距宜为0.5~1.5m,相邻钢架应采用纵向筋连接,必要时局部配合钢管、圆木等支顶,通行期间应加强安全巡查。

②保通阶段应在抢通加固的基础上,采用加密钢架、喷射混凝土、增设锚杆、二次衬砌与初期支护局部恢复等加固措施。

③隧道塌方段应结合塌方规模、处治难度等,对原址通过、侧洞绕避进行评估论证,并制订专项方案。

④瓦斯隧道应急加固应采取瓦斯监测和加强通风等措施。

(4)永久加固设计应符合下列规定：

①对二次衬砌错台、侵入隧道建筑限界，宜进行局部衬砌更换或整体换拱。

②对通过活动性断层震后重建的衬砌结构，考虑地震以后还可能发生，该段衬砌再次破坏，宜适当加大净空富余量。

③隧底永久加固措施按路面隆起破坏程度，并考虑破坏程度与地质条件的对应特点而确定，宜符合表3-1-6的规定。

隧道隧底永久加固措施　　　　表3-1-6

震害特征	加固措施
路面开裂、隆起幅度小于50mm	灌缝、路面局部拆换、隧底注浆
隆起幅度50～150mm	路面结构上部500～600mm拆换、隧底注浆
隆起幅度在150～300mm	路面结构及底部排水沟、仰拱填充拆除新建，仰拱补强
隆起幅度大于300mm或断裂错台	路面及仰拱结构拆除新建，仰拱应采用钢筋混凝土

3.2.10　火灾病害处治

随着我国公路隧道规模越来越大以及车流量的不断增加，隧道内火灾时有发生(图3-1-16)，火灾造成的破坏严重，同时其使混凝土劣化具有自身特点。隧道衬砌在火灾中受损的严重程度主要取决于以下两方面：①衬砌表面最高温度；②火灾持续时间。衬砌表面最高温度与火灾持续时间相比较，前者在对衬砌的破坏程度中起主要作用，其灵敏度是后者的5倍左右，故衬砌损伤严重程度与衬砌表面受火最高温度关系紧密。值得一提的是火灾隧道的衬砌降温方式，混凝土材料在衬砌表面最高温度及火灾持续时间相同的条件下，水冷却的材料性能较自然冷却有明显降低，特别是在受火一段时间后。

根据以往严重火灾隧道病害处治经验，一般依据损伤情况将

第3章 公路隧道维修加固方法

隧道划分为五个区域,即:严重损伤、较重损伤、中度损伤、轻度损伤、未损伤等区域。在实践中,可依据隧道衬砌损伤病害特征参照表 3-1-7 进行区域划分,若火灾病害不严重,区域划分相应减少。同时未损伤区域仅表示火灾时该段温度不高结构未受损伤,但烟雾可能对衬砌表面景观造成严重影响。

图 3-1-16 隧道火灾现场

隧道火灾病害加固应符合以下要求:

(1)火灾病害加固措施宜符合表 3-1-7 的规定。

火灾病害加固措施　　　　　　　　　　表 3-1-7

病 害 特 征	原结构形式	加固措施
衬砌混凝土表面颜色为青灰色,近视正常;锤击声音响亮,表面不留锤击痕迹;无明显受损现象;结构表面无开裂现象	—	—
衬砌混凝土表面颜色为青灰色、浅灰色;锤击声音较响亮,表面锤击痕迹不明显;受损深度在 0~40mm;结构表面存在少量温度收缩形成的细微裂纹	素混凝土、钢筋混凝土	喷射混凝土
衬砌混凝土表面颜色为浅红色、浅灰白;锤击声音较闷,混凝土粉碎、塌落,表面留明显锤击痕迹;受损深度在 40~90mm;结构局部表面出现明显裂缝;钢筋混凝土衬砌局部钢筋外露	素混凝土	喷射(钢纤维)混凝土、粘贴钢板
	钢筋混凝土	喷射(钢纤维)混凝土

55

续上表

病 害 特 征	原结构形式	加固措施
衬砌混凝土表面颜色为灰白色,略现浅黄色;锤击声音发闷,混凝土粉碎、塌落,表面留明显锤击痕迹;受损深度在90~150mm;结构表面出现较多0.5~1.5mm宽度的裂缝,剥落现象明显;钢筋混凝土衬砌中钢筋外露面积较大	素混凝土	喷射(钢纤维)混凝土、嵌入钢架
	钢筋混凝土	增设钢筋网及喷射(钢纤维)混凝土
衬砌混凝土表面颜色为灰白色或浅黄色;锤击声音发哑,混凝土严重脱落;受损深度大于150mm;结构表面出现贯穿性裂缝,大面积剥落;钢筋混凝土衬砌中钢筋大面积外露,拱部钢筋有下挠变形现象,严重时有烧熔现象	素混凝土	套拱、换拱
	钢筋混凝土	钢筋修复(增设)及模筑衬砌、套拱、换拱
衬砌整体坍塌	素混凝土、钢筋混凝土	换拱

(2)火灾病害加固应符合下列规定:

①应依据不同段落衬砌损伤情况,分区段采取相应的处治措施。

②对严重受损的衬砌混凝土层应进行清除,露出混凝土新鲜面。

③衬砌钢筋外露、抗拉强度降低不大于20%时,可增设钢筋网补强;钢筋抗拉强度降低大于20%、钢筋无明显变形时,应增设受力钢筋。

④钢筋变形明显时,应截除原钢筋重新设置,并牢固连接。

⑤结合防排水设施、机电设施受损情况,加固方案应考虑防排水系统的完善及机电设施的预留预埋。

第4章 衬砌加固

4.1 猫狸岭隧道

猫狸岭隧道基本信息表　　　　　表 4-1-1

隧道名称	猫狸岭隧道	长度	左洞 3616m，右洞 3592m
通车年份	2000 年	省份	浙江
道路等级	高速公路		
病害情况	衬砌有效厚度不足，衬砌裂缝		
处治方案	裂缝修补、锚杆加固、纤维复合材料加固		

4.1.1 工程概况

4.1.1.1 隧道基本情况

猫狸岭隧道(表 4-1-1、图 4-1-1)位于甬台温高速公路台州段，是从杭州、宁波等地进入温州的咽喉之地，隧道左洞长 3616m，右洞长 3592m，日平均交通量高达 30000 辆。

图 4-1-1　猫狸岭隧道洞口全貌

猫狸岭隧道为分离式双向四车道隧道，单洞净宽 10.25m，净高 5.0m，设计速度 80km/h。隧道衬砌结构按新奥法原理设计、施工，采用复合式衬砌，衬砌混凝土采用 C25 混凝土浇筑。隧道防排水设计采用"以排为主,防排结合"的原则。洞内路面采用人字坡,路拱横坡为2%。

猫狸岭隧道于2000年12月建成通车,至2006年隧道陆续出现了诸如衬砌开裂、路面破损、电缆沟槽损坏等不同程度的病害。检测单位对隧道进行了病害检测,包括裂缝观测、钻孔取芯和地质雷达检测等项目。2006年9月,设计单位开展隧道整治设计。

4.1.1.2 隧址区地质情况

隧址区属低山丘陵区,植被茂盛。地表最大高程约为440m,隧道最大埋深分别为330m。隧道主要岩性为含角砾(玻屑)熔结凝灰岩(J_3x)和细粒钾长花岗岩(γ_{35}),新鲜岩石(V类围岩)的饱和抗压强度 R_b = 60MPa,最高可达113MPa,围岩完整性系数 RQD = 75% ~ 95%。总体上岩性较单一,完整性好,大部分为Ⅳ~Ⅴ类围岩段,稳定性好。

猫狸岭隧道洞身发育F6断层,位于隧道中部,初勘地震波发现,波速 V_φ = 1.0 ~ 2.5km/s,后经详勘钻孔确定。断层与隧道平面相交70°,压扭性,产状走向296°,倾向206°,倾角76°,断层带宽50 ~ 60m,构造角砾岩,角砾大小0.2 ~ 3.0cm,部分糜棱岩化及断层泥夹层厚2.0 ~ 3.0cm,碎裂岩裂隙很发育。

隧址区地下水不发育,以基岩裂隙水为主。地下水主要为第四系松散岩类孔隙潜水和前四系基岩裂隙水两大类。前四系基岩裂隙水主要分布于猫狸岭隧道区,常见泉水流量0.1 ~ 0.5L/s,一般单井涌水量≤50m³/d,在一些裂隙发育部位或断层带内,水量可能偏大,达到50 ~ 100m³/d,水质类型以 HCO_3-Ca 型为主,对混凝土无侵蚀。

4.1.2 隧道病害状况

4.1.2.1 隧道病害

根据检测结果,隧道主要病害现状为局部区域衬砌有效厚度

不足及衬砌裂缝,具体情况如下:

(1)衬砌混凝土厚度及强度

二次衬砌厚度总体达到或超过了设计厚度,但在部分段落局部位置衬砌混凝土出现离析、蜂窝状等不够密实及衬砌背后脱空等现象,致使衬砌有效厚度不足(图4-1-2)。如左洞 ZK17+042~ZK17+199 段主要在左右边墙测线分段出现离析及蜂窝状,较完好衬砌厚度不足,对应于两边墙及其附近间断开裂;左洞 ZK18+000~ZK18+196.5 段、ZK18+396.3~ZK18+420 段、ZK18+633.5~ZK18+652 段,右洞 YK15+857~YK15+953 段在拱顶、左拱腰、右拱腰、右边墙有混凝土离析、蜂窝等不密实及衬砌背后脱空等现象。

图 4-1-2　衬砌小于设计厚度

(2)衬砌裂缝情况

猫狸岭隧道衬砌开裂现象较多(图4-1-3),开裂纵向累计长度左洞约占洞长的 52.68%,右洞约为 56.46%。开裂部位从拱顶至两拱腰和两边墙,裂缝宽度基本小于 1mm,分布于明洞段、Ⅱ~Ⅴ类围岩段。

整体来讲,猫狸岭隧道衬砌开裂分为两种情况:一种是裂缝较密集、缝宽大,且相互交叉形成不利组合,该段落裂缝进行修补后又再次开裂甚至扩大,说明裂缝仍在发展;另一种情况是裂缝宽度小、不密集、无明显持续发展现象。

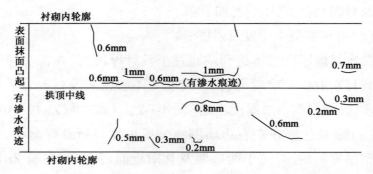

图 4-1-3　右洞 K15+850～K15+910 裂缝展开

4.1.2.2　隧道病害成因分析

根据检测报告分析，隧道衬砌局部存在脱空和有效厚度不足现象，是施工控制和工艺不良导致的。隧道衬砌裂缝普遍分布，其产生原因较复杂，主要包括以下几方面：

（1）施工中的塌方及超挖：施工中产生的部分坍塌及超挖没有按规范认真做好回填或压注浆工作，造成初期支护与围岩之间留有较大范围的空隙，尤其是拱部；或二次衬砌浇筑原因使拱部或拱腰出现局部脱空现象，使隧道与围岩不能形成一个有机整体，不能很好发挥围岩的弹性抗力作用；或未采用光面爆破，局部超挖严重，初期支护表面平整度未达到规范要求，造成二次衬砌厚度变化较大，从而导致二次衬砌应力集中而开裂。

（2）混凝土离析及由离析产生的蜂窝状、混凝土添加剂、振捣不均、拆模过早、混凝土养护不到位以及水泥的安定性等一系列原因也将引起衬砌的开裂。

（3）部分细小裂缝是由于混凝土自身的干缩、温缩、碱集料反应，二次衬砌混凝土出现内应力而产生。

4.1.2.3　加固整治原则

（1）依据现有资料进行综合分析，掌握病害产生原因。

（2）结合不同段落病害情况分段采取针对性处治措施，达到

"安全、快速、经济"的目的。

(3)本次整治完成后应进行长期监测,并建立档案,依据长期监测结果分析处治效果并对后续工作提出建议。

4.1.3 隧道加固方案

4.1.3.1 加固方法

(1)加固类型的划分

整治方案设计首先对所有宽度大于0.3mm的裂缝进行注射法修补,然后根据现有病害综合情况,分析隧道各区段不同的病害程度及其对隧道结构的不同影响,确定了以下两种主要整治类型,如表4-1-2、图4-1-4和图4-1-5所示。

病害整治类型   表4-1-2

病害类型	病害适用区段	处理措施
Ⅰ型病害	适用于裂缝较宽、张开、分布密集、纵环交错,有可能产生结构安全隐患的地段	先进行低压注射法对裂缝修补,然后采用 $\phi 25$ 中空预应力涨壳式锚杆+拱部连续双层碳纤维加固衬砌结构
Ⅱ型病害	适用于一般区段,补强局部裂缝(缝宽一般不大于0.5mm)	先进行低压注射法对裂缝修补,然后沿较宽的裂缝粘贴碳纤维布

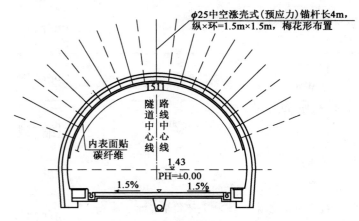

图4-1-4　Ⅰ型病害整治横断面(尺寸单位:cm)

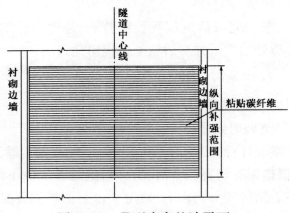

图 4-1-5　Ⅱ型病害整治平面

（2）主要加固方法设计

①裂缝低压注浆

为阻止钢筋锈蚀、保持结构的完整性及改善结构外观，对所有宽度大于 0.3mm 的裂缝进行注射法修补，以一定的压力将低黏度、高强度的修补胶液注入裂缝腔内。注射筒纵向间距根据裂缝宽度不同采用 200~500mm，裂缝修补胶基本性能指标见表 4-1-3。

裂缝修补胶（注射剂）基本性能指标　　　表 4-1-3

检测项目		性能或质量指标	试验方法标准
钢—钢拉伸抗剪强度标准值（MPa）		≥10	GB/T 7124
胶体性能	抗拉强度（MPa）	≥20	GB/T 2568
	受拉弹性模量（MPa）	≥1500	GB/T 2568
	抗压强度（MPa）	≥50	GB/T 2569
	抗弯强度（MPa）	≥30，且不得呈脆性（碎裂状）破坏	GB/T 2570

续上表

检 测 项 目	性能或质量指标	试验方法标准
不挥发物含量(固体含量,%)	≥99	GB/T 14683
可灌注性	在产品使用说明书规定的压力下能注入宽度为0.1mm的裂缝	现场试灌注固化后取芯样检查

②预应力中空锚杆加固

根据检测报告及病害分析,隧道内大部分裂缝是由于混凝土自身原因所引起,但个别区段裂缝较宽且分布密集、呈环向封闭状,对营运安全影响较大。为改善衬砌受力状况,提高围岩承载能力,采用φ25涨壳式中空预应力锚杆进行衬砌加固,对于可能引起的衬砌渗漏水采取"凿槽埋管"引排的方式进行处治。

涨壳式中空预应力锚杆由钢质涨壳锚头、中空锚杆体、垫板、螺母、注浆管组成,必要时设置止浆塞。锚杆杆体应进行镀锌防腐处理,锚杆布置间距为1.5m×1.5m,端部处在原二次衬砌内凿15cm×15cm×5cm的槽固定(图4-1-6)。

③拱部粘贴碳纤维片材

碳纤维布选用聚丙烯腈基(PAN基)12K或12K以下的小丝束纤维,材料性能指标采用《混凝土结构加固设计规范》规定。其中碳纤维布为300g/m² 高强度Ⅰ级品,浸渍、粘贴用胶黏剂采用A级胶。

4.1.3.2 加固方法施工

注射法修补衬砌裂缝的工艺、方法在其他案例中进行阐述,此处不再赘述。

(1)预应力中空锚杆加固

锚杆加固仅适用于裂缝较宽且组合不利,结构可能存在失稳隐患的Ⅰ型重点整治段落,锚杆的施工按以下步骤进行:

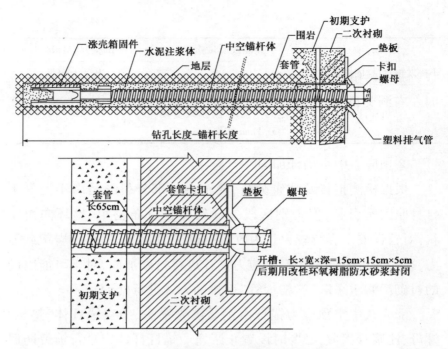

图 4-1-6　涨壳式中空锚杆构造与安装示意

在拱部二次衬砌锚杆施作点开凿 15cm×15cm×5cm 的凹槽，用于放置锚杆垫板及螺母→钻孔并打入锚杆→通过凿岩机冲转力使涨壳锚头在孔道底部充分涨开→安装锚杆垫板、螺母及注浆管→施加预应力并锁定荷载→锚杆注浆→锚头处理→防水处理并封锚。

（2）粘贴碳纤维复合材料

粘贴碳纤维片材按整治类型划分，包括有纵向连续粘贴、纵向间隔粘贴两种形式，总体施工工序安排在打磨清理表面、裂缝修补之后进行，其主要施工步骤如下：

在清理完毕的表面均匀涂刷一层厚度约 0.4mm 的底胶→采用整平胶对衬砌凹陷和转角部位进行修补找平→使用粘贴胶料粘贴裁剪好的碳纤维布，并在外表面再涂抹一层粘贴胶→涂抹表面保护层→现场检验与验收。

4.1.4 整治效果

4.1.4.1 加固后效果

猫狸岭隧道群病害整治施工从 2006 年 11 月 11 日开始,施工时左右洞交替、单洞双向通行并进行交通管制禁止大型车驶入,至 12 月 16 日施工结束。

经过 36d 的紧张施工,对病害较严重段落的衬砌进行了重点加固、消除了结构安全隐患,并进行了必要的装修,使隧道内焕然一新,大大提高了行车舒适性,运营效果良好,整治工程取得了预期效果。整治前后效果分别如图 4-1-7 和图 4-1-8 所示。

图 4-1-7　整治前猫狸岭隧道表面裂缝　　图 4-1-8　猫狸岭隧道整治施工期效果

4.1.4.2 加固经验及结论

通过对此隧道群的病害处治,经总结得出以下经验及结论,给后续类似的病害处治提供必要参考:

(1)相比桥梁和路基,隧道病害整治施工具有对通车影响大、交通疏导困难、结构加固受到净空限制等特点,建议根据具体病害类型、成因、部位和发展情况的不同,以"大病大治、小病小治"为原则,根据病害实际情况科学合理地划分整治段落,并有针对性地选择适宜的加固方案,而对于确实存在结构较大安全隐患的段落应作为重点整治段落。

(2)隧道在运营期日常维护时,应注意对隧道病害资料及长期观测数据的收集,为结构安全评估和可能的整治加固设计提供准确的基础数据。

(3)隧道病害处治是一项技术难度及专业性要求很高的工作,因此选择具有专业结构加固资质并且经验丰富的施工和监理队伍非常重要,同时施工时应做好施工过程的详细记录和竣工资料,从而为以后可能进一步发生、发展的病害情况提供整治设计依据。

4.2 石苍岭隧道

石苍岭隧道基本信息表　　　　　表4-2-1

隧道名称	石苍岭隧道	长度	左洞2014m、右洞2036m
通车年份	1997年	省份	广东
道路等级	高速公路		
病害情况	二次衬砌厚度不足,衬砌内存在空洞、脱空、不密实缺陷		
处治方案	W型钢带加固		

4.2.1 工程概况

4.2.1.1 隧道基本情况

石苍岭隧道(表4-2-1)是清连高速公路上一座分离式长隧道,建筑限界净宽10.25m,净高5.0m。隧道平面线形为直线,左右线纵坡均为-2.68%。石苍岭隧道左洞里程ZK2147+279~ZK2149+293,全长2014.00m;右洞里程YK2147+282~YK2149+318,全长2036.00m。洞门均采用削竹式。

隧道衬砌结构按照新奥法原理设计、施工,为复合式衬砌。隧道防水采用复合式橡胶防水板与弹簧盲沟导水管相结合,将防水板背后的围岩裂隙水引入拱脚处纵排水管,再通过横向引水管将水引至洞内排水侧沟后排出洞外。路面铺装为水泥混凝土结构。

石苍岭隧道于1997年建成通车,为一级公路隧道。2008年清连一级公路升级改造为高速公路时,对该隧道的衬砌裂缝和渗漏水进行了维修加固处治。

2013年7月,石苍岭隧道局部出现了二次衬砌坍塌现象(图4-2-1),危及行车安全,对坍塌段衬砌进行了锚杆、喷射混凝土及环向钢拱架等一系列应急加固处治。

图4-2-1 2013年石苍岭隧道局部掉块

4.2.1.2 隧址区气候、地质情况

隧址区属中亚热带季风气候,四季变化明显,一般3~5月为雨季,每年有3个月低温阴雨天气和8个月高温暴雨天气。近年最高气温为39.9℃,最低气温为-3.2℃,多年平均气温为25.9℃。历年最大降水量为2781.3mm,最小为1164.4mm。

石苍岭隧道原设计文件中围岩以Ⅴ类为主,发育少量Ⅳ类围岩。但施工过程中发现实际地质条件与原设计差异明显,岩层软弱节理发育、破碎,总体围岩为Ⅲ类偏弱,煤系地层、断层等不良地质现象经常出现,虽经多次围岩类别变更、结构加强,仍发生了大塌方5次,小塌方80多次。

4.2.2 隧道病害状况

4.2.2.1 隧道病害

2015年,石苍岭隧道左洞靠近连州端洞口段右拱腰防火层规律性掉块剥离、剥落,局部防火层剥离、剥落段落集中且面积较大(图4-2-2)。为查清防火层剥离、剥落原因,防止突然性坍塌等危及运营安全的情况再次发生,开展了石苍岭隧道左洞衬砌厚度及内部缺陷检测、衬砌混凝土强度检测、衬砌断面检测等，并对防火层剥离、剥落段衬砌表面和部分典型裂缝处布设弦式应变计，进行衬砌变形监测。

图 4-2-2　2015 年石苍岭隧道左洞右拱腰防火涂层脱落

检测、监测结果显示，隧道衬砌未发生明显变形，裂缝未持续发展，但石苍岭隧道衬砌局部段落二次衬砌厚度明显不足，衬砌内存在空洞、脱空、不密实等缺陷，同时存在混凝土强度不足的情况，且衬砌渗漏水现象较严重，导致衬砌的稳定性和承载能力明显降低，对隧道结构安全影响较大，存在一定的安全隐患，应及时采取处治措施。

具体检查结果如下：

(1) 衬砌内部缺陷

石苍岭隧道左洞共发现拱腰处衬砌背后空洞、脱空、回填不密实共计 74 处（图 4-2-3、图 4-2-4）。其中左边墙部位衬砌缺陷总长 28.5m，占检测长度 1.4%；左拱腰部位衬砌缺陷总长 75m，占检测长度 3.7%；拱顶部位衬砌缺陷总长 151m，占检测长度 7.5%；右拱腰部位衬砌缺陷总长 46m，占隧道长度 2.3%；右边墙部位衬砌缺陷总长 52.5m，占隧道长度 2.6%。

(2) 二次衬砌混凝土厚度

石苍岭隧道左洞衬砌检测结果显示，隧道左边墙二次衬砌厚度合格率为73.6%,衬砌最小厚度22cm;左拱腰二次衬砌厚度合格率为71.6%,衬砌最小厚度18cm;拱顶二次衬砌厚度合格率为68.5%,衬砌最小厚度15cm;右拱腰二次衬砌厚度合格率为70.6%,衬砌最小厚度16cm;右边墙厚度合格率为72.7%,衬砌最小厚度15cm。

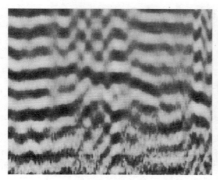

图4-2-3　隧道衬砌空洞　　　图4-2-4　隧道衬砌不密实

经统计,距清远端洞口830～850m、1630～1680m、1710～1760m、1810～1870m、1910～1930m、1950～1990m等段落衬砌厚度不足情况较明显。

(3)衬砌混凝土强度检测

对石苍岭隧道左洞衬砌表面防火砂浆大面积脱落部位进行混凝土强度检测,左洞共测量6个断面,测量结果表明,检测段落隧道右拱腰处衬砌强度较低,衬砌混凝土表面碳化现象明显。

(4)衬砌断面检测

检测结果表明,实测内轮廓与隧道设计内轮廓及未发生脱落段内轮廓相对比,表明防火层脱落严重段内隧道断面尺寸基本正常,内轮廓未侵入建筑限界。

(5)衬砌变形监测

检测结果表明,隧道左洞防火涂料层剥离、剥落段落的衬砌混凝土未发现变形,典型裂缝趋于稳定,未继续发展。

4.2.2.2 隧道病害成因分析

针对隧道左洞二次衬砌厚度明显不足,衬砌内存在空洞、脱空、不密实等缺陷,通过查阅相关资料、检测文件等,推定衬砌缺陷产生的原因:

(1)衬砌施工控制不规范,混凝土振捣不密实,导致衬砌厚度及衬砌混凝土强度不足,并发生衬砌不密实现象。

(2)隧道超挖段落未回填或回填不密实,导致衬砌背后存在空洞、脱空。

(3)施工过程中欠挖或未及时施工仰拱及二次衬砌、围岩塌方等,造成初期支护侵入二次衬砌空间,造成二次衬砌过薄。

4.2.2.3 加固整治原则

对隧道左洞二次衬砌厚度明显不足,衬砌内存在空洞、脱空、不密实等缺陷,加固整治原则如下:

(1)针对衬砌的病害情况、产生机理,有针对性地采取加固措施。

(2)衬砌加固尽可能在保持原结构完整性的基础上进行结构补强。

(3)通过衬砌加固,提高衬砌结构的承载能力。

(4)依据结构计算和经验类比确定最佳加固设计方案。

(5)施工材料、工艺与施工条件紧密结合,可操作强。

4.2.3 隧道加固方案

4.2.3.1 加固方法

根据以上二次衬砌缺陷影响的情况,并吸取国内外隧道工程病害处理的经验,有针对性地对该隧道存在质量缺陷的段落进行了分段,针对衬砌厚度严重不足段落进行 W 型钢带加固(图 4-2-5)。

具体段落为:830～850m、1630～1680m、1700～1760m、1810～1870m、1900～1930m、1950～1990m,共计 260m,设置 W 型钢带 310 环。

第4章 衬砌加固

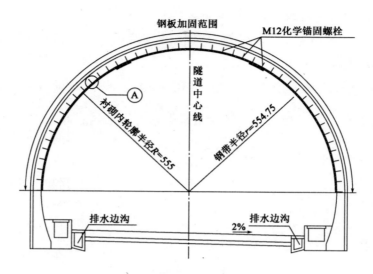

图 4-2-5　隧道衬砌 W 型钢带加固(尺寸单位:cm)

4.2.3.2　W 型钢带加固计算

采用粘贴幅宽 250mm、钢材厚度 5mm 的 W 型钢带,对于衬砌厚度小于 20cm 两环钢带间距为 70 cm 进行加固,对于衬砌厚度大于 20cm 两环钢带间距为 90 cm 进行加固。

1)工况一:衬砌厚度 15cm、钢带间距 70cm

(1)材料参数

针对隧道部分衬砌厚度与设计厚度相差较大的情况,采用粘贴 W 型钢带进行加固,本次计算选择衬砌薄弱段落进行加固设计验算。原衬砌参数取:衬砌厚度为 15cm,衬砌混凝土等级为 C20, $f_{cd1}=11\text{N}/\text{mm}^2$, $f'_{cd1}=1.13\text{N}/\text{mm}^2$。

根据《矿用 W 型钢带》(MT/T 861—2000)及加固方案对 W 型钢带型号的要求,确定钢带的厚度为 5mm,宽度为 25cm,单片钢带有效截面积 $A=1500\text{ mm}^2$,截面高度为 25.5mm, $f_{sp}=315\text{N}/\text{mm}^2$,取 $a_r=1$, $b=1000\text{mm}$,若两环钢带中心间距为 70cm,则 $A_{sp}=2143\text{mm}^2$。

71

(2)衬砌实际承载能力计算

隧道二次衬砌厚度为15cm。

$$f_{cd1}bx = f'_{cd1}b(h-x) \quad (4\text{-}2\text{-}1)$$

由式(4-2-1)可得

$$x = 14\text{mm}$$

$$M_{d1} \leqslant a_r f_{cd1} bx\left(h-\frac{x}{2}\right) = 22\text{kN}\cdot\text{m}$$

(3)加固后衬砌承载力计算

$$f_{cd1}bx = f_{sp}A_{sp} \quad (4\text{-}2\text{-}2)$$

$$M_d \leqslant a_r f_{cd1} bx\left(h-\frac{x}{2}\right) \quad (4\text{-}2\text{-}3)$$

由式(4-2-2)、式(4-2-3)可得

$$x = 61.4\text{ mm}$$

$$M_{d1} \leqslant 11 \times 1000 \times 61.4(150-30.7) = 80.6\text{kN}\cdot\text{m}$$

经计算,拱部的抗弯承载能力最高可提高266%,以抵抗拱部衬砌厚度不足时受弯拉变形发生的开裂变形破坏,增强拱形结构的整体受力性能。

2)工况二:衬砌厚度20cm、钢带间距90cm

(1)材料参数

针对隧道部分衬砌厚度与设计厚度相差较大的情况,采用粘贴W型钢带进行加固,本次计算选择衬砌薄弱段落进行加固设计验算。原衬砌参数取:衬砌厚度为20cm,衬砌混凝土等级为C20。

本隧道衬砌计算范围为Ⅳ类围岩,隧道二次衬砌设计厚度为35cm,混凝土设计强度等级为C20,$f_{cd1} = 11\text{N/mm}^2$,$f'_{cd1} = 1.13\text{N/mm}^2$。根据《矿用W型钢带》(MT/T 861—2000)及加固方案对W型钢带型号的要求,确定钢带的厚度为5mm,宽度为25cm,单片钢带有效截面积$A = 1500\text{mm}^2$,截面高度为25.5mm,$f_{sp} = 315\text{N/mm}^2$,取$\alpha_r = 1$,$b = 1000\text{mm}$,若两环钢带中心间距为90cm,则$A_{sp} = 1667\text{mm}^2$。

(2) 衬砌实际承载能力计算

隧道二次衬砌厚度为 20cm。

$$f_{cd1}bx = f'_{cd1}b(h-x) \quad (4\text{-}2\text{-}4)$$

由式(4-2-4)可得 $x = 18.6 \text{mm}$

$$M_{d1} \leq a_r f_{cd1} bx\left(h - \frac{x}{2}\right) = 57.5 \text{kN} \cdot \text{m}$$

(3) 加固后衬砌承载力计算

$$f_{cd1}bx = f_{sp}A_{sp} \quad (4\text{-}2\text{-}5)$$

$$M_d \leq a_r f_{cd1} bx\left(h - \frac{x}{2}\right) \quad (4\text{-}2\text{-}6)$$

由式(4-2-5)、式(4-2-6)可得

$$x = 47.7 \text{ mm}$$

$$M_{d1} \leq 11 \times 1000 \times 47.7(200 - 23.9) = 92.3 \text{kN} \cdot \text{m}$$

经计算,拱部的抗弯承载能力最高可提高 60.5%,以抵抗拱部衬砌厚度不足时受弯拉变形发生的开裂变形破坏,增强拱形结构的整体受力性能。

计算结果表明,当衬砌厚度大于 20cm 时,其自身承载能力增大明显,钢带加固效果逐渐递减,因此拟对衬砌厚度不大于 20cm 段落,W 型钢带加固间距设置为 70cm,对衬砌厚度大于 20cm 段落,W 型钢带加固间距设置为 90cm。

4.2.3.3 W 型钢带加固设计

根据计算结果,本次采用幅宽 25cm、厚 5mm 的 W 型钢带进行衬砌环向加固,衬砌厚度不大于 20cm 时,钢带纵向间距 70cm,衬砌厚度大于 20cm 时,钢带纵向间距 90cm。钢带环向设置范围为检修道以上 3m 的拱腰、拱顶位置。

钢带采用锚栓进行固定后,注入胶黏剂与衬砌黏结为一体。锚栓采用 M12 化学锚固螺栓,植入深度不小于 12cm。

4.2.3.4　W型钢带加固施工

(1)衬砌表面处理

①在粘贴钢带位置进行基面处理,基面应保证平整圆顺,衬砌不圆顺处采用环氧砂浆涂抹找平,平整度不大于1.5mm/m。

②将混凝土表面清理干净并保持干燥。

③钻制锚栓预留孔。

(2)W型钢带制作

W型钢带应选用正规厂家合格产品,W型钢带横向两侧边缘水平且有足够粘贴宽度,其制作按以下工序进行:

①钢带黏结面用喷砂或除锈机打磨直至露出金属光泽,打磨纹路应与钢带受力方向垂直,钢带黏结面应有一定的粗糙度,并将钢带表面擦拭干净。

②依据现场植埋的锚栓位置、间距,对待固定的钢带进行配套打孔。

③钢带外露面涂刷防腐底漆3道。

(3)粘贴W型钢带工艺流程

粘贴W型钢带工艺流程:钻孔植埋全螺纹锚栓→配制胶黏剂→衬砌表面及钢带涂刷胶黏剂→安装W型钢带→封边→钢带表面防腐处理。

粘贴钢带的施工要点:

①钻孔植埋锚栓:

(a)依照设计图纸的要求,放出需钻孔的位置。

(b)应采用与锚栓直径配套的钻头进行钻孔。

(c)钻孔应清理干净,保持干燥,不得有油污。

(d)植锚栓的施工按照现行《混凝土结构加固设计规范》(GB 50367)的相关规定执行。

②配制胶黏剂:按照供应商提供的产品说明书要求配制胶黏

剂;胶黏剂甲乙组分混合后,用低速搅拌器搅拌均匀,并在适用期内用完。胶黏剂应满足设计要求的各项力学指标和耐久性要求,其质量应符合现行《混凝土结构加固设计规范》(GB 50367)的相关规定。

③涂刷胶黏剂:涂刷胶黏剂前应对衬砌表面进行基面处理,保证粘贴面坚实干燥,对表面缺损处及不平整处采用改性环氧砂浆进行找平处理。基面处理完成后,在衬砌表面及钢带均匀地涂刷胶黏剂,胶黏剂的胶层应有足够的厚度。

④安装钢带:涂刷胶黏剂后,将钢带固定在锚栓上,随即将钢板粘贴在混凝土表面,旋紧螺母进行加压,使多余的胶液沿板边挤出,达到紧密粘贴。胶液固化后卸除螺母,截去外露部分螺栓杆,并预留适当长度进行冷铆。钢带分段处采用平口焊接连接,再用长60cm的W型接头钢带进行搭接,接头钢带与加固钢带之间用锚栓固定,并用黏钢胶黏结。

⑤钢带表面防腐处理:经检验确认钢带粘贴效果可靠后,清除钢带表面污垢,对安装过程中造成的底漆破损进行补漆,再在钢带外露面涂刷面漆4道。

4.2.4 整治效果

4.2.4.1 加固后效果

石苍岭隧道左洞通过加固、维修后,自2015年6月通车运营以来,隧道结构稳定,达到了预想的效果(图4-2-6)。

4.2.4.2 加固经验及结论

(1)隧道病害处治设计时,应综合考虑病害产生原因,结合前期施工资料、维修加固资料、检测资料等,选择合理的处治方案。

(2)相对比套拱和换拱方案而言,粘贴W型钢带具有工期短、风险低等优点,对于衬砌厚度较薄,衬砌背后存在较小空洞、不密实区,且无严重病害情况时进行衬砌加固是非常适宜的。

图 4-2-6　石苍岭隧道加固、维修后效果

4.3　新琼隧道

新琼隧道基本信息表　　　　表 4-3-1

隧道名称	新琼隧道	长度	140m
通车年份	2009 年	省份	福建
道路等级	高速公路		
病害情况	砌衬开裂、错台		
处治措施	W 型钢带加固、换拱加固		

4.3.1　工程概况

4.3.1.1　隧道基本情况

新琼隧道(表 4-3-1)为双连拱隧道,单洞净宽 10.25m,净空高 5.0m,位于泉州至三明高速公路 K76+865~K77+005 段,设计速度 80km/h,2009 年 3 月正式建成通车。

新琼隧道平面线形为直线,纵坡为 +2.096%/-2.549%,全长 140m,洞门均采用端墙式。隧道行车道宽度为 7.5m,左侧设 0.5m 侧宽,右侧设 0.75m 侧宽,路面设 2% 单向横坡排水,隧道两侧各设 0.75m 的检修道,下设电缆沟,右侧检修道下设排水边沟(图 4-3-1)。

隧道洞身均为 V 级围岩,采用新奥法原理设计、施工。隧道防排水设计采用"以排为主,堵排结合"的设计原则,洞身满铺 EVA 防水板加无纺土工布,厚度 1.2mm,同时隧道衬砌均采用防水混凝土浇筑,其抗渗等级为 S6。隧道环向铺设半圆管将水引入边墙两侧 $\phi100$PE 双壁打孔纵向波纹管,然后通过 $\phi100$PE 横向排水管将水引入隧道右侧检修道下排水边沟排出洞外。路面雨水、冲洗水、消防水通过路缘通缝式排水沟排出洞外,与洞外的排水沟、截水沟形成完整的排水系统。

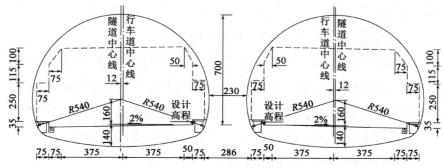

图 4-3-1 连拱隧道内轮廓及建筑限界设计(尺寸单位:cm)

4.3.1.2 隧址区气候、地质情况

新琼隧道处于构造剥蚀低山地貌单元,隧址区地层可分为上部第四系松散覆盖层(包括全风化层)、强风化闪长花岗岩及弱~微风化闪长花岗岩三个物理层。隧址区围岩大部分为亚黏土、全风化闪长花岗岩、强风化闪长花岗岩,呈土状及碎石状,结构松散。隧址区地震动峰值加速度为 $0.05g$,相当于地震基本烈度Ⅵ度区。

隧址区地下水受季节影响变化大,在勘察期间地下水位埋深在 14.19m,地下水可分为两种类型,即第四纪松散堆积层孔隙水及基岩风化层孔隙裂隙水。隧址区附近水质分析结果表明,地表水、地下水对混凝土不具腐蚀性。

4.3.2 隧道病害状况

4.3.2.1 隧道病害

2007 年 7 月,隧道土建主体工程基本完成后,左洞 K76+887~K76+947 段二次衬砌出现了不同程度的错台、裂缝。裂缝以纵、斜缝为主,其中纵缝比斜缝多,主要分布在拱顶和右拱腰部位。形成的裂缝已严重影响了隧道的安全运营与使用功能。

检测报告结果显示,K76+887~K76+947段衬砌基本都存在轻微欠厚现象,设计衬砌厚度为50cm,实测最小厚度值为40cm。结合衬砌开裂严重程度及其他缺陷,对区内段落进行了划分,具体情况如下:

(1)隧道左洞 K76+887~K76+899段

该段落裂缝情况:主要存在3条严重结构性裂缝,拱顶正中处有1条纵向裂缝,贯穿整板二次衬砌,裂缝最宽处2mm;拱顶右偏30°左右有1条纵向裂缝,长度有10m,裂缝最宽处1mm;右拱腰处有1条斜45°的裂缝,长度有7m,裂缝最宽处4mm,该缝下部存在几条细小、较短裂缝(图4-3-2)。

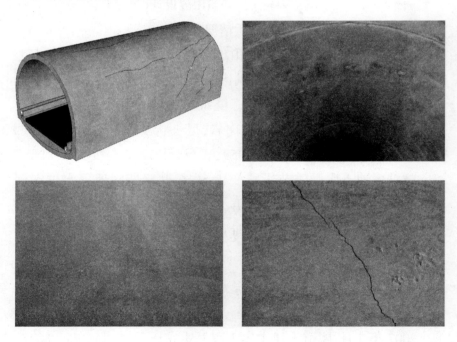

图4-3-2　左洞 K76+887~K76+899段二次衬砌裂缝分布

第4章 衬砌加固

(2) 隧道左洞 K76+899～K76+911 段

该段落裂缝情况:主要存在 3 条严重结构性纵向裂缝(图 4-3-3),位于拱顶偏右 30°～45°范围内。其中 2 条贯穿整板二次衬砌,裂缝最宽处 5mm,2 条纵向裂缝之间有细小裂缝;另外 1 条纵向裂缝与 K76+887～K76+899 段斜 45°的裂缝已连成一体,同样贯穿了整板二次衬砌,裂缝最宽为 2mm。检测报告显示,K76+900～K76+905 段左、右拱脚处均存在空洞(图 4-3-4、图 4-3-5)。

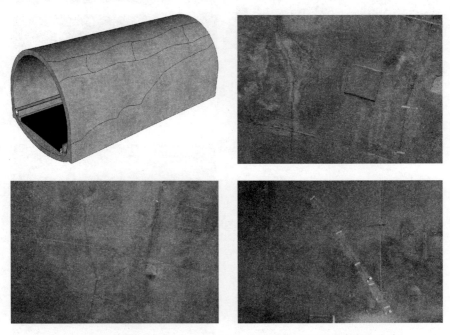

图 4-3-3 左洞 K76+899～K76+911 段二次衬砌裂缝分布

(3) K76+911～K76+923 段

该段落裂缝情况:主要存在 4 条严重结构性裂缝(图 4-3-6),拱顶偏右 30°～60°范围内有 3 条纵向裂缝,3 条裂缝均贯穿整板二次衬砌,裂缝最宽处 20mm,裂缝深度 20cm,3 条纵向裂缝之间存在细小裂缝;K76+919～K76+923 段有 1 条斜 45°的裂缝,裂缝长 7m,最宽处 2mm。检测报告显示,K76+910～K76+912 段拱顶存在不密实处，K76+917~K76+922段拱顶处存在空洞(图4-3-7)，K76+919~K76+923段右拱脚处存在空洞(图4-3-8)。

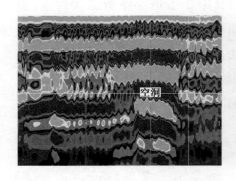

图4-3-4　K76+900~K76+905段左拱脚存在空洞

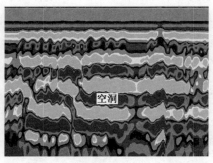

图4-3-5　K76+900~K76+905段右拱脚存在空洞

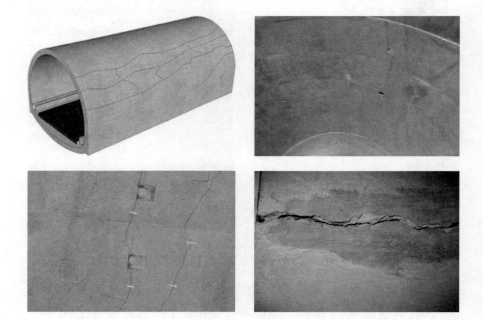

图4-3-6　左洞K76+911~K76+923段二次衬砌裂缝分布

第4章 衬砌加固

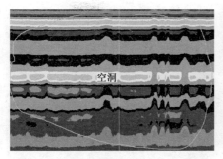

图4-3-7 K76+917~K76+922段拱顶部存在空洞

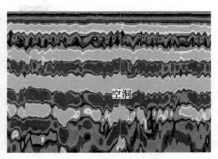

图4-3-8 K76+919~K76+923段右拱脚存在空洞

(4) K76+923~K76+935段

该段落裂缝情况：主要存在9条裂缝（图4-3-9），拱顶偏右30°~60°范围内有7条纵向裂缝，7条裂缝交织一起贯穿整板二次衬砌，裂缝最宽处15mm，7条纵向裂缝之间存在细小裂缝；K76+927~K76+931段右拱腰有1条斜45°的裂缝，长度5m，裂缝最宽处1mm；K76+931~K76+935段有1条环向裂缝，从起拱线一直延伸到拱顶。

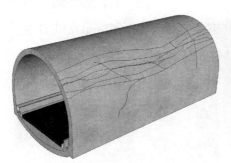

图4-3-9 左洞K76+923~K76+935段二次衬砌裂缝分布

(5) K76+935~K76+947段

该段落裂缝情况：主要存在7条裂缝（图4-3-10），拱顶偏右30°~60°范围内有7条纵向裂缝，7条裂缝交织一起贯穿整板二次衬砌，最宽处5mm，7条纵向裂缝之间存在细小裂缝；K76+941~K76+947段右拱腰还发育多条斜向裂缝（图4-3-11、图4-3-12）。

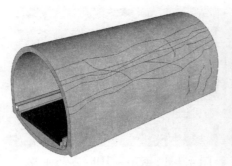 

图 4-3-10　左洞 K76+935～K76+947 段二次衬砌裂缝分布

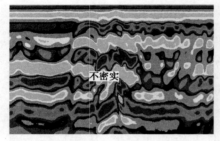 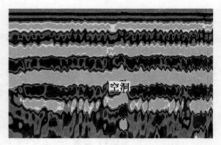

图 4-3-11　K76+935 处右　　　图 4-3-12　K76+943 处
　　　　　拱腰不密实处　　　　　　　　　　右拱脚空洞

（6）第 3 板与第 4 板二次衬砌施工缝处产生了 2cm 宽的开裂，第 4 板与第 5 板二次衬砌施工缝处产生了 3cm 宽的开裂（图 4-3-13、图 4-3-14）。

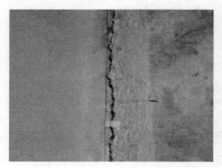 

图 4-3-13　左洞 K76+923 处　　　图 4-3-14　左洞 K76+935 处
　　　　　施工缝开裂　　　　　　　　　　　施工缝开裂

4.3.2.2 隧道病害成因分析

为了查明隧道病害产生的原因,有关人员进行了现场勘查,并与检测单位及相关技术人员进行了交流,查看了相关的施工资料,查明了病害产生的主要原因。二次衬砌厚度不足和衬砌背后空洞主要是由施工开挖、变形及质量控制等引起的。衬砌开裂病害产生原因如下:

(1)地基不均匀沉降是引起衬砌开裂的主要原因。隧址区围岩基本为全~强风化花岗岩,且均匀性较差,衬砌开裂段矮边墙就曾出现过裂缝并进行过处治(图 4-3-15)。

图 4-3-15　矮边墙裂缝

(2)隧道施工引起的衬砌开裂。双连拱隧道施工工序比较复杂,隧道围岩(包括地基)要受多次施工扰动,左洞先施工右洞后施工,由于右洞侧壁支撑的卸除及基础不均匀而在平行隧道轴向产生不均匀沉降裂缝。

4.3.2.3 加固整治原则

(1)本次加固要求消除病害及结构安全隐患,治理完成后达到交工验收合格标准。

(2)当结构加固影响防排水设施时,后者应服从前者,保证结构安全是第一要务。

4.3.3 隧道加固方案

4.3.3.1 加固方法

根据二次衬砌病害及缺陷情况,吸取国内外隧道病害处理的经验,按严重程度进行了段落划分,采取针对性措施进行处治。

(1)K76+887~K76+911段二次衬砌病害及缺陷较严重,在采取隧底注浆的基础上进行裂缝修补。再进行全断面W型钢带(型号为W280)加固,钢带纵向间距为60cm。最后凿毛衬砌表面,植筋设置钢筋网片,全断面镘抹7cm厚(内轮廓富余量较大,未"侵限")聚合物水泥砂浆(图4-3-16)。

(2)K76+911~K76+947段二次衬砌病害及缺陷严重,先进行隧底注浆加固,对该段设置纵向间距为1m的I20a钢拱架临时支撑,再采用5m长ϕ50小导管注浆预加固围岩,小导管呈梅花形布置,间距120cm(环)×120cm(纵)。最后分段拆除二次衬砌后浇筑50cm厚格栅钢架混凝土衬砌。

4.3.3.2 加固方法施工

裂缝修补施工在其他案例中叙述,此案例不再赘述。

(1)注浆加固施工应满足以下要求:

①注浆施工宜采用分段注浆和全段一次注浆方式,过程中应密切关注结构变化情况,有异常情况时应立即停止施工,待妥善处理后方能继续施工。

②注浆过程中冒浆时,宜采用低压、小泵量、间歇注浆等方式进行处理。

③注浆过程中相邻孔注浆时,宜两孔同时注浆或封堵串浆孔。

④设计终压1.5MPa条件下,注浆孔段吸浆率小于5~10L/min时,稳压10~20min,可停止注浆。

⑤注浆结束后,应按照设计要求封孔。

第4章 衬砌加固

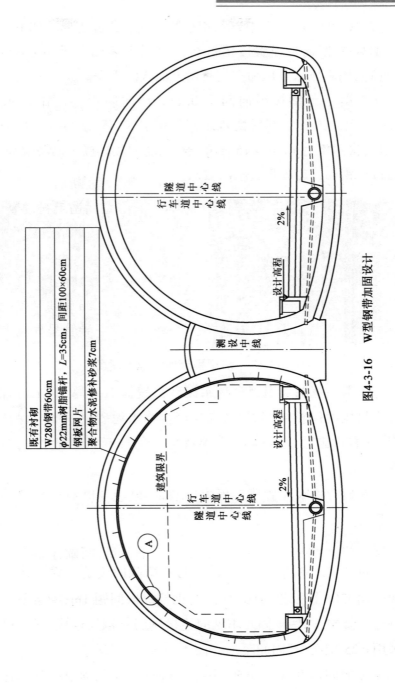

图4-3-16 W型钢带加固设计

(2)W型钢带设置完成后,聚合物水泥砂浆施工要求如下:

①对W型钢带设置段落进行二次衬砌表面凿毛(除钢带位置)处理,用高压水或压缩空气将凿毛面吹洗干净。

②在凿毛范围按纵向间距0.6m,环向间距1m钻孔,孔深25cm,孔内注入胶黏剂后植 $\phi22$ 螺纹钢筋,长度为35cm。胶黏剂固化后,将网格为15cm×15cm的 $\phi6$ 钢筋网片焊接于钢筋端头,焊接时进行钢筋冷却处理(图4-3-17)。

图4-3-17 W型钢带加固施工现场

③对凿毛范围采用聚合物水泥砂浆镘抹7cm厚,施工过程中应适当加压确保黏结牢固、密实。聚合物水泥砂浆表面应保持平整,与既有衬砌圆顺相接,当砂浆固化后仍有不平整现象时,应打磨平整。

④对聚合物水泥砂浆表面进行装饰,颜色与既有衬砌保持基本一致。

(3)换拱加固

①对加固段落进行临时防护,防止凿除时失稳。在二次衬砌表面采用I20a钢架进行临时支护,钢架纵向间距1m,钢架基础应进行适当修整,确保牢固。用纵向连接钢筋将钢架连成整体,纵向筋采用 $\phi25$ 钢筋,环向间距1m(图4-3-18)。

②对加固段落采用 $\phi50$ 小导管进行注浆预加固,小导管长

5m,呈梅花形布置,间距120cm(环)×120cm(纵)。注浆材料为水泥浆,水灰比0.8:1,注浆压力为0.5~1.0MPa,注浆管尾部1.2m不设注浆孔。

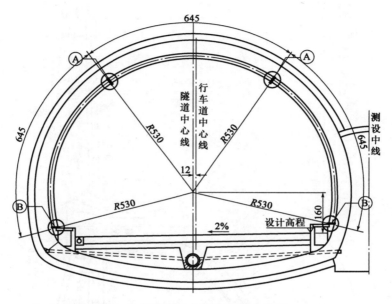

图4-3-18 钢架临时支护(尺寸单位:cm)

③完成临时防护、围岩预加固后,对二次衬砌混凝土进行人工凿除,应将拱圈分小段成环凿除,先拱部后边墙(图4-3-20)。一次最大凿除长度2.5m,机械凿除要尽量减少施工振动对围岩的扰动,严禁采用爆破。

④凿除2.5m后,先进行防水板的铺设,再尽快安装加工好的钢格栅(图4-3-21),钢格栅环向采用$\phi 25$钢筋,纵向采用$\phi 12$钢筋。拱脚需和原衬砌边墙处的钢筋连接,要求每次的浇筑长度为2m,待新浇筑的衬砌强度达到80%后再拆模。

⑤对于二次衬砌混凝土的施工缝(包括边墙处)要做特殊处理,采用混凝土界面剂(HUANYU-SJ底涂)刷涂,改善新老混凝土的黏结性能,提高混凝土的整体性,施工缝处的纵向钢筋严禁断开。

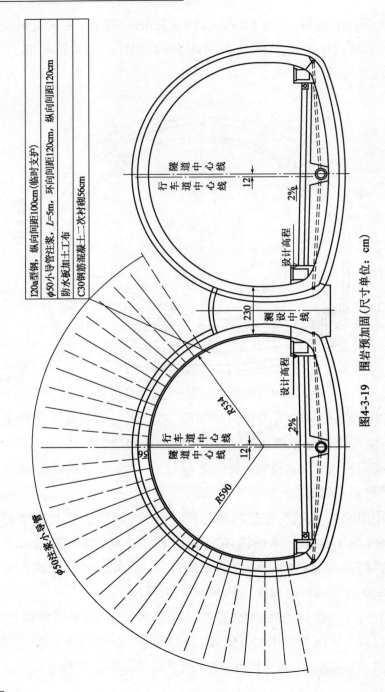

图4-3-19 围岩预加固（尺寸单位：cm）

第4章 衬砌加固

图 4-3-20　二次衬砌拆除施工现场

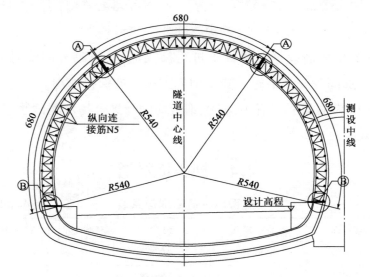

图 4-3-21　主洞格栅钢架结构(尺寸单位:cm)

⑥二次衬砌采用C30混凝土,混凝土要灌注密实,并充分振捣。

4.3.4　整治效果

4.3.4.1　加固后效果

新琼隧道通过维修加固后,通车运营已有10年,隧道结构稳定,无明显病害再次产生,达到了预期效果(图4-3-22)。

4.3.4.2　加固经验及结论

(1)隧道病害处治设计时,应综合考虑病害特征,地形、地质条

89

件,衬砌结构形式、施工扰动等,选择最优的处治措施。处治设计应依据病害严重程度分段进行。

图 4-3-22 新琼隧道加固、维修后效果

(2)对于较差地质条件下进行换拱加固,衬砌表面临时支撑、围岩预加固等安全措施在施工中起到很好的保护作用。

(3)为消除加固痕迹,W 型钢带加固与聚合物水泥砂浆层配合使用效果良好。

4.4 枫香垭隧道

枫香垭隧道基本信息表　　　表 4-4-1

隧道名称	枫香垭隧道	长度	左洞 997.4m、右洞 1022m
通车年份	2009 年	省份	重庆
道路等级	高速公路		
病害情况	衬砌裂损,衬砌厚度不足,拱顶脱空,路面变形		
处治方案	裂缝修补、网喷加固、W 型钢带加固、隧底拆换		

4.4.1 工程概况

4.4.1.1 隧道基本情况

枫香垭隧道(表 4-4-1)位于省际公路通道重庆至长沙公路的彭水至武隆段上,于 2009 年 12 月建成通车,按 80km/h 设计速度高速公路标准设计,左洞长 997.40m,右洞长 1022m。

隧道进口及洞身段为分离式，出口段约 200m 范围为小净距隧道，最小净距 8m。隧道内轮廓设计采用拱形曲墙三心圆断面，单洞净宽 10.50m，净高 5m。

隧道暗洞采用新奥法原理进行设计、施工，初期支护为锚杆、钢拱架（格栅）、喷射混凝土及钢筋网联合支护，二次衬砌为模筑（钢筋）混凝土。隧道洞内防水采用土工布与玻纤橡塑防水板组成防水层，环向施工缝设带注浆管遇水膨胀止水条、沉降缝采用橡胶止水带防水。排水设计采用环向盲沟接拱脚纵向管，再通过横向管将水引入中心沟排走。

隧道洞内路面设计为沥青混凝土上面层下设水泥混凝土面板的复合式路面，沥青混凝土上面层厚 9cm，水泥混凝土面板厚 26cm。路面下设 C15 混凝土仰拱回填层。

4.1.1.2 隧址区气候、地质情况

（1）地形地貌、水文

隧址区位于四川盆地东南缘，大娄山脉北西侧一带山地，属乌江侵蚀河谷发育的低山地区。区内山峦起伏，高低悬殊，属于切割较强烈的低山区，海拔 242.8～426.8m。隧道最大埋深约 130m，地表植被发育、灌木杂草丛生。

隧址区地下水不发育，主要为基岩孔隙水和裂隙水，以大气降水补给为主，地下水对混凝土无腐蚀作用。

（2）地层岩性

隧址区上覆第四系全新统冲洪积层（Q_4^{al+pl}）、坡残积层（Q_4^{dl+el}），下伏地层为侏罗系中下统自流井组（J_1-2z）及下统珍珠冲组（J_1z），围岩以泥岩夹砂岩、页岩为主，节理裂隙发育，围岩级别为Ⅲ～Ⅴ级。

（3）地质构造及地震

区内构造较简单，总体为一单斜构造，无大的构造断裂。岩层构造节理不发育,主要为风化网状裂隙,贯通性差。地震基本烈度为Ⅵ度。

(4)不良地质现象

隧道区无滑坡、崩塌、泥石流、危岩、地面沉降、地裂缝、采空区等不良地质现象,工程地质条件良好。隧道出口段泥岩段自由膨胀率为 0.5,为弱膨胀岩体,岩体在浸水情况下,将发生膨胀变形破坏,影响隧道围岩的稳定性。

4.4.2 隧道病害状况

4.4.2.1 隧道病害

根据检测结果,隧道的病害情况如下:

(1)衬砌裂缝发育较多,边墙、拱部在局部段落集中发育纵向、斜向裂缝,裂缝总计为 87 条/634m(图 4-4-1)。纵向、斜向裂缝集中分布于 ZK59+091~ZK59+135、ZK59+436~ZK59+487、K59+095~K59+130、K59+482~K59+535 段。裂缝最大宽度为 1.5mm。

(2)衬砌混凝土厚度局部不满足设计要求,欠厚 5~20cm,其中衬砌开裂范围内多处拱部、边墙衬砌厚度不足。

(3)衬砌强度基本满足设计要求。

(4)局部二次衬砌混凝土在拱顶存在脱空、空洞及不密实区现象,厚度范围为 5~20cm,局部段落范围较大,最大长度为 6m。

(5)左洞洞口 ZK59+145~ZK59+160 段、右洞洞口 K59+135~K59+150 段存在路面隆起现象,且靠近右侧(靠山侧),检修道位置隆起高度最高达 30cm,左半幅路面仅有轻微隆起(图 4-4-2)。

4.4.2.2 隧道病害成因分析

(1)隧道衬砌裂缝产生原因分析

①衬砌厚度不满足设计要求,导致结构整体承载能力降低。

②衬砌背后存在空洞或不密实区,导致结构受力不均衡,形成应力集中现象。

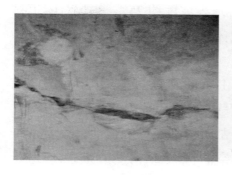 

图 4-4-1　衬砌开裂　　　　　图 4-4-2　路面隆起

③隧址区为软弱围岩,围岩荷载较大,其中 ZK59+445～ZK59+470 段施工过程中发生塌方,对围岩扰动大,进一步加大了该段围岩荷载,并对周边衬砌产生影响。

(2)衬砌厚度不足原因分析

①二次衬砌背后存在脱空、空洞现象,造成该处衬砌混凝土厚度不足。

②施工过程中初期支护侵入二次衬砌空间,为保证内轮廓净空,导致二次衬砌厚度不足。

(3)隧道衬砌背后空洞、衬砌脱空原因分析

二次衬砌拱部背后存在脱空、空洞及不密实区,主要原因是灌注混凝土不足,振捣不充分。

(4)隧道路面隆起原因分析

经过现场调查,左右洞路面隆起段在平面上基本位于同一段落,且双洞均出现在右半幅路面,左半幅路面仅有轻微隆起现象,结合现场地质条件、设计文件、竣工资料和施工人员描述,分析路面隆起原因如下:

①弱膨胀性泥岩在地下水浸泡下产生膨胀变形,围岩强度降低,隧底压力增大,导致隧底结构破坏、路面隆起。

②该段仰拱结构为素混凝土,结构偏弱。

③该段地形右侧高,左侧低,地表坡度约25°~30°,对隧道衬砌右侧产生一定偏压作用,导致右侧路面隆起明显。

4.4.2.3 加固整治原则

(1)本次加固主要针对因施工质量缺陷和地质原因引起的病害进行处治,治理完成后达到建设期安全标准。

(2)设计方案应注重对既有结构的保护,不宜扰动过大。

(3)衬砌背后存在较大规模空洞、影响结构受力状态,应进行处治。

4.4.3 隧道加固方案

4.4.3.1 加固方法

针对不同病害分别采取以下加固措施:

(1)裂缝补强。对于宽度小于0.2mm的裂缝,采取表面封闭法进行处治,利用其毛细作用吸收低黏度且具有良好渗透性的修补胶液封闭裂缝通道。

对于宽度0.2~1.5mm的裂缝,采用注射法进行处治,注浆材料为改性环氧树脂类胶液。

(2)衬砌补强。通过激光断面仪量测,衬砌内轮廓具有10cm以上的净空富余量,衬砌补强采取以下两种方式进行:对于衬砌欠厚5~10cm且无明显裂损段,采用局部或全断面植筋、挂网、喷射10cm厚混凝土的方式进行处治(图4-4-3、图4-4-4);对于衬砌欠厚11~20cm发育纵向、斜向裂缝段,采用粘贴钢板进行加固(图4-4-5),提升衬砌承载能力。

通过结构计算,病害发育段提升承载能力不小于30%时,采用幅宽20cm,厚度10mm的钢板全断面粘贴,粘贴环向间距为50cm(相邻两环钢板中线间距),胶黏剂采用A级胶。同时考虑加固后的洞内景观效果,对两环钢板中间衬砌表面进行凿毛,利用螺栓焊接钢筋网后,喷射6cm厚C25钢纤维混凝土,混凝土表面应整修平整。

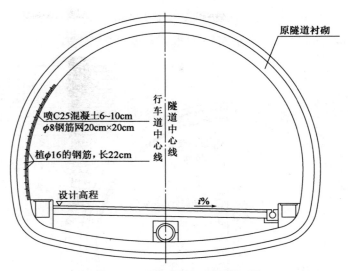

图 4-4-3　局部挂网、喷混加固

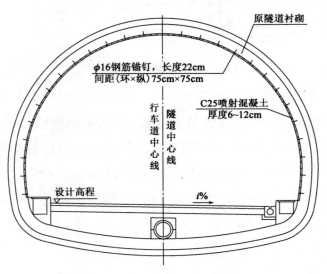

图 4-4-4　全断面挂网、喷混加固

（3）衬砌背后空洞注浆。考虑衬砌背后脱空、空洞、不密实区注浆易导致防水板破损，故仅对规模较大，明显影响结构安全的空洞进行处治。通过结构计算衬砌背后空洞纵向或环向长度大于2m时，对结构安全具有明显影响。故设计中对纵向或环向长度大于

1.5m的空洞进行注浆回填,注浆采用42mm直径的小导管,呈梅花形布置,布置间距2m,注浆材料为水泥砂浆,注浆压力不大于0.3MPa。

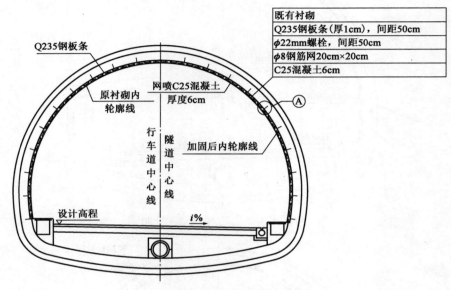

图4-4-5 全断面粘贴钢板加固

(4)路面隆起段处治(图4-4-6)。鉴于路面隆起明显,推定隧底结构已破坏,故将原隧底结构拆除(包括两侧检修道)。拆除过程中应先进行导管锁脚,拆除后进行隧底注浆,再设置初期支护仰拱、钢筋混凝土仰拱、仰拱回填、电缆槽、路面等。导管锁脚及隧底注浆均采用$\phi42$注浆管,管长4.5m。锁脚管间距为50cm,隧底注浆管间距为100cm,均呈梅花形布置。

4.4.3.2 加固方法施工

1)施工工艺

(1)裂缝补强施工

对于宽度小于0.2mm的裂缝,将两侧5cm范围内的灰尘、浮浆处理干净,然后用丙酮擦洗,清除裂缝周围的油污。清洗时不要将裂缝堵塞,然后压抹环氧树脂类胶泥。

第4章 衬砌加固

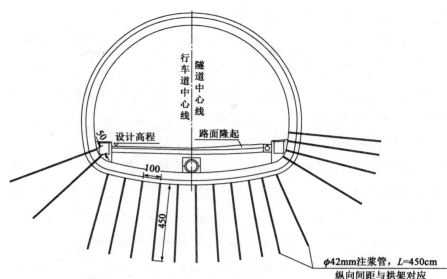

图4-4-6 路面隆起处治设计(尺寸单位:cm)

对于宽度大于0.2mm裂缝的处治工艺如下:

①施工前应按设计文件要求对裂缝的数量、长度及宽度,在衬砌上进行复核并标注,据此进行灌浆材料配量、埋嘴、灌浆等方面的具体计算和安排。

②在裂缝表面进行骑缝钻孔,作为灌胶导向孔。沿裂缝走向钻孔,孔深3cm,孔径8mm,孔距30~40cm。沿缝用人工或风镐凿成V形槽,宽度约1.5cm,深1.5cm。

③所有孔眼必须使用高压空气吹洗干净,防止灰渣阻塞,之后沿裂缝从上而下将两侧5cm范围内的灰尘、浮浆处理干净,然后用丙酮擦洗,清除裂缝周围的油污。清洗时应注意不要将裂缝堵塞。

④粘贴灌浆嘴底盘的铁锈必须除净,并用丙酮擦洗干净,然后将环氧树脂类胶泥均匀地抹在底盘周围,厚度1~2mm,与孔眼对准粘贴在裂缝上。灌浆嘴的间距根据缝长及裂缝的宽度以30~40cm为宜,一般宽缝可稀,窄缝宜密,每一道裂缝至少须各有一个进浆孔和排气孔。灌胶孔眼必须对中保证导流畅通,灌浆嘴应粘

贴牢靠,四周抹成鱼脊状进行封闭。

⑤裂缝封闭待硬化后,需进行压气试验,以检查封闭带是否封严。压缩气体通过灌浆嘴,气压控制在 0.1~0.3MPa,在封闭带上及灌浆嘴周围可涂上肥皂水,若有泡沫出现,说明该部位漏气,对漏气部位应再次封闭。压气试验对于环、斜向缝可从下向上进行,水平向缝由低端往高端进行。

⑥灌注裂缝采用空气泵压注法,压浆罐与灌浆嘴用聚氯乙烯高压透明管相连接,连接要严密,不能漏气。在灌浆过程中应注意控制压力,裂缝宽度较大的,如果进浆通畅时,压力宜控制在0.3MPa,如果裂缝进浆不畅,压力可适当调大,但不应大于0.5MPa。

⑦对于环向裂缝由下向上逐渐压注。从一端开始压浆后,另一端的灌浆嘴在排出裂缝内的气体后喷出浆液与压入的浆液浓度相同时,可停止压浆,在保持压力下封堵灌浆嘴。

⑧对于已灌完的裂缝,待浆液聚合固化后将灌浆嘴一一拆除,并用环氧树脂类或改性环氧砂浆类材料抹平,最后对每一道裂缝表面再涂一层环氧水泥浆,确保封闭严实。

⑨灌浆工作完毕后,用压缩空气将压浆罐和注浆管中残液吹净,并用丙酮冲洗管路及工具,以备下次使用。

(2)挂网、喷混加固施工

①将隧道衬砌混凝土剥落范围内的混凝土表面凿毛露出集料,然后在衬砌上打孔植筋,孔径应比钢筋直径大 2mm,孔深不小于设计锚固深度。刷除、吹孔 3 遍,孔中注入树脂锚固黏结剂,并植入除锈的螺纹钢筋,植入深度 22cm。

②铺设钢筋网,并与植筋焊接在一起,用高压水将凿毛面清洗干净。安装厚度标志,标志间距为 1.5m,喷射 C25 混凝土至设计厚度,喷射完成后将喷射混凝土表面抹平,并与周边衬砌表面圆顺相接。

(3)粘贴钢板加固施工

①粘贴钢板位置原结构表面的处理:在粘贴钢板位置进行基面处理,基面应保证平整圆顺,平整度不大于1.5mm/m。然后将混凝土表面清理干净并保持干燥。最后钻制螺栓预留孔。

②钢板制作按以下工序进行:钢板黏合面用喷砂或除锈机打磨直至露出金属光泽,打磨纹路应与钢板受力方向垂直,钢板黏结面应有一定的粗糙度;用脱脂棉沾丙酮将钢板表面擦拭干净。

依据现场植埋的螺杆,对钢板进行配套打孔。钢板外露面涂刷防腐底漆3道。

③灌注粘贴钢板工艺流程:钻孔植埋全螺纹螺栓→安装钢板→配制结构胶→封边→灌注→钢板表面防腐处理。

(4)衬砌背后空洞注浆加固施工

①在加固范围内衬砌上钻孔径50mm的孔,间距2m,孔深为钻穿衬砌即可,尽量不损坏原有防水板。

②采用$\phi42$钢管向衬砌背后注入水泥砂浆,注浆从边孔开始,工作压力为0.1~0.2MPa,当有浆液从中孔中流出时,接着从中孔压注水泥浆,工作压力保持0.2MPa,直至出气孔有浆液流出,此段注浆结束。

③注浆完成后,钻孔位置用高效防水剂进行防水处理。施工时应控制好注浆压力(注浆压力应逐步增加),并应有衬砌临时支护措施,同时密切观察衬砌变形位移及周围裂缝的发展情况,确保施工安全。

(5)路面处治施工

①对路面隆起段进行锁脚注浆后,将路面、仰拱回填和原衬砌分段拆除,一次拆除段落不大于5m。拆除一段后对基础围岩进行注浆加固,并按设计图纸重新施作衬砌结构层、防排水、仰拱回填、路面、排水边沟、电缆沟槽和人行道板。

②置换后隧底钢架、钢筋与上部结构原有钢架、钢筋连接牢

靠,并做好隧道防水层的施工。

2)施工注意事项

(1)隧道整治施工时,应采取全封闭交通施工,先施工左(右)洞,右(左)洞开放双向交通,但开放双向交通应加强交通管制,限速行驶,确保交通安全。

(2)注浆时,应严格控制注浆压力,并且在注浆前,应搭设临时钢支撑支顶注浆位置衬砌,防止注浆压力过大引起衬砌变形或压垮。

(3)对于同一条裂缝,可根据裂缝不同位置的不同情况,同时采取设计中的几种处理措施。

(4)隧底开挖过程中应进行衬砌内轮廓的拱顶沉降和周边收敛监测,存在异常情况时立即停止施工,进行处治并稳定后方可继续施工。

(5)施工前应复核检测报告及设计文件中病害的段落和桩号位置,和现场实际情况不对应时,应及时调整。

4.4.4 整治效果

4.4.4.1 加固后效果

经过维修加固后,恢复了隧道的安全使用功能,加固过程中未对衬砌结构进行明显扰动,消除了原有的衬砌施工缺陷,提高了衬砌结构的承载力,达到隧道建设期的安全标准。

4.4.4.2 加固经验及结论

本隧道的结构加固,介绍了隧道由施工缺陷和地质问题引起的病害的处治流程,主要包括隧道衬砌开裂、厚度不足、衬砌背后存在空洞及路面隆起的病害处治。根据隧道病害的特点,在加固中兼顾隧道的安全和美观因素的影响,提出有针对性的维修加固措施,取得了良好的加固效果,对今后类似隧道病害处治有一定的借鉴作用。

第5章 套拱加固

5.1 六甲洞隧道

六甲洞隧道基本信息表　　　　　　　表5-1-1

隧道名称	六甲洞隧道	长度	左洞810.49m 右洞778.91m
通车年份	1997年	省份	广东
道路等级	一级公路		
病害情况	内轮廓侵限,衬砌开裂,渗漏水,脱空,衬砌强度不足		
处治方案	复合式套拱加固		

5.1.1 隧道概况

5.1.1.1 隧道基本情况

六甲洞隧道（表5-1-1）位于清连一级公路 K2224+143.2～K2224+939.2段，左洞全长810.49m，右洞全长778.91m，为分离式中隧道，洞门形式均采用削竹式。隧道净宽10.8m（1.3m+0.5m+3.75m×2+0.5m+1m），净高5m。隧道平面线形为直线，左右洞纵坡均为+2.5%，路面设2%单向横坡排水，设计速度100km/h，限速为60km/h，于1997年建成通车。2005年清连一级公路升级改造为高速公路，六甲洞隧道进行加固改造。原设计隧道建筑限界和内轮廓如图5-1-1、图5-1-2所示。

经过10年的使用，隧道出现了较严重的病害，如衬砌开裂、错台、渗漏水，路面破损、渗水，电缆沟槽毁坏、破损，机电设施老化等，已严重制约了隧道的安全运营与使用功能。虽然管养单位对上述病害做过多次处治，但效果甚微。

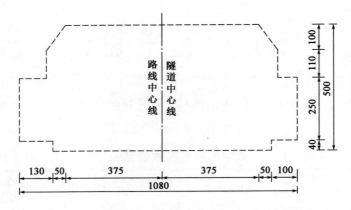

图 5-1-1　原设计隧道建筑限界(尺寸单位:cm)

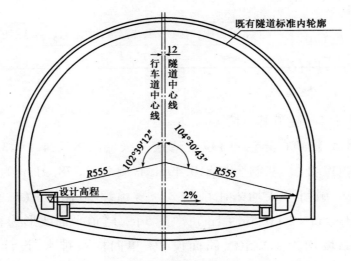

图 5-1-2　原设计隧道内轮廓(尺寸单位:cm)

5.1.1.2　隧址区自然条件

1)气象水文条件

隧址区雨量充沛,气候温和,四季常春,属亚热带气候,水资源充足,有"粤北鱼米之乡"之誉。年平均气温 19.8~22.1℃,最高气温 37.5℃,最低气温 -0.6℃,全年无霜期达 315d 以上。每年 4 月至 8 月为雨季,年均降雨量 1578.3~1809.2mm。地下水丰富,隧道电缆槽中有常年流水。

2）地层岩性

隧道洞身围岩划分为Ⅱ~Ⅴ类围岩，洞口两端定为Ⅱ类围岩，由泥盆系中统桂头组地层中的泥质页岩和砂质页岩互层组成，节理、裂隙发育，风化严重，围岩呈碎石状压碎结构。隧址区地震动峰值加速度为 $0.05g$，地震动反映谱特征周期为 $0.35s$，相应地震基本烈度为Ⅵ度。

5.1.1.3 隧道设计概况

隧道采用新奥法原理设计、施工，洞身满铺 1mm 厚夹布橡胶防水板、无纺布组成防水层，并采用抗渗等级 S8 防水混凝土浇筑二次衬砌，在防水层底部每隔 15m 设置 1 处 $\phi 60mm$ 横向引水管，用于引排衬砌背后水至路面边侧排水沟。隧道路面水通过 2% 横坡排向行车方向右侧排水沟，排水沟盖板上每隔 10m 设一个 $\phi 60mm$ 泄水孔，作为路面排水通道。

5.1.2 隧道病害状况

5.1.2.1 隧道病害

1）隧道衬砌厚度、脱空情况

隧道左洞有 13 处不密实，右洞 K2224+240~K2224+974.5 段存在 13 处不密实、1 处空洞和 1 处脱空。

2）隧道衬砌强度情况

左洞衬砌混凝土强度大于设计强度（C20）的测区为 99.93%，右洞衬砌混凝土强度均大于设计强度（C20）。

3）隧道衬砌裂缝、渗漏水情况（图 5-1-3）

（1）衬砌裂缝

隧道左洞共发现 88 条裂缝，裂缝总长 150.4m，其中渗水裂缝 40 条，长 93.4m 施工缝渗漏水 12 处；隧道右洞共发现 58 条裂缝，裂缝总长 227.6m，其中渗水裂缝 41 条，长 114.7m，施工缝渗漏水 13 处。

 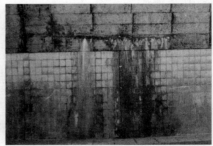

图 5-1-3　隧道墙面裂缝和渗漏水

（2）渗漏水

左洞：左边墙共有 10 处渗水，其中 K2224+594～K2224+717 段比较集中，右边墙共有 19 处渗水，K2224+623～K2224+676 段比较集中。渗漏水病害均表现为渗水湿渍，且多数贯穿拱部和边墙。

右洞：右边墙共有 20 处渗水干渍，其中 K2224+587～K2224+601 段比较集中，左边墙共有 9 处渗水干渍，其中 K2224+626～K2224+652 段比较集中，且均贯穿拱部和边墙。在 K2224+673.9 位置有 1 处滴漏，在 K2224+648.4 和 K2224+576.3 位置有 2 处涌流。

结合隧道病害统计结果，根据《公路隧道养护技术规范》（JTG H12—2003）的规定，既有隧道的评价结果见表 5-1-2。

隧道病害统计及评价表　　　　表 5-1-2

隧道名称		裂缝（处）			渗漏（处）				内轮廓	离析脱空（处）	平均强度（MPa）	路面断板率（%）	综合评价
		左墙	拱部	右墙	喷射	涌流	滴漏	浸渗	最大变形（cm）				
六甲洞隧道	左洞	30	6	22	0	0	0	22	40.8	13	34.4	19.78	2A
	右洞	31	5	52	0	1	1	29	41.5	15	30.9	43.72	

5.1.2.2　病害成因分析

1）地质原因

（1）六甲洞隧道穿越垭口位置，属于浅埋偏压地段，地形和地质条件较为不利。隧址区降雨后往往一侧受力显著增大，可能导致衬砌出现剪切性裂缝。

（2）隧址区位于软岩地层，地应力较高、变形大，且岩层层间结合不良、产状不利，地层条件对结构受力状态不利。

（3）隧址区地下水丰富，根据现行《水工建筑物荷载设计规范》（SL 744），当隧道排水不畅时，衬砌背后外水压力作用水头不再折减或折减系数减小，进而导致衬砌荷载增加、结构开裂。

2）设计原因

（1）隧道选线时为使隧道长度最短，将隧址区选在垭口位置，但该位置地质条件较差，为运营期病害发生埋下隐患。

（2）隧址区地下水发育，设计时地勘深度不够，导致衬砌防水设计不足。

（3）原设计对围岩类别判断偏高，初期支护强度偏弱，隧道实际变形量远超预留变形值，导致施工中初期支护多次发生大变形，甚至塌方事故。同时塌方也会对周边围岩进行扰动，增大围岩松散圈范围，增加衬砌承受的围岩荷载。

3）施工原因

（1）隧道衬砌厚度不足、衬砌背后空洞或不密实等缺陷。

（2）施工期偷工减料、不按图施工或施工不规范（如施作边墙、仰拱前未彻底清除虚渣）等是产生运营期病害的主要原因。

（3）施工中围岩扰动较大（如开挖分部过多、喷锚施工不及时等），塌方处治不彻底，模注混凝土拆模过早等也是产生运营期病害的原因。

4) 运营阶段原因

我国隧道建设在最近几年得到了迅猛发展,但普遍存在"重建轻养"的现象,这就造成了隧道运营期间养护不到位,特别是隧道排水系统堵塞时未及时清理,导致衬砌背后水压力增大,引起隧道二次衬砌受力状态改变而产生裂缝、渗漏水等病害。

5.1.3 隧道加固方案

5.1.3.1 加固原则

(1)本次加固要做到彻底处治病害,隧道结构保持良好技术状况。

(2)结合既有隧道情况,尽量利用原隧道,降低加固费用。

(3)应进行多方案比选,选择安全、经济、实用的方案。

5.1.3.2 加固设计

1) 加固方案比选

六甲洞隧道地质条件差,地下水发育,隧道围岩主要由泥盆系中统桂头组地层中的泥质页岩和砂质页岩互层组成,节理、裂缝发育,风化严重,施工中又发生多次塌方,塌方治理回填不密实。结合隧道的检测结果,通过多方沟通,并基于"一次处理,不留后患"的处治目的,提出四种方案,见表5-1-3。

六甲洞隧道处治方案比选　　表5-1-3

方案	方案说明	方案优缺点	比选结果
改线方案	在既有隧道左侧新建一座双向四车道隧道,隧道长约980m	优点:新建隧道施工风险小。 缺点:隧址出口位于垭口,地质条件差;进出口平面线形半径较小(550m),对行车不利	较优

续上表

方案	方案说明	方案优缺点	比选结果
套拱	先通过注浆加固既有隧道围岩,再在既有隧道衬砌内重新施作25~30cm厚钢筋混凝土套拱,重新施工隧道防排水系统	优点:施工风险小,可以彻底解决隧道渗漏水,工程投资低。 缺点:套拱施工后隧道内轮廓较小	优
拆除重建	将既有隧道的初期支护和二次衬砌拆除,重新施工隧道的初期支护和二次衬砌,以及防排水系统	优点:可彻底解决隧道渗漏水问题,行车环境舒适。 缺点:隧道支护及衬砌拆除施工风险太大,工程投资较高	差
明挖重建	将隧道部分山体全部挖开,改为明洞形式施工隧道衬砌,施作防排水系统后再回填	优点:明挖施工风险小,可彻底解决隧道渗漏水问题,工程投资较小,洞内行车环境舒适。 缺点:开挖土石方量太大,边坡高度达70多米,边坡开挖截断了山顶省道	较差

经方案比较最终确定采用套拱加固方案。

2) 套拱加固方案

套拱采用 25~30cm 厚 C25 钢筋混凝土,在套拱和既有的衬砌之间铺设防水层,对由于衬砌侵限导致套拱厚度不满足设计要求的段落,应对侵限部位进行人工凿除;对套拱和衬砌之间存在的较大空洞,应采用 C25 混凝土回填密实。并且在套拱施工前根据检测结果对衬砌背后空洞进行注浆。套拱加固后隧道断面如图 5-1-4 所示。

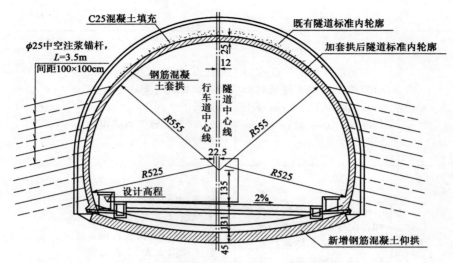

图 5-1-4　六甲洞隧道套拱断面(尺寸单位:cm)

3)加固中相关问题处理

(1)隧道内轮廓

按照路线设计标准,六甲洞隧道内轮廓应满足《公路隧道设计规范》中设计速度 100km/h 断面要求,但为了减少既有衬砌凿除、修整量,降低对既有衬砌的扰动,经过技术经济性比较,最终采用设计速度 80km/h 断面,并在隧道洞内增设交通警示和诱导标志,以确保洞内行车安全。

(2)隧道衬砌背后空洞处治

①对于衬砌中存在的空洞、脱空和离析病害,采用导管注浆方法进行处治。注浆前先在空洞部位钻两排注浆边孔,然后在两排注浆孔之间钻一排排气孔;注浆时先从两个注浆边孔压注水泥浆,并控制好注浆压力。注浆期间通过设置临时支护钢架,密切观测衬砌变形等措施确保结构安全。

②对于衬砌背后存在的塌方松散体和空洞,采用围岩注浆和衬砌背后空洞注浆的方法进行处治,达到加固围岩、注浆堵水的效果。

(3) 隧道路面渗水、墙脚渗水处治

对于路面、墙脚渗水的病害,挖除原有路面、基层、排水边沟和电缆槽,疏通隧底排水系统,然后对拆除结构进行恢复。

(4) 隧道既有衬砌拱脚凿除(图5-1-5)

为满足套拱最小厚度25cm的需求,需要对既有衬砌进行凿除、修整。为减少混凝土凿除量,降低施工风险,采用降低路面高程的方式,确保衬砌凿除不发生在拱部,仅需对衬砌拱脚凿除10~15cm即可。此外,为确保既有衬砌拱脚凿除时上部结构不下沉、不失稳,混凝土凿除前对既有衬砌拱脚采用 $\phi 42$ 注浆导管进行锁脚保护。

(5) 隧道增加仰拱(图5-1-6)

根据隧道钻孔取芯检测结果,六甲洞隧道未按原设计图纸要求施作仰拱。鉴于此,本次加固施工时全隧道重新施作钢筋混凝土仰拱。隧道进出口100m范围仰拱厚度45cm,其余段落仰拱厚度40cm。

图5-1-5 六甲洞隧道边墙凿除拱脚衬砌

图5-1-6 套拱施工前的仰拱开挖

(6) 隧道断面错位部分处治(图5-1-7)

隧道原设计平面线形为直线,施工时两端对向开挖,但由于施工放样偏差导致隧道衬砌在对接部位发生横向错位。为还原隧道原设计平面线形,套拱施工时凿除既有衬砌偏向一侧混凝土即可。对拱脚完全凿除或凿除厚度超过既有衬砌厚度 2/3 的段落,采用 I20 的型钢嵌入原初期支护中,型钢上端抵在凿除后的衬砌底部,作为衬砌的拱脚基础,型钢基础应落在稳定的地基上。

图 5-1-7 套拱施工前既有衬砌拱脚的凿除

5.1.3.3 加固施工

(1)拆除隧道洞内瓷砖,并对衬砌表面腐蚀的混凝土和污垢进行凿除,对其他段落衬砌进行表面凿毛。

(2)对隧道衬砌表面裂缝、渗漏水病害进行处治。

(3)对隧道衬砌背后空洞进行注浆充填。

(4)拆除排水边沟、电缆槽、路面结构,并降低路面高程。

(5)采用 $\phi 42$ 注浆导管对既有衬砌拱脚进行锁脚保护。

(6)疏通隧道原有纵横排水系统(打设隧道墙底泄水孔)。

(7)在套拱与原衬砌之间设置完善的防排水系统,保证套拱结构在后续运营期的耐久性。

(8)新建套拱结构。

(9)新建隧道电缆槽及排水边沟。

(10)铺设隧道路面。

(11)隧道附属设施及内装饰施工。

5.1.4 整治效果

5.1.4.1 加固效果

六甲洞隧道病害处治历时 2 年,加固后隧道焕然一新,自 2008 年 8 月通车运营以来,隧道洞内照明通风条件良好,路面行车舒适。经过一个雨季的考验,洞内渗漏水病害得到很好处治,隧道衬砌上未见明显渗水痕迹,处治效果良好。隧道加固前、加固后状况分别如图 5-1-8、图 5-1-9 所示。

图 5-1-8　六甲洞隧道加固前

图 5-1-9　六甲洞隧道加固后

5.1.4.2 经验总结

(1)病害处治方案应在充分考虑隧址区地形、地质、气象、水文等条件的基础上,结合病害特征分析病害原因,确定病害等级,有的放矢地确定最终方案。

(2)隧道病害处治设计应遵循"处治有效、结构耐久、施工安全、造价经济"的原则进行。

(3)套拱加固前先对原衬砌上存在的病害进行处治。

(4)当结构加固与防水有矛盾时(如打锚杆可能破坏已有防水层),后者应服从前者,优先保证结构安全,然后考虑防水。

(5)套拱加固方法往往受限于隧道建筑限界和既有断面净空,可采用"降低路面高程"的方法确保套拱加固后隧道建筑限界几何尺寸满足规范要求。

5.2 麻街岭隧道

麻街岭隧道基本信息表 表5-2-1

隧道名称	麻街岭隧道	长度	1383m
通车年份	1994年	省份	陕西
道路等级	二级公路		
病害情况	衬砌开裂、渗漏水、拱顶空洞、衬砌强度、厚度不足		
处治方案	复合式套拱加固		

5.2.1 隧道概况

5.2.1.1 隧道基本情况

麻街岭隧道(表5-2-1)位于国道312线陕西省商洛市商州区境内,按二级公路标准设计,为单洞双向两车道隧道。隧道起讫桩号为K17+420～K18+803,全长1383m。于1991年12月开工建设,1994年12月建成通车。隧道段设计速度为60km/h,隧道净宽10.0m(0.5m+0.75m+3.75m×2+0.75m+0.5m),净高5.0m,设计纵坡为+2.6%。原设计隧道建筑限界和内轮廓如图5-2-1、图5-2-2所示。

麻街岭隧道建成时间较早,受建设期设计水平、施工质量、材料优劣、地质条件和运营环境等因素的影响,自1994年建成通车以来,隧道内部分段落衬砌出现开裂、变形、渗漏水等病害。

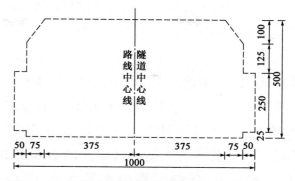

图 5-2-1　原设计隧道建筑限界(尺寸单位:cm)

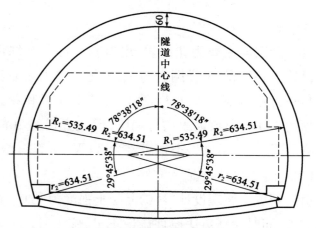

图 5-2-2　原设计隧道内轮廓(尺寸单位:cm)

1999 年 1 月 21 日在 K18+070.3 处隧道拱顶上方发生塌方、落石,造成拱顶衬砌被击穿。现场踏勘结果表明,该事故主要是由于衬砌与背后围岩之间存在较大空洞,同时衬砌混凝土施工厚度(29cm)较设计厚度(60cm)严重不足所致。2 月 15~16 日业主组织人员对落石处进行临时补强,并于 2 月 27 日~5 月 5 日对 K17+961~K18+110 段共 149m 范围通过打设补强锚杆、压注防水砂浆等措施进行进一步加固。

之后为确保洞内行车安全,管养单位决定对麻街岭隧道进行彻底的加固维修,组织检测单位对混凝土强度、衬砌厚度、拱顶空洞、表观病害等进行专项检查,设计单位根据检查结果开展加固设计。

5.2.1.2 隧道地质概况

1)气象水文条件

隧址区域属大陆性季风气候,年平均气温 11.5℃,年平均降水量 938mm。降雪期从 10 月 30 日到翌年 3 月 25 日,冰封路面 5 个月左右,全年降雨从 12 月至翌年 2 月为枯水季,7~9 月降雨量占全年的 50% 以上,且多为大雨或暴雨。地下水主要以大气降水和基岩裂隙水为主,开挖过程中水量很小,对混凝土无腐蚀性。

2)地层岩性

隧道进口段围岩主要为花岗岩,出口段大部分为绿泥石云母片岩。原设计主要以 Ⅳ、Ⅴ 类围岩为主,但施工中发现 Ⅲ 类软弱围岩达到了 909m,并出现了多次大的塌方,其中片岩和花岗岩交界面附近冒顶约 140m,导致地表出现塌陷,形成直径约 20m、深度约 10m 的陷坑。因此,隧道围岩类别应该为 Ⅲ、Ⅳ、Ⅴ 等三类。

5.2.1.3 隧道设计概况

该隧道按新奥法原理设计,衬砌混凝土强度为 C20。由于地质条件变化较大,同时对新奥法原理认识不足,施工时部分段落按传统的矿山法施工。

5.2.2 隧道病害现状及成因分析

5.2.2.1 隧道病害现状

1)混凝土强度

衬砌混凝土强度检测采用回弹仪法和超声波法两种方式进行。用回弹仪对衬砌顶部 1/4 位置进行了检测,共检测 34 处;用超声波仪对衬砌侧墙进行了检测,共检测 34 个断面。

回弹仪检测结果表明:测区平均值大于设计值,但在 34 个测点数据中,小于设计强度的有 6 处,占 17.6%。特别是在 K17+440~K17+720 段及 K18+110~K18+180 段,混凝土强度普遍较差。

超声波仪检测出侧墙混凝土波速在 2327~3977m/s,平均值为 3345m/s,标准差为 333.5m/s。这表明衬砌混凝土强度大于设计强度,但富余量不多,且强度离散性较大。特别是在 K18+140、K18+260、K18+460~K18+620 处,衬砌混凝土强度较差。

2) 衬砌厚度

衬砌厚度检测采用钻芯法,经过对拱顶 19 处芯样进行测量,发现有 9 处衬砌厚度不够,占 47%,最薄处仅 18cm(设计值为 42cm)。据该隧道施工报告记载,"……对拱顶塌方空间低于 3m 地段,采用了水泥袋装炉渣、片石或劈柴回填密实抵死拱顶以上围岩……"。钻孔时,也发现了炉渣类回填物。另外,钻孔时绝大多数拱顶混凝土都比较松散,钻进容易,钻完后有 3 处开始少量滴水。

3) 拱顶空洞

为了探明拱顶空洞位置及大小,采用了直接钻孔法及地质雷达法进行探测。19 处钻孔中有 11 处存在明显空洞,占 58%,尤其是 K17+950 处空洞垂直高度大于 0.8m。

采用地质雷达法检测时,在全隧道拱顶部位布置了 3 条纵向测线。从地质雷达探测报告可以看出,拱顶部位多处混凝土松散、不密实,在 K17+750、K18+014~K18+070、K18+165、K18+159、K18+474~K18+480 等处存在大小不等的空洞,其中 K18+159 处空洞最大,直径约 2m。

4) 路面钻孔

为查明路面渗水病害水源位置,对路面纵、横缝向上冒水的地方,有针对性地进行钻孔探测。共钻孔 4 个,结果见表 5-2-2。

麻街岭隧道路面钻孔结果　　　　表 5-2-2

桩号、位置	钻孔深度(cm)	描　述
K18+418 中线	70	有表面渗水,路面板下无水
K18+166 左幅	40	有表面渗水,路面板下无水
K18+618 左幅	45	有表面渗水,路面板下无水
K18+800 中线	45	有表面渗水,钻孔后水流有所加大

钻孔结果表明,渗水处水源并不在钻孔位置。但从现场情况来看,路面冒水位置两侧排水沟大都严重堵塞。

5)衬砌裂缝

隧道共有 6 条大型裂缝,在裂缝处粘贴玻璃片和涂抹水泥涂层,以观察裂缝是否继续发展。共粘贴玻璃条 25 个、砂浆涂层 19 处,每 2h 观测一次,观测记录表明:

(1)经观测裂缝并未发生变化,山体外观也无变化。

(2)K18+272 处裂缝最大缝宽达 2.5cm,裂缝最深处有 70cm。

6)隧道各病害位置及规模(表 5-2-3)

麻街岭隧道病害调查一览表　　　　表 5-2-3

桩　号	主要病害情况
K17+520	有一条环向裂缝,且渗水
K17+610~K17+630	地面与拱顶均渗水
K17+691	有一条环向裂缝,且渗水严重
K17+735	拱圈变形凸出,且渗水严重
K17+749~K17+780	裂缝密集,隧道左拱圈 1/4 处有一条纵向裂缝,缝宽 5mm,长约 25m,且渗水严重,拱顶混凝土表面不密实
K17+828	有小范围的剥落
K17+830~K17+850	拱顶混凝土裂缝密集,较破碎,且渗水严重,有掉下的可能
K17+865~K17+910	拱顶混凝土破碎,开裂严重,且变形较大,局部有掉块,有渗水

续上表

桩 号	主要病害情况
K17+960~K18+040	拱顶局部有变形,有渗水,可见加固补强锚杆
K18+165	路面板接缝渗水,长约20m;隧道右侧检修道上有长约10m的裂缝
K18+195	拱顶局部有裂缝,缝宽大于1.5mm
K18+215	拱圈变形凸起
K18+250	拱圈变形凸起,路面板接缝变宽
K18+242~K18+262	拱顶右侧有一条纵向裂缝,长约30m;左右两侧检修道上均有一条长约20m、缝宽约4mm的裂缝,判断隧道边墙基底有下沉
K18+258~K18+270	拱顶混凝土有掉下的可能,隧道左侧局部有掉块
K18+272	隧道左边墙上有一条斜向45°的裂缝,缝宽约2.5cm,衬砌混凝土块有掉落的可能,裂缝上贴有玻璃条及水泥涂层进行观测,裂缝未发展
K18+290	拱顶裂缝严重
K18+350	拱顶有不规则裂缝
K18+377	有一条环向裂缝,且渗水严重
K18+417	路面渗水严重
K18+469	有一条环向裂缝,且渗水严重
K18+474~K18+478	拱顶有较大裂缝,衬砌混凝土块有掉落的可能
K18+488~K18+495	拱顶有一条不规则裂缝
K18+510~K18+520	拱顶有一条斜向裂缝
K18+535~K18+550	拱顶有裂缝,衬砌混凝土块有掉落的可能
K18+550~K18+567	有环向裂缝,且渗水严重
K18+568	两侧有不规则裂缝,且渗水特别严重
K18+573~K18+592	有多处环向裂缝,且渗水严重
K18+605~K18+616	拱顶渗水严重,隧道右侧边墙上有纵向裂缝

续上表

桩　　号	主要病害情况
K18+634	隧道左侧边墙上渗水较严重
K18+635~K18+642	拱顶有斜向裂缝,且渗水
K18+768~K18+774	拱顶有渗水
K18+791~K18+793	拱顶有斜向裂缝

5.2.2.2　隧道病害成因分析

1)地质原因

(1)隧址区工程地质、水文地质条件复杂,围岩节理裂隙比较发育,隧道建成后衬砌多处产生渗漏水,严重影响使用功能。

(2)云母片岩开挖后遇到空气和水急剧软化成泥,导致隧道施工中多次出现塌方,隧道拱部背面存在大量空洞,上部落石可能掉落至拱背,影响结构安全。

2)设计原因

(1)建设期对隧道地勘工作认识不足,导致地勘深度不够,没有查明真实的地质情况,造成围岩类别判定与实际差别较大。

(2)早期隧道设计阶段,我国公路隧道的勘察、设计水平整体不高,隧道设计经验不足。

(3)施工期间对于隧道塌方、围岩变更,设计应对不及时,处治不到位,给隧道运营留下安全隐患。

(4)设计对新奥法原理认识不足,导致施工期大部分复合式衬砌变更为矿山法整体式衬砌。

3)施工原因

(1)施工单位对新奥法原理认识不足,更习惯于传统的矿山法施工。

(2)施工期间对于围岩与设计不符情况应对不及时,出现塌方后未及时采取有效措施,隧道出现塌方后拱部位置未进行密实回填。

(3)存在未按设计图施工的现象,导致衬砌厚度、强度不足,防排水设施没有认真施工,存在严重质量问题。

5.2.3 隧道加固方案

5.2.3.1 隧道加固原则

(1)补强衬砌结构,确保在外部冲击荷载和自身重力下结构稳定。

(2)填充衬砌背后空洞,减小直至消除由于岩块脱落带来的冲击荷载。

5.2.3.2 加固设计

检测结果表明该隧道存在严重质量问题,如不及时进行加固,将进一步影响行车安全。通过多方沟通,决定采用套拱加固方法对隧道进行整体性结构补强。套拱采用30cm厚钢筋混凝土,每延米设4根ϕ22钢筋。套拱前全断面重新按无钉铺设工艺铺挂防水板,同时纵向间隔一定间距环向敷设排水管,重新完善衔接排水系统各沟管,使其形成完整且便于维修养护的排水体系(图5-2-3)。

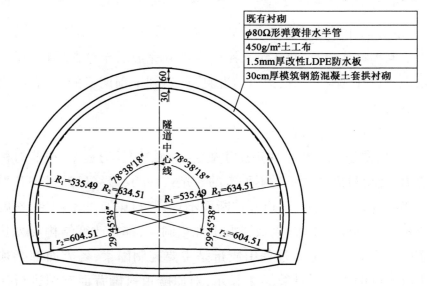

图5-2-3 隧道套拱加固后内断面(尺寸单位:cm)

5.2.3.3 加固施工

加固施工主要内容为：

（1）对衬砌背后空洞采用小导管进行注浆填充，必要时应采用钢拱架对注浆段衬砌进行临时支撑，确保注浆施工安全。

（2）对衬砌存在严重病害，且有坍塌可能的 K18+210～K18+300、K18+450～K18+560 段，在注浆完成后沿衬砌内轮廓环向凿槽，并嵌入 I20a 钢拱架，最后采用 C25 混凝土进行封闭。

（3）对衬砌裂缝、渗漏水病害进行处治。

（4）对隧道洞内 K18+422、K17+883 处路面渗水病害，采用混凝土路面预切缝的办法与排水边沟横向连通。

（5）在套拱与原衬砌之间设置完善的防排水系统，保证套拱结构在后续运营期的耐久性。

（6）对套拱墙脚与原混凝土结合面进行凿毛。

（7）增设 30cm 厚钢筋混凝土套拱。

5.2.4 整治效果

5.2.4.1 加固效果

麻街岭隧道自 2000 年采用套拱加固完成后至今，没有出现渗水现象，衬砌结构完好，运营情况良好，达到了预期目的，彻底解决了隧道病害。

5.2.4.2 经验总结

（1）隧道施工质量缺陷往往造成衬砌结构受力复杂，或非对称受力，使得衬砌结构承受不平衡的弯矩或剪力，最终导致衬砌开裂而渗水、漏水。此外，隧道开挖断面不规则、衬砌厚度不均匀、衬砌质量达不到设计要求，以及塌方出现空洞等，都是改变结构受力状态的根本原因。施工过程中质量是主要控制因素，各方面都必须引起足够的重视。计算结果显示，对原隧道衬砌背面空洞进行注浆、衬砌加固等措施能有效地改善结构受力状态，使结构安全性能有所改善,明显提高安全系数,基本能保证运营安全。

(2)隧道衬砌如果先天质量不足,一旦开裂出现渗水、漏水现象,较难完全处治,采取换拱或者套拱是彻底解决问题的较好办法。麻街岭隧道采用套拱加固后,彻底解决了隧道的渗漏水问题和结构安全问题。

5.3　甘肃某隧道

甘肃某隧道基本信息表　　　　　表 5-3-1

隧道名称	甘肃某隧道	长度	2058m
通车年份	2013 年	省份	甘肃
道路等级	二级公路		
病害情况	衬砌开裂,渗漏水,衬砌背后空洞、脱空、回填不密实,路面开裂		
处治方案	叠合式套拱加固		

5.3.1　隧道概况

5.3.1.1　隧道基本情况

隧道(表 5-3-1)位于甘肃省兰州市附近,按二级公路标准设计,为单洞双向两车道隧道。隧道起讫桩号 K59+130～K61+188,全长 2058m,于 2009 年 8 月开工建设,2013 年 12 月建成通车。隧道设计速度为 40km/h,主洞段建筑限界净宽为 9m(0.75m+0.25m+3.5m×2+0.25m+0.75m),紧急停车带段建筑限界净宽为 12.25m(0.75m+0.25m+3.5m×2+3.5m+0.75m),净高为 5.0m,洞内纵坡为 -0.637%。原设计隧道建筑限界和内轮廓如图 5-3-1、图 5-3-2 所示。

2018 年 4 月,检测单位对该隧道进行专项检查,检查结果表明隧道衬砌裂缝病害比较严重,达到 3223 条,与 2015 年 11 月检测结果相比增加 3146 条。限于篇幅,本案例仅对隧道上部衬砌结构病害处治进行介绍。

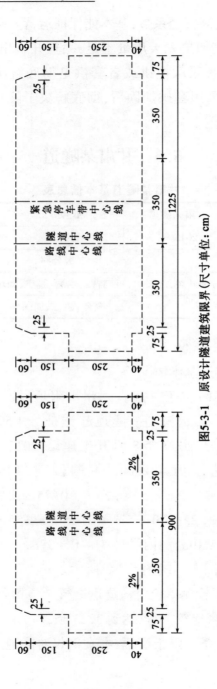

图5-3-1 原设计隧道建筑限界（尺寸单位：cm）

第5章 套拱加固

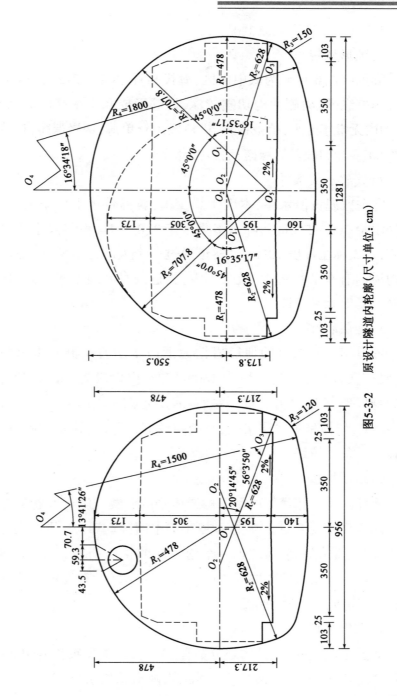

图5-3-2 原设计隧道内轮廓（尺寸单位：cm）

5.3.1.2 隧道地质概况

1)地形地貌

隧址区地貌单元为低中山区,海拔高程1880~2124m,隧道通过段沟壑纵横,两侧冲沟切割较深,局部形成几十米高的陡坎、危岩,沟内无常年流水,植被稀疏,进口段山脊单薄,基岩裸露,自然坡度约50°。出口段基岩裸露,地形呈台阶状。

2)气象水文条件

隧址区属黄河水系,本区干燥少雨,属温带半干旱季风气候,年降雨量200~500mm,降水多集中于7、8、9月,占年降水总量的63%,最大冻土深度101cm。隧道通过一个大的分水岭,隧道出口段沟道内有季节性流水,流量不大,隧道洞身有地下水出露,地下水对混凝土无腐蚀性。

3)地层岩性

隧道洞身段通过的地层岩性为下白垩系河口群砂岩及砂砾岩,属较软岩,产状:进口段为160°∠23°;出口段为145°∠32°,隧道洞身段路线走向为NE25°左右,岩层走向为55°~70°,夹角为30°~45°,岩体呈中厚层状,层间胶结较好,无大的构造裂隙发育,工程地质条件较好。

4)地质构造

隧址区位于祁吕贺山字形构造体系的西翼与陇西旋卷构造体系及河西系的复合部。东北部是祁连中间隆起带,中部为临夏—临洮盆地,是由一系列北西—东南走向的挤压褶皱、冲断层和北东—南西向的张扭性断层形成的山地。隧址区没有发现构造断裂通过,属构造相对稳定地段。

5)围岩级别

隧道围岩为软岩,具体划分为Ⅳ、Ⅴ级,其中Ⅳ级长度1920m,占隧道总长93.3%;Ⅴ级长度138m,占隧道总长6.7%。

6) 不良地质

隧址区不良地质现象为滑塌和黄土陷穴,滑塌分布于隧道出口段 K61+140~K61+160 段右侧岸坡,宽 20m,高 20m 左右,主要由风积黄土组成,顺坡面向沟内滑塌,对隧道影响较小。黄土陷穴分布于 K61+130 右侧冲沟内,呈串珠状分布,最大半径 2m,可视深度 3m 左右,顺沟发育 4 个,底部贯通,路线对其已做绕避处理。

5.3.1.3 隧道设计概况

该隧道采用新奥法原理设计、施工,二次衬砌采用 C25(钢筋)模筑混凝土。初期支护与二次衬砌间设置防水板,衬砌外缘环向排水管与拱脚处纵向排水管用三通连接,并通过横向排水管接入中心水沟,隧道中心水沟设置在仰拱下方,沿隧道纵向每隔 50m 设一处中心水沟检查井。路面原设计为水泥混凝土刚性路面,后加铺 5cm 厚沥青混凝土面层。隧道衬砌设计支护参数见表 5-3-2。

隧道复合式衬砌支护设计参数 表 5-3-2

衬砌类型	初期支护参数					二次衬砌(cm)	仰拱(cm)
	钢拱架(cm/榀)	锚杆长度(cm)	锚杆间距(环×纵)(cm×cm)	钢筋网(cm×cm)	喷 C20 混凝土(cm)		
SVb	75(I20a)	350	100×75	20×20	26	45	45
SIVa	100(16×16)	350	100×100	20×20	22	45	45
TSIV	75(I20a)	350	100×75	20×20	26	50	50

5.3.2 隧道病害现状及成因分析

5.3.2.1 隧道病害现状

1) 隧道表观病害

该隧道共计裂缝 3223 条(图 5-3-3),其中环向裂缝 840 条,裂缝最长 21.32m,最宽 1.5mm;纵向裂缝 2005 条,裂缝最长 15.8m,

最宽 1.2mm；斜向裂缝 378 条，裂缝最长 15.61m，最宽 1.0mm。衬砌裂缝分布如图 5-3-4 所示。

图 5-3-3　典型衬砌裂缝

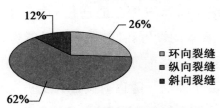

图 5-3-4　衬砌裂缝分布饼状图

隧道衬砌渗漏水共发现 5 处，均为渗水干渍，最严重渗漏水位置位于 K60+282～K60+288 处，渗水面积为 11.95m²。

2）衬砌结构情况

（1）二次衬砌缺陷

隧道衬砌背后空洞、脱空、回填不密实等缺陷共计 9 处，总计 30m。左边墙位置缺陷 3 处，最长缺陷为 K60+410～K60+422 处，缺陷长度为 12m；右边墙位置缺陷 6 处，最长缺陷为 K60+130～K60+133 处，缺陷长度为 3m。具体统计见表 5-3-3。

二次衬砌缺陷统计　　　　　　　表 5-3-3

测线位置	里程桩号	缺陷类型	长度（m）
左边墙	K59+790～K59+792	二次衬砌混凝土存在脱空情况	2
	K60+379～K60+381	二次衬砌混凝土不密实	2
	K60+410～K60+422	衬砌背后空洞	12

续上表

测线位置	里程桩号	缺陷类型	长度(m)
右边墙	K59+378~K59+382	二次衬砌混凝土不密实	4
	K59+700~K59+701	二次衬砌混凝土不密实	1
	K59+949~K59+951	二次衬砌混凝土不密实	2
	K60+130~K60+133	衬砌背后空洞	3
	K60+648~K60+650	二次衬砌混凝土存在脱空情况	2
	K61+045~K61+047	二次衬砌混凝土不密实	2

(2) 二次衬砌混凝土厚度

该隧道衬砌欠厚长度为520m,衬砌厚度为6~80cm,拱顶位置衬砌厚度合格率为86.40%,欠厚长度为280m,最小厚度为32cm;左边墙位置衬砌厚度合格率为93.20%,欠厚长度为140m,最小厚度为21cm;右边墙位置衬砌厚度合格率为95.14%,欠厚长度为100m,最小厚度为6cm。

(3) 衬砌强度

隧道二次衬砌强度检测共布置22个测区,经过对数据的整理分析,发现隧道在K61+170桩号位置的测区回弹强度换算值小于混凝土强度设计值,因此在该位置同一模二衬中又布置了3个回弹测区进行检测,3个测区回弹强度换算值也均小于混凝土强度设计值。隧道其余21个测区混凝土回弹强度换算值均大于混凝土强度设计值。

(4) 隧道内轮廓情况

隧道设计内轮廓较建筑限界空间富余量,最小值位于左右拱腰处为18.4cm,根据检测结果,大部分实测内轮廓均略大于设计内轮廓,实测内轮廓较设计内轮廓在左右拱腰的空间富余量为0.5~8.2cm。

3)隧道路面及隧底结构

(1)隧道路面

隧道路面面板共340处开裂(图5-3-5),主要为纵向、横向开裂及部分面板网状开裂,其中纵向开裂37处,开裂最长为15m,最宽为11.6mm;横向开裂288处,开裂最长为7.25m,最宽为18.6mm;斜向开裂15处,开裂最长为5.4m,最宽为10.8mm。

路面面板坑槽共计38处,坑槽最大长度为34m,最大面积为48m^2。

图5-3-5 隧道路面开裂

(2)隧底结构

①隧道仰拱未按设计施工。

②大部分段落在设计深度位置,未见钢筋混凝土仰拱结构。

③局部段落填充材料采用碎石代替片石混凝土。

5.3.2.2 隧道病害成因分析

1)衬砌裂缝

(1)衬砌边墙处落底不牢或仰拱施作质量不佳,导致边墙墙脚位置发生沉降、收敛变形,边墙部位发生纵向结构开裂。

(2)衬砌混凝土厚度不足,导致衬砌的抗弯拉能力下降,在围岩荷载作用下发生开裂。

(3)受地下水长期作用基底浸水软化,隧道结构产生不均匀沉降,导致衬砌结构形成环向结构性裂缝。

(4)隧道总体围岩地质条件较差,衬砌背后围岩松动,荷载随时间逐渐增大,易在结构薄弱处(如拱部位置)发生纵向开裂。

(5)二次衬砌与初期支护之间存在空洞、脱空、不密实现象,导致结构受力不均匀,产生应力集中现象,形成纵向、斜向裂缝。

(6)隧道施工混凝土浇筑产生水化热,产生温度裂缝;二次衬砌混凝土拆模过早,养护不足,承受围岩荷载时强度不足产生环向、斜向裂缝。

2)衬砌渗漏水

(1)隧道排水系统施工时不完善或存在堵塞现象,地下水不能及时排出,最终衬砌背后水经由衬砌裂缝或施工缝等薄弱部位渗出。

(2)施工过程中防水板发生破损、搭接不牢或施工缝处防水施作不到位,导致地下水经由施工缝裂隙等薄弱部位渗出。

(3)衬砌背后的脱空及不密实区易形成赋水区,在地下水水压力下由衬砌裂缝等薄弱部位渗出。

3)衬砌厚度不足、空洞等缺陷

(1)衬砌施工控制不规范,混凝土振捣不密实,导致衬砌厚度不足。

(2)衬砌施工控制不规范,二次衬砌未与初期支护贴合,导致衬砌背后存在空洞、脱空现象。

5.3.3 隧道加固方案

5.3.3.1 隧道加固原则

(1)以处治主要病害为原则,对于未导致主要病害的缺陷后期加强监测、养护。

(2)以原设计文件和专项检测报告为基础,结合现场实际情况,准确分析病害产生原因,根据结构计算结果和类似隧道加固经验,制订加固方案。

(3)先处治结构性病害再处治一般性病害。

5.3.3.2 加固设计

该隧道衬砌、隧底结构均存在严重病害,且衬砌严重病害主要为隧底结构强度不足引起,考虑本案例以介绍上部结构病害处治为主,未纳入隧底处治措施介绍。

综合隧道检测、现场踏勘、资料收集成果,进一步分析表明该隧道衬砌病害情况相当严重,尤其是衬砌裂缝表现为"数量多、增长快"的特点,采用局部结构维修补强方法已经无法系统且全面地进行病害处治。经综合分析,计算确定采用套拱加固方案进行处治,鉴于现场调查隧道只有5处渗漏水病害,且均为渗水干渍,故套拱施工时无须增设防水层,即采用叠合式套拱进行处治。

通过对实测断面与建筑限界进行对比,内轮廓最小富余量为18cm。套拱厚度为15cm,采用钢纤维喷射混凝土轻型钢轨套拱,钢轨牌号为55Q,轨高为7.937cm,质量为15kg/m。为确保加固后套拱不侵入隧道建筑限界,施工前对墙脚进行适当凿除。以Ⅳ级围岩段为例,隧道套拱加固设计如图5-3-6、图5-3-7所示。

5.3.3.3 加固施工

对机电设施进行保护后,进行加固施工,具体如下:

(1)对于二次衬砌裂缝,先进行结构加固,待裂缝停止发展后再进行处治,根据裂缝宽度采取裂缝封闭或凿槽注浆的方式进行处治。

(2)对衬砌纵、环、斜向裂缝渗水、点面状渗水采用"凿槽埋管"及"面状止水"措施予以处治。

(3)对于二次衬砌背后存在范围、高度较大的空洞或不密实的现象,采取注浆填充的方式进行处治。

第5章 套拱加固

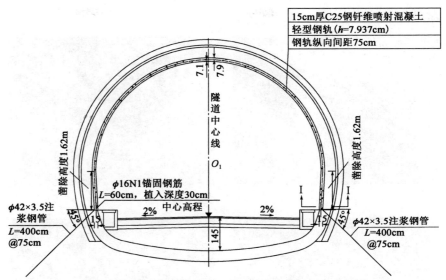

图 5-3-6 隧道主洞套拱设计（Ⅳ级围岩段）（尺寸单位：cm）

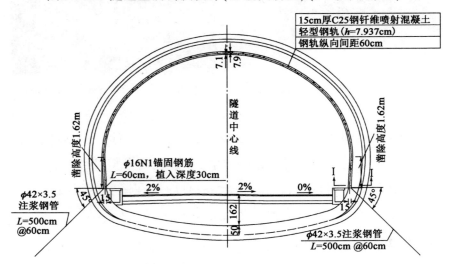

图 5-3-7 隧道紧急停车带套拱设计（Ⅳ级围岩段）（尺寸单位：cm）

（4）套拱施工前应按5m间距进行内轮廓施工复测，平曲线段落按2m间距加密轮廓复测，保证加固空间，避免侵入建筑限界。

（5）轻型钢轨（图5-3-8～图5-3-10）与原衬砌之间采用植筋连接，钢轨之间采用纵向钢筋进行连接。钢架位置可适当平移，尽量

131

避开灯具安装位置。

图 5-3-8　轻型钢轨

图 5-3-9　轻型钢轨与衬砌植筋连接　　图 5-3-10　轻型钢轨拼装完成

（6）采用湿喷工艺喷射 C25 钢纤维混凝土，喷射完成后应及时进行抹平，混凝土终凝也可进行打磨，保证表面平整、圆顺、美观。

（7）套拱不得侵入隧道建筑限界，且应落在坚实的混凝土基础上，必要时可适当凿除墙脚以便落底稳固。

5.3.4　整治效果

5.3.4.1　加固效果

目前该隧道病害处治已结束，从现场情况来看，隧道原衬砌结构得到了明显加强，实现了设计意图，顺利完成验收并通车。

5.3.4.2　经验总结

（1）为确保隧道加固后效果，施作套拱前应先对原隧道衬砌病害进行处治。

（2）套拱施工前，应对隧道内轮廓进行复测，平曲线段落复测断面应加密。

（3）套拱结构对于加强原有衬砌结构作用明显，且精细施工条件下，喷射混凝土套拱外观可以达到较高的平整度。

（4）对于原衬砌结构开裂严重，而渗漏水病害不严重的情况，可采用不增设防水层的叠合式套拱，只对衬砌结构进行加固。

（5）为确保套拱加固后隧道建筑限界几何尺寸满足设计和规范要求，可通过对墙脚进行适当凿除的方法予以解决。

5.4 龙门隧道

龙门隧道基本信息表　　　　表5-4-1

隧道名称	龙门隧道	长度	1006m
通车年份	1995年	省份	福建
道路等级	二级公路		
病害情况	衬砌渗漏水		
处治方案	复合式套拱加固		

5.4.1 隧道概况

5.4.1.1 隧道基本情况

龙门隧道（表5-4-1）位于福建省泉州市安溪县与厦门市同安区交界处，按二级公路标准设计，是省道206线的控制性工程，隧道建筑限高净宽为10.5m，净高为5.0m，设计速度为40km/h，为单洞双向两车道隧道。隧道起讫桩号K258+018～K259+024，全长1006m，于1993年1月开工建设，1995年5月建成通车。

5.4.1.2 隧址区自然条件

隧址区为亚热带湿润季风气候，四季长春、气候温和、雨量充沛、植被发育。围岩以弱—微风化斑岩、凝灰岩和闪长玢岩为主，岩层节理中等发育—弱发育，岩层弱富水。隧道围岩及支护情况见表5-4-2。

隧道基本情况(据竣工资料) 表5-4-2

起讫里程	长度(m)	占全长比例(%)	围岩级别	设计衬砌厚度(cm)
K258+018~K258+122	104	0.3	Ⅳ	60钢筋混凝土(防水板,无初次衬砌)
K258+122~K258+212	90	9.0	Ⅱ	40(无初次衬砌)
K258+212~K258+330	118	11.7	Ⅲ	55(有水地段设置防水板,无初次衬砌)
K258+330~K258+970	640	63.6	Ⅱ	30(无初次衬砌)
K258+970~K259+003	33	3.3	Ⅱ	40(无初次衬砌)
K259+003~K259+024	21	2.1	Ⅳ	60钢筋混凝土(防水板,无初次衬砌)

5.4.2 隧道病害现状及成因分析

5.4.2.1 隧道病害现状

龙门隧道的主要病害为衬砌渗漏水(图5-4-1~图5-4-7),该病害洞内分布广泛,主要表现为滴漏和浸渗,局部为小股涌流,导致路面积水、湿滑。整体来看,隧道病害较为严重,已影响到隧道洞内行车安全。

除渗漏水病害之外,隧道还存在衬砌表面蜂窝、麻面、错台,以及排水边沟盖板破损等病害。根据《公路隧道养护技术规范》(JTG H12—2003)中相关规定,龙门隧道病害等级应评为1A级,需要加以维修加固。

5.4.2.2 隧道病害成因分析

隧道衬砌渗漏水病害主要表现为施工缝渗漏,除此之外未见衬砌结构表面明显开裂,也未见路面板开裂、下陷,鉴于隧道围岩质量整体较好,无沉陷、隆起、坑洞等现象,基本可以排除由于地基不均匀沉降导致衬砌渗漏水病害。

第5章 套拱加固

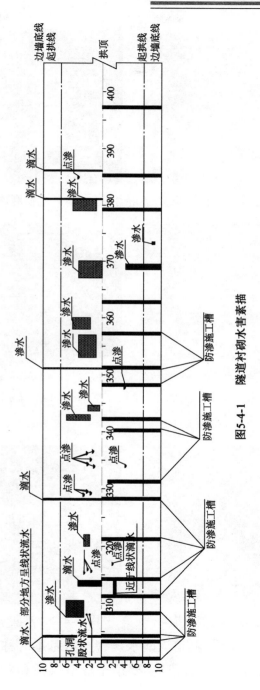

图5-4-1 隧道衬砌水害素描

图 5-4-2　施工缝和衬砌点渗

图 5-4-3　衬砌麻面和砌面渗水

图 5-4-4　施工缝、衬砌面瓷砖渗水

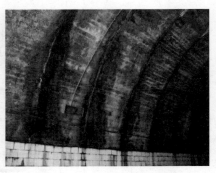
图 5-4-5　施工缝渗水

图 5-4-6　隧道边沟盖板损坏

图 5-4-7　渗漏水凿槽处理

从病害分布来看，隧道渗漏水病害左右基本对称，分别占总数的49%（左）和51%（右），且主要位于隧道拱顶和左右拱腰部位。

根据这一渗漏水特征,基本排除由于偏压造成结构裂损并发生渗漏水的可能性。

从出水形式来看,主要有点渗、面渗两种,再联系到部分段落隧道衬砌表面存在蜂窝、麻面,以及局部混凝土起层、剥落,甚至掉块等现象,判断衬砌混凝土在浇筑过程中存在严重的振捣不充分、不密实的情况,这将严重影响衬砌强度的发挥。

5.4.3 隧道加固方案

5.4.3.1 隧道加固原则

(1)治理渗漏水,做到衬砌表面无渗水,路面保持干燥。

(2)衬砌结构补强,确保在外部冲击荷载和自身重力下的结构稳定。

(3)填充衬砌背后空洞,减小直至消除由于岩块脱落带来的冲击荷载。

5.4.3.2 加固设计

加固方案对比见表5-4-3。

加固方案对比　　　　　　　　　　　　　表5-4-3

方案名称	方案一	方案二
	套拱加固方案	锚杆、注浆方案
备注	考虑到工期问题,此方案分两阶段实施	此方案将根据病害调查的结果,分段实施
实施过程	2008年8~10月对已完成的线性凿槽,仍继续进行埋管封堵;对个别漏水严重且未凿槽的渗漏点,在其表面涂抹渗透结晶型防水涂料,同时清洗隧道内瓷砖,修复隧道内安全标示和照明灯具	①衬砌背后空洞较浅、衬砌厚度及强度相对较高段:直接注浆填充空洞 ②衬砌背后空洞较浅、但拱顶部位衬砌厚度及强度相对较低段:在拱顶部位打入楔入式锚杆,然后注浆填充空洞

续上表

方案名称	方案一 套拱加固方案	方案二 锚杆、注浆方案
实施过程	2008年11月以后两侧排水沟内移25cm;在已有二次衬砌表面加挂防水板,再浇筑25cm厚素混凝土套拱(空洞较深且二次衬砌厚度、强度不足段浇筑钢筋混凝土套拱);套拱强度形成后,对空洞进行注浆填充	③衬砌背后空洞较深且大面积分布段:在起拱线至拱腰下部等部位打入砂浆锚杆,在拱顶部位打入楔入式锚杆;在二次衬砌下架设临时钢拱架,从拱腰部位逐层向上注入水泥砂浆;在空洞较深的部位,注浆至高出拱顶部位衬砌顶面30cm,再注入轻质土浆液 ④锚杆布设密度结合空洞分布范围及衬砌强度、厚度等因素综合考虑。待注浆完毕,再进行凿槽埋管及涂抹防水涂料等防排水措施
优点	安全,能较彻底解决漏水及结构安全问题	可多段同时作业,施工周期短;不侵入原设计建筑限界
缺点	施工周期长,按两台台车同时作业计至少需要120~150d;侵入原设计的隧道建筑限界(但满足现行规范二级公路行车速度60km/h时最小10m宽的限界要求);费用较高	工序多,施工质量不易控制;防排水治理效果一般;费用不易控制

经比较最终确定采用套拱加固方案。

5.4.4 整治效果

5.4.4.1 加固效果

经过整治,该隧道渗漏水问题得到了彻底解决,目前运营正常。该方案虽然整治费用较高,但是彻底解决了隧道渗漏水问题。

5.4.4.2 经验总结

(1)对于渗漏水病害严重的隧道,可以采用增设套拱方式进行病害处治。

（2）渗漏水、裂缝等简单处治一般不需要进行断面测量,但对于套拱处治措施需要进行断面测量,便于加固施工精确实施。

5.5 槐树关隧道

槐树关隧道基本信息表   表 5-5-1

隧道名称	槐树关隧道	长度	130m
通车年份	1994 年	省份	陕西
道路等级	三级公路		
病害情况	衬砌开裂,渗漏水,衬砌强度不足		
处治方案	钢波纹板套拱加固		

5.5.1 隧道概况

5.5.1.1 隧道基本情况

槐树关隧道(表 5-5-1)位于 G108 国道陕西省汉中市洋县境内,按三级公路标准设计,为单洞双向两车道隧道。隧道起讫桩号 K1569+830~1569+960,全长 130m,于 1994 年 3 月建成通车。隧道设计速度 20km/h,隧道建筑限界净宽为 8.5m(0.75m+3.5m×2+0.75m),净高为 4.5m。原设计隧道建筑限界和内轮廓如图 5-5-1、图 5-5-2 所示。

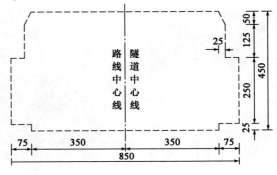

图 5-5-1 原设计隧道建筑限界(尺寸单位:cm)

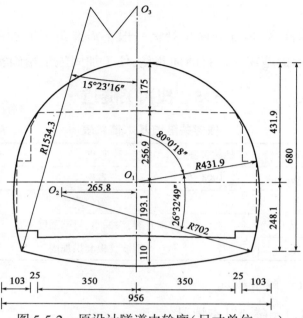

图 5-5-2　原设计隧道内轮廓（尺寸单位：cm）

此前由于该隧道衬砌渗漏水病害较为严重，且局部衬砌裂缝密集、纵横交错，裂缝深度贯穿衬砌混凝土，导致局部衬砌混凝土块掉下，严重影响洞内通行安全。该隧道因此进行过多次小规模处理，但处理效果并不理想。为彻底消除隧道的安全隐患，管养单位于2013年实施了"国道108（陕西境）改造示范工程槐树关隧道病害处治工程"，对隧道衬砌、洞顶等位置病害进行了处治（图5-5-3、图5-5-4）。

图 5-5-3　处治前洞门

图 5-5-4　处治后洞门

5.5.1.2 隧道地质概况

1)气象水文条件

隧址区属北亚热带内陆性季风气候,四季分明,光照充足,气候温和湿润。年平均气温 15.2℃;7 月最热,平均气温 25.9℃;1 月最冷,平均气温 2.2℃;极端最高气温 38.7℃,极端最低气温 -10.1℃。无霜期 238d,年平均降水量 803.29mm(2000—2012 年),最多年降水量 1178.7mm,最少年降水量 628.8mm(2010 年)。年降水量在时间上差异很大,全年降水量集中在 7、8、9 月,这 3 个月的降水量占全年总的降水量的 51%,月最大降水量 388.6mm(1961 年),月降水量达到 120mm 以上。

2)地层岩性

隧址区地表发育厚层坡残积覆盖层,下伏基岩软弱、破碎,全隧道均为Ⅱ类围岩(老规范围岩分类)。

5.5.1.3 隧道设计概况

由于工程建设年代久远,相关原始设计资料搜集困难,原设计资料和地质勘察报告等基础资料现均不详。根据调查了解该隧道采用矿山法施工,无初期支护,隧道衬砌为素混凝土整体式衬砌,施工时没有在衬砌背后设置专门的防排水设施,隧道路面结构为混凝土路面。隧道衬砌采用整体拼装小模板浇注混凝土施工。

5.5.2 隧道病害状况

5.5.2.1 隧道病害

(1)隧道衬砌裂缝和施工缝渗漏水病害较为严重,裂缝沿隧道分布范围广且较为严重,局部缝隙伴有泥浆流出,具体病害如图 5-5-5 ~图 5-5-8 所示。

(2)现场调查共发现 51 处渗水裂缝,其中 43 处为环向施工缝渗水裂缝,8 处为纵向或者斜向衬砌渗水裂缝。施工缝开裂宽度多在5mm左右,最大8mm;衬砌纵向开裂多在3mm左右,最大8mm。

图5-5-5　隧道洞内渗漏水

图5-5-6　隧道渗漏水湿渍

图5-5-7　隧道拱腰渗漏水

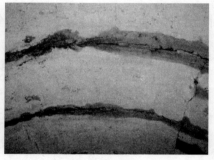

图5-5-8　隧道拱顶渗漏水

通过对现场调查及相关资料的分析,按照《公路隧道养护技术规范》(JTG H12—2003)中相关判定标准,该隧道判定为2A级(结构存在较严重破坏,将会危及行人、行车安全,应尽早采取相关对策)。

5.5.2.2　隧道病害成因分析

1)气象、水文原因

隧址区年平均降雨量为938mm,7～9月降雨量占全年降雨量的50%以上,且多为大雨或者暴雨的形式。大气降水为衬砌背后地下水提供良好的补给,为衬砌渗漏水病害创造了条件。

2) 地质原因

隧道围岩软弱、破碎,节理裂隙发育,且存在微膨胀性,便于地表水下渗。此外,地表植被茂盛,蓄水能力强,也进一步加剧隧道衬砌渗漏水病害。

3) 设计原因

早期隧道设计阶段,我国公路隧道的勘察、设计水平整体不高,隧道设计经验普遍不足。该隧道设计时衬砌背后无完善的排水系统,衬砌背后水无法顺畅排出,从而从施工缝、裂缝等衬砌表面薄弱位置渗出。

4) 施工原因

隧道衬砌采用小模板施工,施工缝较多,施工质量难以控制。推测施工时未设置止水带,或是接缝处止水措施施工不当或者失效。

5.5.3 隧道加固方案

5.5.3.1 隧道加固原则

(1)有针对性地采取处治措施,达到"一次处理,不留后患"。

(2)对衬砌结构补强,确保隧道衬砌结构本身和在外部荷载冲击下的安全稳定。

(3)处治设计应考虑隧道病害状况、地形、地质、生态环境及运营施工条件,确定合理的处治方案。

5.5.3.2 加固设计

西汉高速公路建成通车后,槐树关隧道所处路段基本为当地车辆使用,车流量小。同时由于槐树关隧道埋深浅、地质条件差,考虑加固施工安全,未纳入换拱加固方案。设计单位提出了套拱和波纹钢板加固方案,方案对比见表5-5-2。

加固方案对比　　　　　　　　　表 5-5-2

方案名称		方案内容	优　点	缺　点
加固方法	方案一 套拱方案	先对有泥浆流出的部位注浆加固,再对严重渗漏水的裂缝采用凿槽埋排水半管的方法进行处治,最后在现有二次衬砌内侧施作 30cm 钢筋混凝土套拱	①能够实现"一次处治,不留后患"的目的; ②应用广泛,技术成熟; ③不存在钢板拼装、吊运,施工安全性高	①侵入原设计的隧道建筑限界,隧道净空断面小; ②施工周期长(按两台台车同时作业计至少需要 120~150d)
	方案二 钢波纹板加固方案	先对衬砌采用临时拱架进行支撑,再对衬砌背后围岩进行注浆加固,然后重新施作排水系统,最后拼装钢波纹板并在背后注入微膨胀水泥砂浆进行充填密实	①能够实现"一次处治,不留后患"的目的; ②可做到封道施工,对正常交通干扰较小,施工安全性高; ③工厂化加工,洞外拼装,洞内组装; ④施工速度快	①施工造价高; ②施工质量不易控制; ③强度低于钢筋混凝土套拱结构

隧道钢波纹板加固也是隧道结构加固、病害处治的一种措施,钢波纹板强度虽低于钢筋混凝土套拱结构,但优点在于施工工期短、对交通干扰小,主要适用于隧道净宽断面小、原衬砌病害较严重、伴随衬砌开裂和渗漏水、二次衬砌的安全系数低于规范要求的情况。由于槐树关隧道衬砌净空基本无富余量,为减小加固对隧道净空的影响,故设计内衬采用钢波纹板加固的衬砌补强方案。

5.5.3.3　加固施工

(1)临时拱形钢支撑采用 16 号工字钢,安装在原隧道衬砌内,并用木楔楔紧。

(2)洞内拱墙径向安装 $\phi25$ 中空锚杆,通过注浆加固围岩和衬砌。

(3)破除路面,在仰拱回填 C15 片石混凝土中开挖中心沟,安装盖板。一次性开挖、安装长度控制在 5m 以内。

(4)破除人行横道,安装防水板、纵向排水管,铺挂土工布。

(5)浇筑混凝土矮墙,安装钢波纹板支座。

(6)洞外拼装厚度 6.5mm、波距 200mm、波高 50mm 的拱形钢波纹板(图 5-5-9)。

图 5-5-9 洞内防水层及钢波纹板拼装施工

(7)钢波纹板接缝处要进行防漏处理,钢波纹板外面喷涂防锈沥青。

(8)将拼装好的钢波纹板沿支座推入隧道,用木楔调整位置和形状,连接端部法兰螺丝。

(9)浇筑人行道和路面。

(10)通过预留注浆孔向波纹钢板背后注入 M30 微膨胀水泥砂浆,使衬砌与波纹钢板共同受力。

5.5.4 整治效果

5.5.4.1 加固效果

该隧道于 2013 年实施了"国道 108(陕西境)改造示范工程槐树关隧道病害处治",取得了良好的加固和防水效果(图 5-5-10)。

图 5-5-10　加固改造后洞口与洞内

5.5.4.2　经验总结

(1)对净空断面较小的公路隧道进行波纹钢板加固,较一般套拱加固而言,具有侵占净空小、施工速度快、交通干扰小等优点,可在交通管制条件下施工。

(2)钢波纹板加固施工前,应对加固断面净空进行复测,在将拼装好的钢波纹板沿支座推入隧道后,可用木楔调整其位置和形状。

(3)安装拱形钢波纹板前应先对隧道衬砌进行裂缝处治和渗漏水处治,并重新施作防排水系统。

(4)拱形钢波纹板安装完成后,通过预留注浆孔向波纹钢板背后注入 M30 微膨胀水泥砂浆,使衬砌与波纹钢板共同受力。

第6章 换拱加固

6.1 观音岩隧道

观音岩隧道基本信息表　　　　表6-1-1

隧道名称	观音岩隧道	长度	578m
通车年份	1996年	省份	重庆
道路等级	二级公路		
病害情况	衬砌背后空洞、衬砌厚度不足、衬砌劣化、变形及开裂、渗漏水、仰坡掉块、落石		
加固方案	换拱加固、衬砌背后空洞处治、洞口加固		

6.1.1 工程概况

6.1.1.1 隧道基本情况

观音岩隧道(表6-1-1)位于国道319线重庆彭水段,为单洞双向两车道隧道,起止桩号为K2226+060~K2226+638,全长578m。原隧道于1995年开工,1996年竣工,建成后在2000年3月曾发生衬砌垮塌事故,后采取套拱及浆砌片石拱部回填等措施进行加固处理。

由于无原设计、施工资料,原隧道技术情况不详。通过现场测量推定,隧道建筑限界净宽为8.5m,净高为4.5m。

6.1.1.2 隧址区气候、地质情况

1)气候

隧址区属中亚热带温润季风气候,多年平均气温17.5℃,常年平均降雨量1104.2mm,年均蒸发量950.40mm,无霜期311d,最低气温在0℃以上。

2)地质情况

观音岩隧道处于火石垭背斜西翼,岩层走向与隧道轴线夹角70°~80°。隧道进口段为志留系中统罗惹坪组(S_2lr)水云母黏土

岩夹石英粉砂岩,黏土岩为深灰色,鳞片状结构,层理发育;出口段为志留系下统龙马溪组(S_1ln),下部为页岩、钙质页岩,中部为巨厚层状石英砂岩夹粉砂泥岩,上部为石英粉砂岩与黏土岩。原隧道开挖施工时,由于岩层风化裂隙发育,易造成岩石崩解、掉块。

(3)水文情况

隧址区地下水贫乏,地下水主要靠大气降水补给。

6.1.2 隧道病害状况

6.1.2.1 隧道病害

经过现场勘查、检测,查明隧道主要病害有:

(1)衬砌背后缺陷:拱顶空洞共长434.6m,占隧道长度的75%;左拱腰空洞共长320m,占隧道长度的55%;右拱腰空洞共长176.25m,占隧道长度的30%。拱顶空洞最高处大于4m,拱腰空洞最高处大于2m,单段空洞最长达222.5m。隧道拱部空洞及不密实区范围大,高度大,志留系罗惹坪组页岩长期暴露在空气中易风化垮落,可能击穿衬砌导致坍塌,直接威胁过往车辆人员的生命财产安全。

(2)衬砌厚度缺陷:检测结果表明整条隧道为素混凝土结构,衬砌厚度大部分在0.25~0.35m,最薄处厚度不足0.2m,不满足设计规范规定的结构承载力要求。

(3)衬砌劣化、变形、开裂情况:衬砌表面劣化严重,局部存在大面积蜂窝麻面;隧道局部段拱腰部位向隧道中心方向发生变形;隧道进口处存在一条拱部向边墙延伸的斜向裂缝,约10m长,0.2~1.0mm宽。

(4)衬砌渗漏水情况:在进出口隧道浅埋段衬砌潮湿,K2226+560~K2226+570段两处施工缝有滴水现象,导致路面湿滑。

(5)隧道洞口病害情况:隧道进口(彭水)端左侧明洞顶边仰坡面有掉块、落石现象,影响车辆行驶安全。

第6章 换拱加固

6.1.2.2 隧道病害成因分析

依据检测结果、现场地质条件调查情况及询问施工时现场工作人员,分析认为隧道病害产生原因如下:

(1)隧道空洞及不密实区发育主要是由于施工原因及地质原因引起。隧道开挖施工时爆破施工控制不严导致超挖,且超挖部分未进行有效回填,造成隧道拱部发育大范围空洞及不密实区;同时隧址区围岩开挖后易崩解、掉块,也是造成拱部大范围空洞及不密实的原因之一。

(2)隧道衬砌厚度不足主要是施工质量控制不严造成。

(3)衬砌开裂的主要原因是衬砌施工质量较差,同时岩体质量差,空洞回填不密实,围岩松动圈逐渐扩大导致围岩荷载增大,在衬砌薄弱处及围岩荷载较大处发生衬砌开裂。

(4)衬砌劣化的主要原因是施工时衬砌混凝土施工质量不良。

(5)拱腰部位衬砌变形的主要原因是施工过程中脱模过早,混凝土强度不足导致衬砌变形。

(6)衬砌渗漏水是由于隧道防排水措施存在缺陷,地下水沿衬砌裂缝和有缺陷的施工缝渗出。

(7)隧道进口(彭水)端左侧明洞顶边仰坡有掉块、落石现象,主要是隧道施工时未对坡体进行防护。

6.1.3 隧道加固方案

6.1.3.1 加固整治原则

隧道病害严重,对隧道结构病害采取彻底整治的原则,处治中采用的技术标准应满足实际运营需要,并根据需要优化隧道平、纵面线形。

6.1.3.2 加固方法

1)加固方案比选

通过检测及病害原因分析,认为观音岩隧道存在严重病害,行车安全存在较大隐患,急需进行加固处治。初步设计阶段对于洞身段拟定了两套加固方案,具体见表6-1-2。

加 固 方 案　　　　　　　表6-1-2

方　案	处 理 措 施
方案一 (套拱方案)	在原二次衬砌内轮廓线内施作40cm厚的钢筋混凝土衬砌,套拱完成后再对拱顶的不密实区、空洞区进行注浆加固
方案二 (拆除方案)	拆除原衬砌并清除衬砌背后回填物,对洞壁进行喷、锚、网加固,完善防排水系统,重新施作钢筋混凝土(混凝土)衬砌,既有的空洞采用浆砌片石回填密实

2002年12月3日,相关部门组织专家对两套方案进行了评审,经过与会专家的充分讨论,认为方案二(拆除方案)与方案一(套拱方案)相比较,存在以下优点:

(1)原隧道技术标准较低,采用套拱方案将进一步降低技术标准,而采用拆除重建方案可根据运营需要适当提高技术标准。

(2)原隧道在施工过程中存在明显质量问题,且设计文件、地质勘测资料、施工过程中的中间资料、竣工资料等文件均丢失,拆除可揭露各种不明因素,彻底消除隐患,确保工程安全。

(3)衬砌后空洞及不密实区范围大,套拱方案的注浆量具有不确定性;拆除方案虽存在一定风险,但目前的技术条件完全可以避免。

综合以上专家意见,最终确定拆除方案进行处治。

2)加固设计

(1)平、纵面设计

平面设计:通过平面线位测量及拟合发现,原隧道平面呈扭曲现象,共有7个交点,加固设计对平面进行优化,只保留出口处1个交点,平曲线半径$R=130m$,曲线进洞长度27.774m。

纵面设计:共设竖曲线变坡点1个,最大纵坡0.3216%。

(2)隧道建筑限界

原隧道建筑限界为净宽8.5m,净高4.5m,技术标准已不能满足通行需要,同时考虑到拱顶不密实和空洞区高度均在1.0m以上,将隧道建筑限界调整为净宽10.0m,净高5.0m。按照新设计的建筑限界要求拟定衬砌内轮廓时,尽量减小重新开挖工程量,主要提高拱部高度(图6-1-1)。

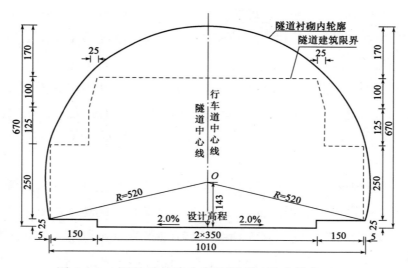

图6-1-1 调整后的净空断面设计(尺寸单位:cm)

(3)隧道洞门及明洞段设计

原隧道洞门均为端墙式,明洞长度均为7m。加固设计时,考虑进口仰坡较高,将其明洞接长至18m,采用钢筋混凝土结构;对进口明洞右侧高陡边坡采取喷、锚、网进行防护,消除落石风险。

(4)换拱加固设计

拆除前,应完成拆除段的超前支护,对拆除临近段衬砌进行钢架临时支撑。原衬砌须跳槽分段凿除,跳槽长度为5m,每次凿除纵向长度不大于1.5m,拆除后立即对拱部进行喷、锚、网支护,拱部支护完成按新的设计断面进行局部扩挖后,完成全断面初期支护、防排水设施、二次衬砌及其他工程。

暗洞结构设计采用新奥法原理,根据地质条件及洞身埋置深度,通过结构计算拟定支护参数。初期支护由喷、锚、网联合支护组成,Ⅴ类围岩二次衬砌为钢筋混凝土结构,Ⅳ类围岩二次衬砌为素混凝土结构。

既有衬砌背后空洞需进行回填,具体设计如下:

①拱背以上空洞高度大于3m时,采用C10片石混凝土做1.5m厚护拱后,在护拱上回填洞渣,回填洞渣厚度不小于1m,以缓冲落石对二次衬砌的冲击荷载。

②拱背以上空洞高度大于1m小于3m时,采用C10片石混凝土做1m厚护拱后,在护拱上回填洞渣,回填高度为1m或至空洞顶面。

③拱背以上空洞高度小于1m,采用C10片石混凝土填满。

(5)下穿公路段加固设计

观音岩隧道K2226+613处拱顶与一条二级公路正交,二级路路面与隧道拱顶的距离仅为2.5m左右,施工风险较大。

设计中,先完成K2226+605以前的隧道加固和出洞口段明洞的开挖、支护,特别是边仰坡的喷、锚、网防护,然后在暗洞口(K2226+620)施工套拱及φ127大管棚,管棚环向间距35cm,管棚长度20m。完成以上施工后,人工分段跳槽拆除下穿公路段的衬砌,进行断面扩挖、初期支护(加强型,喷射混凝土厚度26cm,内设I22钢拱架,间距0.75m)后,浇筑钢筋混凝土衬砌。

6.1.3.3 加固施工方法

洞口防护、衬砌背后空洞回填等与常规施工相同,以下对换拱加固和下穿既有道路段的施工方法进行重点说明。

1)换拱加固施工方法、顺序

(1)完成拆除段的超前支护,对拆除临近段衬砌进行钢架临时支撑。

(2)按跳槽拆除段落划分,人工分段凿除原隧道衬砌及原两侧人行道,拆除自拱顶向两侧边墙进行,跳槽长度为5m。

（3）清除原隧道衬砌背后回填物。

（4）对塌腔壁进行喷、锚（网）加固。

（5）按设计开挖轮廓线开挖欠挖部分。

（6）重新施作开挖部分初期支护。

（7）设置防排水设施，浇筑二次衬砌混凝土（或钢筋混凝土），二次衬砌达到设计强度后回填衬砌背后空洞区。

（8）两侧人行道、管沟施作及路面修补。

2）下穿公路段加固施工方法、顺序（图 6-1-2）

（1）先完成 K2226+605 以前的隧道加固和出洞口段明洞的开挖、支护，特别是边仰坡的喷、锚、网防护。

（2）在暗洞口施工 2m 长套拱，套拱作为管棚的固定端，拱内设三榀 20b 工字钢，在其中布置 41 个 $\phi150$ 孔口管，孔口管与 20b 工字钢焊为整体，采用双面焊，焊缝长度大于 8cm。

（3）套拱达到设计强度后，施工大管棚，管棚支护长度为 20m，可根据现场实际情况适当调整管棚长度。在管棚施工过程中，必

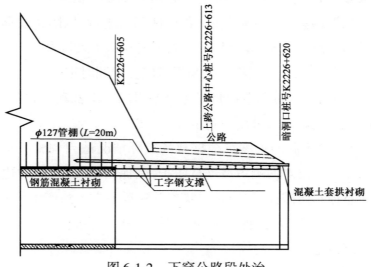

图 6-1-2　下穿公路段处治

须保证套拱的稳定,不偏移,不沉降,必要时增加一些临时支撑,确保管棚施工安全和孔口管就位准确。

(4)分段跳槽拆除原衬砌,每次拆除长度为1m,加一榀20b工字钢作为施工支护,工字钢支护应及时。

(5)施工喷、锚、网初期支护。

(6)最后施工防水层和二次衬砌,二次衬砌应紧随原衬砌拆除进行。

拆除过程中必须进行拱顶沉降、周边收敛、结构观测等监控量测工作,一旦发现异常立即停止施工,采取临时支护措施防止出现塌方。

6.1.3.4 加固方法注意事项

(1)隧道施工前,应先对导线网进行复测,由于测量系统采用自定义坐标系统,并定期对其基准点和水准点进行校核,洞内控制点根据施工进度设定。

(2)为保证加固施工安全,须断道封闭施工,车辆可自隧道顶至彭水县城的公路通行,不影响国道319线的正常运营。

(3)建议隧道整治施工由中部向两洞口进行,以防止浅埋段可能出现塌方而牵引深埋段塌方,影响工期和施工人员安全。

(4)衬砌拆除、回填物清除与塌腔壁支护同时进行。

(5)原衬砌的拆除应尽量避免对围岩的二次扰动,当需要爆破时,应严格控制药量,采用小药量、弱爆破。

(6)出口明洞的长度可根据现场实际情况适当调整。若明洞长度缩短应注意对两侧边坡进行防护,确保营运安全,同时边坡开挖时注意控制爆破药量,防止对隧道及隧道上方公路产生影响。

(7)洞口边仰坡开挖时应自上而下,边开挖边防护,严禁大开挖或掏底开挖。

(8)施工过程中按照施工控制与监测设计,勤于观测,一旦发现异常情况,应立即加强临时支护,确保施工安全。

(9)若原衬砌拆除后拱顶空洞与检测报告差异明显,应及时与业主、设计单位联系,以便调整整治方案,保证施工安全,控制工程投资。

(10)隧道施工质量的检查按有关规范及规程进行,施工中应加强对喷射混凝土厚度、强度、锚杆长度、布置间距、锚杆拉拔力的检查。

(11)施工过程中注意加强对周围生态环境的保护,隧道洞渣不得随意堆放,弃渣场应有防护措施,并进行绿化。

6.1.4 整治效果

6.1.4.1 加固效果

隧道经过加固后,恢复了隧道的使用功能,并适当提高隧道的技术标准,加固过程中未对衬砌结构产生大的扰动,消除了原有衬砌的施工缺陷,提高了衬砌结构的承载力,在安全性和美观性上达到新建隧道的标准。

6.1.4.2 经验总结

本隧道的结构加固案例,介绍了针对隧道存在的严重缺陷,如衬砌背后空洞、衬砌厚度不足、衬砌开裂变形等,采取了彻底根除病害的换拱加固处治方案。换拱加固施工风险性大,但如果保护措施得当,施工方法正确,必然取得良好的加固效果,对今后的隧道病害处治有一定的借鉴作用。

6.2 四角山隧道

四角山隧道基本信息表　　　　　　表 6-2-1

隧道名称	四角山隧道	长度	878m
通车年份	2003 年	省份	重庆
道路等级	二级公路		
病害情况	衬砌裂损,路面开裂、隆起,渗漏水,衬砌空洞,衬砌厚度、强度不足		
处治方案	换拱加固、衬砌网喷加固、隧底加固、衬砌渗漏处治		

6.2.1 工程概况

6.2.1.1 隧道基本情况

四角山隧道(表6-2-1)位于重庆市酉阳至龚滩二级公路上,为单洞双向两车道二级公路隧道,全长878m,于2003年1月建成通车。建筑限界净宽为8.5m,其中行车道宽为3.5m×2,两侧人行道宽均为0.75m,建筑限界净高为5m。

四角山隧道建设分为两个阶段,第一阶段建设于2001年底开始,由出口端向进口端施工约370m后,由于种种原因停工,停工期达一年之久。经重新设计后,于2002年底开始进行第二阶段建设。两阶段建设均采用小模板施工。

停工期间K0+529~K0+590.5段(以酉阳端洞口桩号为K0+000,以下同)由于衬砌背后存在较大空洞,围岩裸露、坍塌,衬砌开裂严重,基本丧失承载能力。第二阶段建设过程中对该段采用钢拱架混凝土套拱及注水泥砂浆填充空洞的方式进行处理,并为防止拱脚位置"侵限"较大,在该段将原设计的曲边墙改为直墙形式。

6.2.1.2 隧址区地质情况

隧址区地质条件复杂,围岩主要为自留系中统罗惹坪页岩夹薄层状粉砂岩及薄层状生物碎屑灰岩,岩质软,片理、节理发育,岩体较破碎。隧址区围岩裂隙水较发育,受大气降水影响明显,隧道岩层中有裂隙水活动。

6.2.2 隧道病害状况

6.2.2.1 隧道病害

四角山隧道主要病害为:衬砌开裂,路面开裂、隆起,衬砌渗漏水,衬砌背后空洞,局部衬砌混凝土厚度和强度不满足设计要求,套拱段衬砌内轮廓侵入建筑限界等。

1) 衬砌开裂

隧道衬砌开裂主要表现为纵向和斜向裂缝,局部边墙发育少量环向裂缝(图6-2-1)。裂缝较严重段为K0+400~K0+420、K0+510~K0+525、K0+565~K0+572段。裂缝特征:①以纵、斜向开裂为主,主要分布于拱部;②裂缝呈组出现,近平行发展,在局部交叉,对结构形成交叉切割;③裂缝规模大,最长达42m,最宽约5mm;④K0+400~K0+420段发育3条环向拱部裂缝,2条斜向拱部裂缝,裂缝错台张开明显,错台约为30mm,交叉后形成半圆形,拱部衬砌存在坍塌风险。

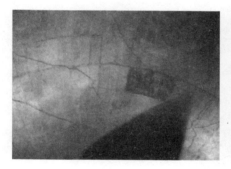 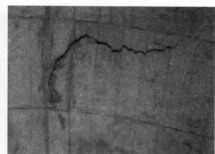

图6-2-1　拱顶裂缝

2) 路面开裂、隆起

该隧道洞身段路面开裂、隆起较严重(图6-2-2),其中以K0+197~K0+235和K0+265~K0+315段最为严重。路面开裂破坏

图6-2-2　路面开裂、隆起情况

特征:①路面裂缝以纵向开裂为主,局部横向裂缝对路面板进行切割;②路面鼓起大于10cm,裂缝宽大于2cm,路面板已整体破碎;③路缘边沟上鼓不小于10cm,向内侧挤压破坏严重。

3)衬砌渗漏水

隧道渗漏水(图6-2-3)在衬砌开裂处和施工缝处均有发生,共计36处,集中发生于进口段40m和出口段350m范围。在枯水季渗漏水表现为湿渍和干渍,基本未对行车安全造成影响,但在雨季由于地表水下渗,洞内渗漏水量增大,引起路面湿滑影响行车安全。

图6-2-3　衬砌渗漏水

4)衬砌混凝土强度

衬砌混凝土的测区强度换算值范围在15.0~31.4MPa,平均值为26.1MPa,在所有检测的40个测区中,有5个测区混凝土强度小于设计值,衬砌强度合格率为87.5%。

5)衬砌厚度

经地质雷达检测,多处衬砌厚度严重不足,最薄处仅为7cm,主要位于拱顶位置,且存在明显不均匀现象,衬砌厚度合格率为58.6%。

6)脱空及不密实情况

经地质雷达五条纵向测线连续扫描探测,在二次衬砌背后共发现 178 处脱空及不密实区域。其中左边墙 20 处,左拱腰 42 处,拱顶 55 处,右拱腰 33 处,右边墙 28 处,连续脱空段落最长为 27m。

7)衬砌侵入建筑限界

K0+529~K0+595 段由于衬砌背后空洞导致围岩松弛变形、衬砌开裂,施作套拱后拱腰、边墙位置衬砌侵入隧道建筑限界。

6.2.2.2 隧道病害成因分析

衬砌混凝土厚度、强度不足和衬砌背后脱空及不密实等缺陷,是施工质量控制差导致。衬砌侵入建筑限界是早期套拱加固处治病害所致。其他病害原因分析如下:

1)衬砌开裂病害原因分析

(1)隧址区地质条件差,且地下水较发育,软弱围岩在水的长期作用下松动变形,对隧道衬砌产生较大的压力,致使衬砌所受荷载超过了其本身的承载能力,而且施工过程中曾多次发生塌方事故及长时间停止施工,导致地质条件进一步恶化。隧道基底为软弱围岩,基础存在不均匀变形。

(2)施工质量控制差,衬砌厚度及强度不满足要求,导致结构整体承载能力降低;衬砌背后普遍存在脱空及不密实区域,导致结构受力不均衡,产生应力集中。

(3)衬砌结构设计偏弱,特别是二次衬砌配筋率不足及初期支护钢支撑间距偏大;同时针对该类地质条件,仰拱结构设置范围及强度不足。

2)路面开裂、隆起病害原因分析

(1)隧址区地下水较发育,隧道基底软弱围岩遇水易膨胀。

(2)针对隧址区地质条件,宜加强仰拱结构,而设计中仰拱为局部段落设置,且强度不足。

(3)施工中仰拱及基底回填可能不满足要求。

3）衬砌渗漏水病害原因分析

（1）隧址区地下水较发育,施工中防水层被破坏。

（2）采用小模板施工导致施工缝多,且局部衬砌开裂均为地下水提供排泄通道。

6.2.3 隧道加固方案

6.2.3.1 加固整治原则

根据隧道存在的各种病害和质量缺陷的具体情况,采用针对不同情况分类分段的处治措施,并遵循技术可行、经济合理的原则进行,确保处治后结构具有一定的安全度,同时应兼顾美观。

6.2.3.2 加固方法

1）换拱加固

K0+400~K0+420段、K0+510~K0+525段和K0+565~K0+572段衬砌开裂严重,对衬砌形成交叉切割,裂缝错台张开,混凝土可能坍塌,衬砌结构基本失去承载能力。同时K0+529~K0+595原套拱段已侵入建筑限界,由于净空问题,对原结构进行加强的方案无法实施。因此对K0+400~K0+420及K0+510~K0+595段采用整体换拱方案进行处治。

2）裂缝补强

除换拱加固段以外的衬砌裂缝,根据裂缝宽度及其特征,采用表面封闭法及注射法进行处治。

3）锚喷网加固

锚喷网方案进行加固处治应用于以下两种情况:①衬砌厚度小于1/2设计厚度段;②衬砌上发育不密集、宽度较小的纵向、斜向裂缝段。

4）增设仰拱

对隧道路面及路缘边沟开裂、隆起段进行隧底拆除后增设仰拱。

5）衬砌背后脱空处治

由于衬砌背后脱空及不密实区域多且规模较大，采用小导管进行衬砌背后注水泥砂浆充填，改善结构的受力状态。

6）渗漏水处治

对衬砌渗漏水，先进行渗漏水裂缝堵水处治；再对边墙较严重渗漏水采用钻孔引排水的方法进行处治。对环向和纵向渗水裂缝及施工缝处较严重渗漏水，采用凿槽埋管引排的方法进行处治。收集、引排的地下水均通过排水边沟排出洞外。

6.2.3.3 加固方法施工

裂缝修补及渗漏水处治在其他案例中有详细介绍，不再赘述。

1）换拱加固

（1）对换拱段采用20b工字钢进行临时环向支撑，间距为100cm。

（2）结构拆除前，采用500cm长ϕ42小导管进行围岩加固，导管间距80cm×80cm，梅花形布置。

（3）采用机械方式进行结构拆除，不得爆破，每循环拆除长度不大于1.5m，拆除顺序为先拱部后边墙。

（4）拆除后立即进行初期支护施工，包括：钢筋网、20b钢拱架（间距50cm）、26cm厚喷射混凝土等，完成防排水系统施工。

（5）进行50cm厚钢筋混凝土二次衬砌施工。

2）锚喷网加固

（1）加固段先进行裂缝和渗漏水处治。

（2）凿毛原衬砌表面，清除灰尘，挂钢筋网，打R25中空注浆锚杆。中空注浆锚杆长350cm，设置间距100cm×100cm，梅花形布置，施工时必须保证注浆饱满，锚杆必须加托板和螺母。挂ϕ6.5钢筋网，间距25cm×25cm，并与锚杆头绑扎在一起。

（3）喷射10cm厚C25混凝土，采用湿喷工艺。

3）增设仰拱

（1）先在边墙脚部位打设 $\phi89$ 锁脚导管,压注水泥浆液,保证上部结构的稳定,再进行隧底开挖(包括边沟)。

（2）每次开挖长度控制在 5m 以内,拆除时尽可能采用扰动小的机械拆除。

（3）拆除后清理底部虚渣,若底部为松散体,则需进行换填,保证基底承载力要求。

（4）施作 50cm 厚 C25 钢筋混凝土仰拱,新建仰拱与原衬砌结构连接处须充填细粒混凝土,采用人工振捣密实,必要时采用植筋连接。

（5）按原设计完成仰拱回填、路缘边沟及路面施工。

4）衬砌背后脱空处治

对于衬砌背后脱空及不密实区域,采用 $\phi42$ 小导管进行衬砌背后注浆充填,改善结构的受力状态,具体施工步骤为：

（1）在二次衬砌上钻 $\phi50$ 孔,为梅花形布置,间距为 $1\times1m$,钻进过程中尽量不破坏防水板。

（2）设置 $\phi42$ 小导管后由下向上注入水泥砂浆,上部的孔作为排气孔。当上排孔流出浆液后停止注浆,接着注上一排,直至注完为止。

（3）截断小导管外漏部分并进行防水处理。

若衬砌背后空洞注浆引起渗漏水问题,应采取"凿槽埋管"方式进行引排处理。

6.2.3.4 施工注意事项

（1）采用换拱加固、增设仰拱的段落,应进行监控量测,确保施工安全。

（2）采用锚喷网处治段,应先完成裂缝及渗漏水处治。

（3）采取增设仰拱处治方案的段落,应在结构处治完成后进行裂缝补强及渗漏水处治。

(4)在进行处治施工时,应注意各工序的施工步骤,在单独采用某种处治措施段,不同地段可同时施工,以节省工期。

6.2.4 整治效果

6.2.4.1 加固效果

根据隧道的病害情况分类、分段进行处治后,解决了各种病害、施工缺陷及"侵限"问题。目前该隧道处治完成已多年,通过监测和观察,隧道结构及路面稳定,渗漏水得到有效控制,达到了预期目标。

6.2.4.2 经验总结

(1)在进行隧道病害处治设计前,对病害现状、原因等进行调查和检测非常重要,可为处治设计提供必要的基础参考资料。

(2)根据病害原因和病害严重程度对隧道各段落进行分类、分段,并有针对性地采用不同的处治方案,做到有的放矢。

(3)若要彻底处治隧道衬砌结构严重病害问题,较好的方式是重新施作二次衬砌结构,或者在原衬砌表面施作套拱混凝土,这两种方法既可解决隧道结构安全问题,同时可以较为全面地解决渗漏水问题,但工程费用较大,且工期较长,应在综合考虑技术、经济、工期等因素后方可做出决策。

第7章 隧底加固

7.1 白云隧道

白云隧道基本信息表　　　　　　表7-1-1

隧道名称	白云隧道	长度	左线7100m 右线7120m
通车年份	2012年	省份	重庆
道路等级	高速公路		
病害情况	路面开裂、错台、拱起、衬砌开裂、电缆沟侧壁开裂		
处治方案	隧底锚杆加固		

7.1.1 隧道概况

7.1.1.1 隧道基本情况

白云隧道(表7-1-1)位于国家重点干线公路(宁波至樟木公路)在重庆境内的重要路段上,在建设期是渝沙高速公路武隆至水江段的控制性工程。

白云隧道采用双向四车道高速公路标准,设计速度为80km/h,隧道建筑限界净宽10.5m,净高5.0m。隧道采用分离式结构形式;左线长7100m,右线长7120m。隧道平面线形为直线,纵坡为人字坡,于2012年建成通车。

7.1.1.2 隧道地质概况

1)气象水文

隧址区属亚热带湿润季风气候区,以多雨、多雾、寒冷为特点,雨量充沛,四季分明。武隆气象局资料显示,1993—2002年历年日最大降雨量138.5mm(1998年7月21日),月最大降雨量228.00mm(1998年7月),降雨集中在5~9月,年平均降雨量986.82mm,最大年降雨量1417.2mm(1998年)。10年平均气温17.5℃,日最高气温40.7℃(1997年8月31日),日最低气温-1.8℃(1993年1月24日),月平均最低气温6.0℃,月平均最高气温29.2℃。历年平均雾日数为44d,年平均无霜期为310d。

2)地形地貌

白云隧道穿越构造溶蚀侵蚀中低山脉,山脉走向与构造线方向一致。山脉两侧呈垄岗脊状地形,高程为450~960m。山脉顶部为宽缓的构造溶蚀峰丛洼地地貌,高程为900~1400m,峰丛沿构造走向分布,峰丛高度30~50m,峰丛之间有山间溶蚀洼地,洼地四周为崖壁,高出邻区100~300m。隧道穿过地带最高点为石狮子山,高程1392.8m,最低点为隧道进口,高程450m左右,出口高程550m左右,隧道穿过地带高差达950m,隧道最大埋深约800m。

3)地层岩性

隧道穿过地层由新至老分别为第四系残坡积、崩坡积体,三叠系中统雷口坡组(T_2l)、下统嘉陵江组(T_1j)、飞仙关组(T_1f),二叠系上统长兴组(P_3c)、中统吴家坪组(P_2w)、下统茅口组(P_1m)、栖霞组(P_1q)、其下还隐伏有三叠系下统梁山组P1l、石炭系黄龙组(C_2h)、志留系中统罗惹坪组(S_2l^2)。岩性主要为灰岩、白云质灰岩为主,局部夹少量角砾岩。

4)地质构造

隧址区地质构造复杂,穿越桐麻湾背斜中段与和尚岩断层,节理裂隙发育。桐麻湾背斜轴向为北东向,平面上呈"S"状发育,轴线具波状起伏特点。隧址段该背斜轴向北东30°,为北西翼陡倾倒转,南东翼缓倾的斜歪狭长背斜,背斜轴面倾向南东,核部出露最老地层为二叠系下统栖霞组,下伏隐伏有二叠系下统梁山组、石炭系中统黄龙组,志留系上统罗惹坪组地层,两翼依次分布二叠系中上统至三叠系下中统地层。东翼岩层产状110°~125°∠24°~35°,

倾角变化不大。和尚岩逆断层分布在隧址区靠出口侧斑竹园与马鞍山之间的凹沟内，倾向北西，走向20°～30°，走向长29km，断距200m。断层下盘岩层产状200°∠20°～49°，上盘岩层产状105°∠75°，具压扭性，阻水，受断层影响，断层下盘薄层状泥质灰岩、灰岩局部有挠曲，上盘 T_1f^3 灰岩中沿断层面附近有岩溶泉水出露。

5）不良地质

隧址区不良地质发育，主要为岩溶、涌突水、煤系地层、瓦斯、有害气体（硫化氢）等。

6）病害段地质概况

收集竣工资料发现，在左洞 ZK43+010 与右洞 K42+990 之间刚好有一个编号为 XK3 的钻孔，钻孔及物探等资料显示隧道路面出现病害的路段（左洞 ZK43+000～ZK43+050、ZK43+100～ZK43+150 以及右洞 K42+990～K43+090）均位于同一地层。该段围岩为三叠系嘉陵江组（T_1j^3）灰岩，岩石为灰、浅灰色，薄—中层状夹少许白云质灰岩，层厚134m，属硬质岩，岩层倾角30°左右，受地质构造作用影响轻微，岩体内发育两组裂隙，受顺层溶蚀影响，层间结合差，为块碎石状结构，含岩溶水，遇层间溶蚀发育带，可能有地下水呈大股状涌出。岩石饱和单轴抗压强度42.6MPa，弹性波速4500m/s，完整性系数 K_v 为0.64，隧道埋深约350m，围岩划分为Ⅳ类。

7.1.2 隧道病害现状及成因分析

7.1.2.1 隧道病害现状

白云隧道运营一年半后，距武隆端洞口750m左右的洞内路面及二次衬砌出现了病害现象，主要表现为：路面有纵向裂缝；路面边缘与路面边沟错台、拱起，局部路段的电缆沟侧壁开裂，二次衬砌出现开裂现象。路面病害的范围为左洞 ZK43+000～ZK43+050、ZK43+100～ZK43+150，右洞 K42+990～K43+090（设计桩

号),左右洞病害路段长度各为100m。隧道病害具体情况如下:

1)路面(图7-1-1~图7-1-3)

左洞:纵向裂缝2条,均位于超车道内,桩号为ZK43+000~ZK43+015、ZK43+000~ZK43+025。2条裂缝近平行展布,宽1~3cm,错台最大约3cm;路面隆起3段,分别位于ZK43+000~ZK43+028(超车道)、ZK43+030~ZK43+045(超车道)、ZK43+100~ZK43+145(行车道)段,最大隆起高度达10cm。

右洞:斜向裂缝1条,由行车道边沟斜穿至超车道边沟结束,长约50m,宽1~3cm,错台最大约3cm;路面隆起2段,分别位于K42+995~K43+045(超车道)、K43+060~K43+080(超车道)段,最大隆起高达9cm左右。

图7-1-1 路面纵向裂缝

图7-1-2 路面纵向裂缝,电缆沟壁开裂

图7-1-3 路面边缘与路面边沟错台、拱起

2) 衬砌

左洞:主要存在裂缝和渗漏水2种病害,裂缝共18处,其中14处为环向或近环向裂缝(图7-1-4),其余4处为边墙部位的纵向裂缝(图7-1-5),裂缝总体宽度较细,以0.1～0.4mm居多,为浅表性裂缝;在桩号ZK43+041附近右边墙,发现1处渗漏水痕迹。

图7-1-4　环向(近环向裂缝)　　　　图7-1-5　纵向裂缝

右洞:检测段衬砌共发现裂缝21处,其中15处为环向或近环向裂缝,其余6处为纵向裂缝,位于边墙部位,裂缝宽度较细,以0.1～0.5mm居多,为浅表性裂缝。该检测段未发现渗漏水现象。

7.1.2.2　病害成因分析

综合分析,隧道病害产生原因主要有以下几个方面:

1) 地质原因

根据病害表现形式及病害段基本情况初步确定路面病害主要由地应力所致。建设及运营期间,局部区域受地质构造影响,围岩内部应力重分布,从而引起作用在隧道衬砌结构上的围岩压力发生突变;而隧道二次衬砌为拱形结构,有较好的受力性能,能充分发挥二次衬砌作为运营期间的安全储备作用。突变的围岩压力虽使二次衬砌产生开裂,但还不足以使其造成更严重的破坏进而丧失稳定性。相反,由于路面病害段没有设置仰拱,无法形成结构的封闭圈,水平且独立的路面结构无法承受底部围岩产生的反力,故底板处围岩所释放的应力就容易使路面拉裂、拱起。同时,从二次衬砌开裂的形式看,裂缝发展方向与地质岩层的构造面基本平行,在这种地质构造作用下,完全可能使岩层结构面的层间结合力变差,致使衬砌周围的围岩产生松动,形变压力增大,从而致使病害产生。

2)设计原因

根据建设资料,病害段地质为硬质灰岩,与设计相符。建设期间,该段地下水贫乏,未出现岩溶裂隙带和溶洞以及涌突水等情况(病害调查时,对路面结构及底基层围岩所做探坑也印证了这一点),故施工时仍按原设计Ⅳ类围岩的支护参数进行施工,未设置仰拱;由于未充分考虑病害段地层岩性及构造的特点,没有给长期的地质围岩的蠕变效应预留足够的安全系数,造成路面开裂、隆起,并伴随衬砌结构多处开裂渗水。

7.1.3 隧道加固方案

7.1.3.1 隧道加固原则

根据白云隧道左洞 ZK43+000~ZK43+050、ZK43+100~ZK43+150 路段,右洞 K42+990~K43+090 路段的实际病害情况,借鉴国内外类似工程经验,以"恢复结构安全性、耐久性及使用功能,满足运营要求"为立足点,并按"安全适用、技术可靠、经济合理"的原则进行设计。

7.1.3.2 加固设计

1)加固方案

根据病害特征,结合病害段具体情况,拟定两个方案进行对比,具体方案如下:

(1)增设仰拱(方案1)

由于白云隧道路面病害主要由隧道底板处围岩的反力或侧向压力过大所致,因此最理想的处治方式是增设仰拱(图 7-1-6),使仰拱和二次衬砌封闭成环,有效改善隧底受力性能。

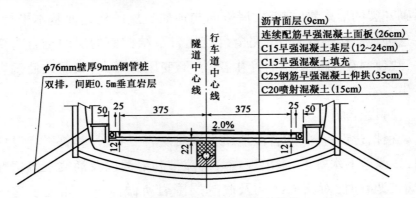

图 7-1-6 增设仰拱方案(尺寸单位：cm)

(2) 基底加强(方案 2)

针对白云隧道三处病害段地质构造及岩层产状特点，对基底围岩进行锚固加强(图 7-1-7)，即沿岩层层面垂直打设基底锚杆。主要原理是利用锚杆的组合梁作用，将规则的层状岩层紧密结合起来，增加层间抗剪强度和摩擦力，从而提高围岩的整体性和稳定性，同时形成一个基底加固圈，起到类似于仰拱的作用。

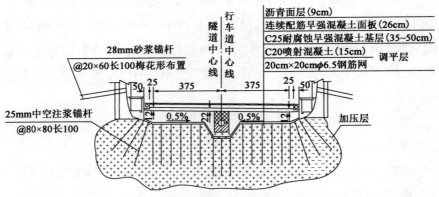

图 7-1-7 基底加强方案(尺寸单位：cm)

由于病害段二衬已有裂缝，为减少路面结构在破除期间对二衬形成扰动，在路面结构破除前应对二衬墙脚进行锁脚加固。锁脚锚杆采用 $\phi 28mm$ 砂浆锚杆，沿检修道附近梅花形布置，然后对路面左右侧换幅进行破除。

2) 方案比选

对方案 1、方案 2 进行综合比较,结果见表 7-1-2。

处治方案比较表　　　　表 7-1-2

项目	方 案 1	方 案 2
优点	整体受力最理想	基底围岩加固后,形成加固圈,受力合理;施工风险低;施工难度小;仅对已破坏的电缆沟进行重建;工期相对较短
缺点	施工风险大;施工难度高,若措施不当容易引起二次衬砌更严重的开裂;施工组织困难,整治段需要全部拆除电缆沟、水沟,同时要保护电缆等洞内设施;工期较长,对该段的交通影响大	在墙脚处(检修道上方)打设锁脚锚杆,影响隧道内的美观
结论	不推荐	推荐

对表 7-1-2 处治方案比较结果进行对比分析,最终采用方案 2,路面结构层自上而下依次为:4cm 厚 SBS 改性 AC-13C(阻燃)沥青混凝土、5cm 厚 AC-16C 沥青混凝土、26cm 厚连续配筋早强混凝土面板(抗弯拉强度不小于 5.0MPa)、35～50cm 厚 C25 耐腐蚀早强混凝土基层、15cm 厚 C20 喷射混凝土调平层(内挂钢筋网)、基底加固圈(ϕ25mm 中空注浆锚杆,长 4m)。

7.1.3.3　加固施工

加固施工应注意以下几点:

(1)路面结构层拆除前,沿隧道检修道的纵向每隔 60cm 打设一处锁脚锚杆,锁脚锚杆采用 ϕ28 砂浆锚杆,锚杆长 4m,在竖向 20cm 和 40cm 处交叉布置,锚杆必须设置垫板,施工完后应对垫板、螺母、杆帽刷防锈漆。

(2)原路面结构层拆除后,先对原岩石基底进行加深、铲平,然后喷射 C20 混凝土、打设基底锚杆、挂钢筋网。基底锚杆采用 ϕ25 中空注浆锚杆,长度 4m,标准段间距为 80cm×80cm,墙脚位置处加密且斜向打设。

(3)中心水沟的尺寸较大(净空为1.2m×1.2m),由于未设置仰拱,势必将成为受力的薄弱环节,故需进行配筋加强。

(4)加强路基层,采用厚度为35~50cm的C25耐腐蚀早强混凝土与中心水沟一起浇筑,以提高路面基层的刚度与整体性以及中心水沟的耐腐蚀性。

(5)26cm厚的水泥混凝土面板采用连续配筋的早强混凝土结构。连续配筋混凝土路面由于沿路线纵向配置了足够的钢筋,从而取消了横向接缝,避免各种横向接缝的损坏,使路面具有平整的表面,改善并提高了混凝土路面的使用品质和行车性能,增强了路面的整体强度和刚度。连续配筋混凝土面层采用单层配筋,纵向钢筋采用 $\phi 18$ 螺纹钢筋,间距12.5cm,设在面层表面下1/2~1/3厚度范围内;横向钢筋位于纵向钢筋之下,采用 $\phi 16$ 螺纹钢筋,间距50cm。

(6)对开裂的电缆沟侧壁,需进行拆除重建。

(7)路面基层底部设置纵横向排水盲管,在丰水期可排出路面下的地下水,防止路面结构水毁。

7.1.4 加固效果及经验总结

7.1.4.1 加固效果

隧道经过基底加固、路面重铺后,恢复了隧道的使用功能,隧道目前运营状况良好。加固前后路面情况如图7-1-8所示。

图7-1-8 加固整治前后

7.1.4.2 经验总结

隧道路面产生病害不仅影响行车舒适性,还存在较大安全隐患。隧道洞内病害处治属高风险特殊工程,因此病害处治前须认真调查和检测病害状况,仔细分析病害原因,选择合理可行的处治方案,并由经验丰富的施工队伍进行施工,以避免产生二次病害,造成更大的经济损失和社会负面影响。

同时对层状围岩,层间结合较差的地质情况,勘察、设计阶段相关技术人员应引起重视,对围岩的长期蠕变,或受水影响等不利因素应有足够的重视,必要时对围岩分类(级)进行降级处理或在设计上考虑仰拱或地梁结构,使隧道成为闭合结构,提高隧道结构的受力性能。

7.2 西南某高速公路隧道

西南某高速公路隧道基本信息表　　表 7-2-1

隧道名称	西南某高速隧道	长度	左线 500m 右线 493m
通车年份	2008 年	省份	西南某省
道路等级	高速公路		
病害情况	路面开裂、隆起、错台、渗水		
处治方案	增设仰拱		

7.2.1 隧道概况

7.2.1.1 隧道基本情况

西南某高速公路隧道(表 7-2-1)采用双洞四车道标准,设计速度为 80km/h。隧道建筑限界净宽 10.25m,净高 5.0m;隧道采用分离式结构形式;左线长 500m,右线长 493m。本隧道左线位于直线段,右线进口段位于直线段,出口段位于 $R = 4000m$ 的圆曲线上。隧道于 2008 年建成通车。

7.2.1.2 隧道地质概况

1）地形地貌

隧址区属于构造剥蚀浅丘地貌,山丘四周平缓地带呈鸡爪状延展分布,丘包呈串珠状相连。区内较高山丘相对高差一般小于100m,区内粉砂质泥岩大面积裸露,因砂质含量和胶结程度不同产生风化差异,坡表呈台阶状,台阶高度多为3～5m,最高可为10m。自然横坡在10°～25°间,山顶多有"盖帽砂岩",呈马鞍状。

2）地层岩性

隧址区地层主要为新生界第四系全新统松散层和中生界侏罗系遂宁组粉砂质泥岩。松散层位于地表,厚度不大于5m,软塑—硬塑状。粉砂质泥岩矿物成分以黏土矿物为主,泥质结构,结构不均,钙泥质或泥质胶结,中—厚层状构造,层理近水平发育,岩质软,具饱、脱水风化开裂特征,围岩类别为Ⅱ、Ⅲ类。

3）水文地质

隧址区地下水类型主要为松散层上层滞水和基岩裂隙水。上层滞水赋存于地表黏土层中,因富水性、透水性差,厚度较小、汇水面积小,并随季节变化而变化,水量较贫乏。基岩裂隙水主要赋存于基岩的强风化带内,受大气降水补给,具有硫酸盐类结晶侵蚀作用,腐蚀等级为弱腐蚀。

4）地质构造

隧址区为整体较稳定的地块,历次构造运动均未导致剧烈变形,仅发育轻微褶皱和少量节理。据《中国地震动参数区划图》（GB 18306—2001）,场地地震动峰值加速度小于$0.05g$,地震动反应谱特征周期为0.35s。

7.2.1.3 隧道设计概况

隧道衬砌结构设计以锚、喷、网联合支护为初期支护,模筑混凝土为二次支护措施,Ⅱ类围岩段二次衬砌采用50～60cm厚钢筋混凝土结构(包括仰拱),Ⅲ类围岩段二次衬砌采用40cm厚素混凝土结构(包括仰拱)。明洞采用C25钢筋混凝土结构。初期支护喷混凝土及二次衬砌模筑混凝土均采用防腐蚀混凝土。隧道二次衬砌结构采用模板台车施工,每模长度为8m。

隧道排水体系为环向排水盲沟将水引入纵向排水管,再通过横向管引入排水边沟(电缆槽内侧下凹)。行车道右侧路缘带下设ϕ200PVC纵向排水管,通过路面预留的进水口排出路面积水至洞外。路面下未设置横向盲沟。

7.2.2 隧道病害现状及成因分析

7.2.2.1 隧道病害现状

本隧道左、右线洞身Ⅲ类围岩段于2011年8月均出现路面开裂(图7-2-1)、隆起现象,病害出现后不断发展。至2011年10月左线开裂、隆起长度达105m,右线开裂、隆起长度达160m,其中路面隆起开裂最大宽度约为35mm,错台高度约为40mm。同时隧道内多段存在长段落路面渗水(图7-2-2),导致路面湿滑,渗水段落总长约占隧道总长的三分之一。

图7-2-1 路面开裂　　　　图7-2-2 路面渗水

发现病害后,技术人员采用精密仪器测量路面高程与竣工图对比,结果显示路面最大隆起约12cm;通过在病害段开挖多处探槽发现路面以下结构层存在施工质量缺陷,主要表现为:原设计的Ⅲ类围岩段仰拱缺失;仰拱回填片石无胶结现象普遍。

7.2.2.2 病害成因分析

通过查阅竣工资料,结合检测结果综合分析,隧道病害原因如下。

1)路面开裂、隆起病害原因分析

(1)地质原因

隧址区基岩为软弱围岩,雨季雨水浸泡导致周边岩土体侧压力及基底反力增大,最终导致路面开裂、隆起。

(2)施工原因

施工时未按设计图纸施工,存在施工质量缺陷:①未按原设计施作仰拱,导致底部结构强度大大降低;②仰拱回填片石无胶结现象普遍,进一步减弱了结构对基底反力的抵抗能力。

2)隧道路面渗水原因分析

(1)设计原因

设计中未设置横向盲沟,仰拱以上充水时没有排泄通道,导致地下水沿路面渗出。

(2)其他原因

路面渗水段排水系统存在局部堵塞,排泄不畅,导致仰拱以上局部充水严重。

7.2.3 隧道加固方案

7.2.3.1 隧道加固原则

(1)鉴于病害主要因施工缺陷导致,本次治理以恢复原设计结构性能和强度为原则。

(2)选择施工设备、工艺时,应尽可能选用对原结构扰动小的;底部开挖时应采取一定安全措施,确保上部结构的安全。

(3)施工期间应加强监测,避免发生突发性失稳现象。

(4)应优先选用无毒、低污染的材料。

(5)施工期间的技术措施、安全保障必须符合相关规定。

7.2.3.2 加固设计

隧道路面隆起、开裂主要由于施工缺陷造成,隧底加固采用原设计参数,即40cm厚C25防腐混凝土仰拱,通过植筋措施确保新旧结构的衔接。采用锁脚锚管和横支撑(必要时)确保开挖时结构安全(图7-2-3)。

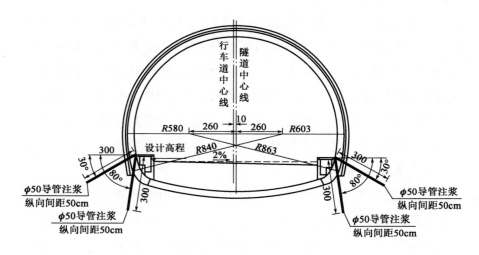

图7-2-3 导管锁脚设计(尺寸单位:cm)

仰拱回填材料采用C15片石混凝土,并按原设计设置 ϕ200PVC管。

由于原排水系统不具维修性,隧底开挖后通过高压水连接横向管疏通排水系统。并通过路面下增设横向盲沟引排地下水,避免路面渗水。仰拱回填顶部(路面混凝土板下)每隔10m预留10cm×10cm凹槽,内填充粒径3~5cm碎石,横向排水盲沟中水通过 ϕ50mm进水钻孔排入排水沟。施工时应防止水泥等材料灌入盲沟,将其堵塞。

在未进行加固段,每隔10m切(凿)10cm宽槽至混凝土路面以下10cm,施作横向排水盲沟,谨防破坏PVC管。施工完成后恢复混凝土和沥青路面。

隧道路面混凝土抗弯拉强度不小于5MPa,层厚24cm。上面层为10cm厚沥青混合料。两层路面均按原设计要求进行施工。

7.2.3.3 加固施工

1)施工工艺

(1)导管锁脚

为保证隧底拆除时上部结构稳定,先采用 $\phi50$ 导管(壁厚6mm)在拱脚部位进行注浆锁脚,单侧拱脚各设置一排,纵向间距0.25m,导管长度3m(分30°和80°角两种,交替设置)。注浆材料采用水泥浆,水灰比1:1,注浆压力0.5~1.5MPa。注浆完成后,应切除导管外露部分,并用防水水泥浆或水泥砂浆封闭密实,封闭长度应与衬砌厚度相同,避免地下水从钻孔及周边渗出。

(2)隧底拆除

为防止上部衬砌变形过大,隧底拆除采用跳槽半幅开挖,每次拆除段落长度应严格控制在不大于3m,左右两侧拆除不可同时进行,跳槽间距不小于8m。拆除横向范围为两侧电缆槽侧壁及其中间范围。

隧底拆除可采用人工、机械凿除(切割)、静态爆破等震动小的工艺,严禁采用大爆破。

若施工中衬砌出现裂缝、监测值持续增大或累计变形达到10mm时,需采用在衬砌边墙上设置预应力横支撑(图7-2-4)的措施进行处治。横支撑可采用 $\phi300$ 钢管,壁厚8cm,长度为10.8m(两侧边墙距离)。为防止支撑时由于应力集中损坏衬砌,横支撑两端头应焊接钢板。横支撑长度通过承托可微调,以适应两侧边墙距离不等的不同段落。

(3)植筋、凿毛和仰拱浇筑

仰拱浇筑前,先进行既有衬砌拱脚植筋和凿毛处理。植筋采

用 $\phi22$ 螺纹钢筋,植入深度为 40cm,间距 30cm。植筋钻孔直径宜为 28mm,钻孔钻进方向应与衬砌面尽量垂直,钻孔位置位于衬砌中心。钢筋与衬砌的黏结采用 A 级胶,A 级胶安全性能指标见表 7-2-2。

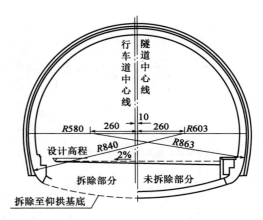

图 7-2-4 隧底横支撑(尺寸单位:cm)

胶黏剂的安全性能指标　　　　表 7-2-2

	性能指标	性能要求
胶体性能	抗拉强度(MPa)	≥30
	抗拉弹性模量	≥3000
	抗弯强度(MPa)	≥45 不得呈脆性破坏
	抗压强度(MPa)	≥65
	伸长率(%)	≥1.3
黏结能力	钢-钢拉伸抗剪强度标准值(MPa)	≥15
	钢-钢不均匀扯离强度(MPa)	≥16
	钢-钢黏结抗拉强度(MPa)	≥33
	与混凝土的正拉黏结强度(MPa)	≥2.5,且混凝土为内聚破坏
	不挥发物含量(固体含量)(%)	≥99

植筋工艺流程如图 7-2-5 所示。

为利于新浇仰拱与既有衬砌衔接牢固,既有衬砌表面应凿成凹凸差为6~10mm的毛面,若拆除后衬砌表面能达到要求,可不进行凿毛处理,但应清洗干净,露出新鲜毛面。

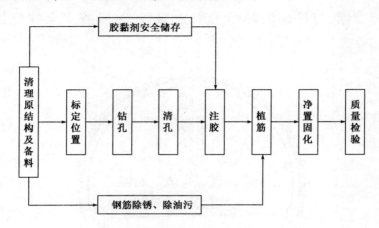

图7-2-5　植筋施工工艺流程图

仰拱浇筑前还应对其基础进行检查,若存在局部软化或原先超挖后回填虚渣等情况,应在相应位置采用M7.5浆砌片石进行换填,若深度大于1m,采用注浆处理。

以上工作完成后方可浇筑半幅仰拱,并预留与剩余仰拱的连接筋,再进行另外半幅的拆除、植筋、凿毛、浇筑剩余仰拱等工作。

2)施工注意事项

(1)隧道整治施工时,应采取全封闭交通施工,先施工左(右)洞,右(左)洞开放双向交通,开放双向交通应加强交通管制,限速行驶,确保交通安全。

(2)导管施工过程应掌握好角度,不应损坏二次衬砌拱脚外侧纵向排水管。注浆过程中应密切关注衬砌及路面情况,若有异常情况发生立即停止注浆。

(3)施工过程中应注意对既有管线的保护,必要时对管线进行临时改移。

(4)隧底拆除过程中严禁采用大爆破,避免对既有衬砌和围岩的扰动,防止危险发生。

（5）隧底拆除两侧达到设计范围,既有衬砌混凝土厚度、强度达不到原设计要求时,应立即申请变更。

（6）施工时应采取有效措施汇集边沟中水流,不得漫流软化基础。

（7）仰拱未达到设计强度前,车辆不得从其上通过。

（8）仰拱接缝处采用沥青麻絮等材料进行封闭,避免地下水渗入仰拱以上。

（9）施工前应复核设计文件中病害的段落和桩号位置,和现场实际情况不对应时,应及时调整。

3）施工流程

导管锁脚→半幅隧底拆除→植筋、凿毛→半幅仰拱浇筑→另半幅隧底拆除→植筋、凿毛→浇筑剩余仰拱→电缆槽侧壁浇筑（包括植筋、钢筋绑扎）、仰拱回填→增设横向盲沟→路面混凝土浇筑、沥青路面摊铺。

7.2.4 加固效果及经验总结

7.2.4.1 加固效果

该隧道加固后经过一段时期的运营,未再发现路面病害,达到了加固目的。

7.2.4.2 经验总结

（1）隧道病害发生时,根据隧道存在的病害具体情况,采用针对性的处治措施。并遵循"安全适用、技术可靠、经济合理"的原则进行,确保处治后结构具有一定的安全度,同时应兼顾美观。对于软质围岩,加上地下水较发育,并且地表有一定补给条件的隧道工程,从结构受力角度考虑,对隧底结构应加强重视,不能轻易取消仰拱,同时路面底应考虑完善的排水措施。

（2）在该隧道处治施工中发现,原设计锁脚锚杆偏弱,不利于上部结构的稳定,施工中进行适当加强,后续类似工程处治应吸收该经验。

7.3 铁峰山Ⅱ号隧道

铁峰山Ⅱ号隧道基本信息表　　　　表 7-3-1

隧道名称	铁峰山Ⅱ号隧道	长度	左线 6021m 右线 6022m
通车年份	2006 年	省份	重庆
道路等级	高速公路		
病害情况	电缆沟挤压变形、排水边沟破损、路面开裂、衬砌开裂		
处治方案	仰拱拆换、隧底注浆		

7.3.1 隧道概况

7.3.1.1 隧道基本情况

铁峰山Ⅱ号隧道(表 7-3-1)位于重庆某高速公路,隧道采用双向四车道高速公路标准,隧道左线长 6021m,右线长 6022m;隧道于 2006 年 12 月建成通车。

隧道左右测设线间距 30m;隧道纵坡采用 1.8%。

隧道衬砌采用内轮廓宽 10.40m,拱高 6.92m 的三心圆曲边墙结构。

7.3.1.2 隧道地质概况

1) 工程地质

隧址区内主要构造为铁峰山背斜,隧道在 YK4+740 附近穿越铁峰山背斜核部,主要背斜北西翼缓南东翼陡,反映了由北西往南东的地应力的主动作用。病害处治段围岩主要为须家河组(T_3xj)与第二段(T_2b^2)、第三段(T_2b^3),其中须家河组(T_3xj)主要由灰色薄至中层状泥岩、粉砂质泥岩、页岩、炭质页岩,含煤线和煤层构成;第三段(T_2b^3)主要为灰色薄层状泥质灰岩、含泥质灰岩、白云岩、钙质泥岩、石膏、硬石膏,灰岩中含较多方解石脉,局部发育溶蚀小孔隙;第二段(T_2b^2)主要为紫红色薄层状泥岩夹页岩,局部夹泥质灰岩。在背斜北西翼由于岩层倾角缓,层厚,南东翼稍薄。

2)水文地质

隧址区穿越铁峰山背斜中段,为中低山地貌。隧道北西侧主要受大气降水补给,同时受砂岩的地下水补给,顺坡沿山间沟谷向大河沟排泄;南东侧主要受大气降水补给,同时受砂岩孔隙裂隙水、灰岩岩溶水补给,顺坡沿山间沟谷向无名河流排泄。区内地表水系统属长江水系。预测隧道双洞地下水涌水量一般情况约为 $18580m^3/d$,雨季按 1.5 倍考虑。地下水对混凝土一般无腐蚀性,但根据地质勘测资料可知局部区域地下水对混凝土具有弱分解类腐蚀性,膏岩段地下水对混凝土有中等结晶类腐蚀。

3)不良地质

(1)揭煤、压煤及有毒有害气体

隧址区内有毒有害气体主要为煤层瓦斯,无其他有害气体。瓦斯含量低,最大瓦斯含量为 $2.16m^3/t$,瓦斯压力不大于 0.15MPa,且无煤与瓦斯突出危险,隧道施工时,煤层正常情况下的瓦斯涌出量约为 $0.1\sim0.2m^3/min$,最大瓦斯涌出量不超过 $0.5m^3/min$,为低瓦斯隧道。隧址区煤层属不易自燃的煤层,但属于具有煤尘爆炸性危险的煤层。

(2)膏岩

在背斜轴部巴东组一段地层主要由灰色薄至中厚层状含砂质微晶白云岩及含白云石硬石膏、石膏互层组成,同时在巴东组三段局部含石膏。硬石膏($CaSO_4$)转变为石膏($CaSO_4 \cdot 2H_2O$)时体积膨胀,产生膨胀压力。石膏地段的地下水对混凝土具有中等腐蚀性。

(3)大变形

隧道穿越段的软质岩主要是页岩、泥岩及膏岩。岩石的饱和抗压强度低,易软化,具饱水及失水易崩解的特性。砂岩与泥岩界面一般是地下水比较活跃的部位,泥岩易软化,泥化并形成软弱结构面,变形破坏以滑移剥落为主。背斜核部钻孔显示围岩受构造影响强烈,岩层较破碎,岩质软,挤压变形强烈。据地应力测试结果,最大主应力方向与隧道方向垂直,对隧道围岩稳定不利,且软岩大变影响因素较多,形成原因较复杂,且易受施工影响,埋深大于550m段的软质岩将会发生轻度大变形。

7.3.1.3 隧道设计概况

1)隧道设计技术

隧道设计技术参数见表7-3-2。

隧道设计技术参数 表7-3-2

项　目	参　数
公路等级	高速公路
计算行车速度	60km/h
隧道建筑限界	净宽2×9.25m(2×3.5m行车道+2×0.5m路缘带+2×0.25m余宽+0.75m检修道),净高5.0m
隧道路面横坡	直线段单向坡2%
纵向通风卫生标准	CO设计浓度δ:250×10^{-6} 烟雾设计浓度K:0.0075 m^{-1}

2)隧道衬砌支护

隧道衬砌支护参数见表7-3-3。

隧道衬砌支护参数 表7-3-3

衬砌类型	长度(m)	喷混(cm)	钢架间距(cm)	拱墙	仰拱	适用范围
Ⅱ超浅	169	20	80	50	50	浅埋,破碎
Ⅱ膏	328	20	60	50	50	膏岩段
Ⅲ膏	465	20	80	50	50	膏岩段
Ⅲ	1888	20		35	35	深埋一般段
Ⅳ	785	15		35		深埋一般段

3）隧道防排水

洞身防排水设计原则：以排为主，防、排、截、堵相结合的综合治理原则，达到排水通畅、防水可靠、经济合理、不留后患的目的。

隧道洞身排水措施具体如下：

(1) 渗水处设置橡塑板盲沟，按 10m（膏岩段 5m）一道计量，渗水面积较大地段橡塑板盲沟可并排设置。

(2) 集中股水处设置弹簧管盲沟，设计按 20m（膏岩段 10m）一道计量，盲沟管端部应穿越初期支护直接与股水流处对接，以达到更好的排水效果。

(3) 隧道两侧边墙初期支护底部分别设置 $\phi100$HPDE 单壁打孔波纹纵向排水管，以引排盲沟水。

(4) 隧道中部设置中央排水管，并每隔 10m（膏岩段 5m）设 $\phi100$HPDE 单壁打孔波纹管边墙泄水管一道（横向），将墙背纵向排水管的水引入中央排水管内。

(5) 全隧满铺 1.2mm 厚 EVA 防水卷材及 300g/m^2 无纺布。

(6) 二次模筑混凝土采用防水混凝土，防水等级为 S8。

(7) 隧道洞身变形缝设置橡胶止水带，施工缝设置加强网膨胀橡胶止水条。

7.3.2 隧道病害现状及成因分析

7.3.2.1 隧道病害现状

隧道运营 1 年后在 YK5+100～YK6+600 段右侧电缆沟开始出现长距离挤压变形和路缘石破损，路面也出现开裂变形等病害（图 7-3-1～图 7-3-5）。病害段设计围岩类别主要为Ⅲ类、Ⅳ类围岩，岩性有泥岩、石灰岩、泥质灰岩，夹少量白云岩、石膏、硬石膏。

隧道主要存在路面及路缘石变形破损、衬砌裂缝、渗漏水等类型的病害，病害情况具体如下：

图 7-3-1　路缘石挤压破损

图 7-3-2　加宽段路面挤出形成错台

图 7-3-3　路面开裂变形

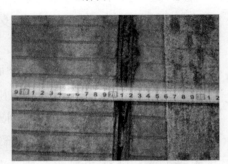

图 7-3-4　路面中线纵向缝拉开上鼓变形

图 7-3-5　电缆沟倾斜变形

（1）YK5+260～YK5+300、YK5+360～YK5+520、YK6+510～YK6+564 等段共计 254m，上述段落路面开裂断板变形，左右幅路面从中线施工缝处张开、上下形成错台，边沟和电缆沟挤压变形，路缘石挤压破坏、开裂、错台。路面裂缝宽度为 1~4mm，路面与边沟错台相对变形值最大达到 7cm，电缆沟倾斜内外侧高差最大达到 10cm。

（2）YK5+685~YK5+700（右幅）、YK6+340~YK6+360 等段共计 35m，相关段路面有开裂变形迹象。

（3）地质雷达检测结果表明，二次衬砌的厚度总体在 30~132cm，即二次衬砌厚度基本满足设计要求，但局部点存在衬砌厚度不足现象，欠厚值 2~20cm。厚度不足病害段主要分布在 YK5+120~YK5+130、YK5+190~YK5+220、YK5+280~YK5+370 及 YK5+460~YK5+470 段。在地质雷达探测范围内未发现有拱墙衬砌背后空洞，且拱部不密实区较少。地质雷达检测结果和钻孔取芯表明隧道路面下仰拱回填、仰拱及仰拱下围岩存在不密实区。

7.3.2.2　病害成因分析

综合分析，隧道病害产生原因主要有以下几个方面：

1）地质原因

根据竣工资料，局部地段存在石膏夹层等软弱破碎、膨胀性围岩，但 8 个钻孔在 10m 深度内均未打到石膏，隧道基岩内可能存在的硫酸岩会导致围岩内应力增加，增加衬砌荷载，加剧衬砌及隧道路面结构的不均匀变形，钻孔资料显示基岩破碎。

2）施工原因

地质雷达检测结合路面钻孔取芯检测结果表明隧道仰拱回填、仰拱及仰拱下围岩不够密实，引起隧道 K5+260~YK5+300、YK5+370~YK5+520、YK6+510~YK6+564、YK5+690~YK5+700、YK6+340~YK6+350 等区段路面、边沟、电缆沟、路缘石发生不均匀沉降现象，所以隧道底部承载力不足是隧道病害产生的主要原因。

7.3.3 隧道加固方案

7.3.3.1 隧道加固原则

(1) 本次处治只针对病害段内的路面结构及质量缺陷。

(2) 技术标准按原设计相关技术标准执行。

(3) 处治后应达到衬砌表面无渗水要求,路面保持干燥。

(4) 衬砌结构补强,确保隧道衬砌结构本身和在外部荷载冲击下的安全稳定。

7.3.3.2 加固设计

综合考虑下,具体隧道加固方法见表 7-3-4。

处治措施及主要参数　　　　　　　　　表 7-3-4

处治措施	适用病害类型	适用段落	注意事项
隧底拆换(A类病害处治措施)	路面开裂断板变形,左右幅路面从中线施工缝处张开、上下形成错台,边沟和电缆沟挤压变形,路缘石挤压破坏、开裂、错台	YK5+260~YK5+300、YK5+355~YK5+530、YK6+510~YK6+574,共279m	拆换时必须进行衬砌结构变形监控量测,随时注意衬砌结构变化、衬砌表面是否有新裂缝出现和原有裂缝是否发展
隧道路面及仰拱回填拆换(B类病害处治措施)	路面有开裂变形迹象	YK5+685~YK5+700(右幅)、YK6+340~YK6+360,共35m	/
隧道仰拱回填注浆(C类病害处治措施)	仰拱回填不密实路段	仰拱回填不密实路段总长54m	/

7.3.3.3 加固施工

隧道加固施工采用封闭单车道进行,另一车道通车。

交通组织、清理和保护电缆线→打锁脚锚杆→路面及仰拱分段拆除→底部基面清理和整平→铺设 I18 工字钢,底部打设锚杆或底部注浆,浇筑初期支护仰拱混凝土→施作衬砌仰拱回填,中心水沟→路面施作、电缆沟施作等。

具体施工步骤如下(以 A 类病害处治措施为例):

(1)在边墙脚打入锁脚锚杆:ϕ32 砂浆锁脚锚杆,长 3.5m,纵向间距 0.8m。

(2)仰拱初期支护:选用 I18 工字钢钢拱架(纵向间距与拱部初期支护钢拱架间距一致),锚杆为长 3.5m 的 ϕ25 砂浆锚杆,梅花形布置 2m×2m,端部与钢拱焊接在一起,一次性浇筑 C25 混凝土,C25 钢筋混凝土仰拱衬砌厚 40cm。

(3)利用 C15 混凝土仰拱回填。

(4)最后施作 16cm 厚 C20 混凝土基层和 25cm 厚 C35 混凝土面层。

7.3.4　加固效果及经验总结

7.3.4.1　加固效果

隧道加固前路面开裂变形、路缘石受挤压破碎、电缆沟倾斜变形,已严重影响到行车安全和结构的稳定安全。加固了隧道底部结构,使隧道结构整体成环,路面结构和路缘石得到了恢复,保证了隧道正常通车和结构的稳定和安全。

处治完成后,该段路面未再出现开裂变形,路缘石和电缆沟未出现变形破坏,衬砌裂缝没有发展,或没有发现新的裂缝出现。

7.3.4.2　经验总结

(1)本隧道为营运一年左右的高速公路隧道,出现路面变形、电缆沟挤压破坏等较为严重的病害,因此隧道病害处治设计前对病害原因的调查及检测尤为关键,为处治方案提供必要的参考资料。

(2)根据病害原因和病害严重程度分类分段并有针对性地采

用不同的处治方案,做到有的放矢。

(3)对营运隧道进行病害处治,合理的施工组织可以节约工期。

(4)隧道在建过程中,要注意经常被忽略的仰拱问题,特别是仰拱要密实,且闭合成环。因此隧道在建过程中,应加强隧道施工过程中的质量控制。

7.4 八盘山隧道

八盘山隧道基本信息表　　　　　　　表7-4-1

隧道名称	八盘山隧道	长度	885m
通车年份	2001年	省份	甘肃
道路等级	二级公路		
病害情况	路面开裂、底鼓、拱脚沉降、衬砌开裂		
处治方案	仰拱拆换+套拱		

7.4.1 隧道概况

7.4.1.1 隧道基本情况

八盘山隧道(表7-4-1)为316国道江洛镇至天水市段的主体工程之一,为双向两车道公路隧道,洞内路面净宽9.0m,隧道内轮廓总宽10.50m,建筑限界净高5.0m。隧道全长885m,运营起讫桩号K2516+919~K2517+804(原设计桩号K2521+890~K2522+775,下文中均采用运营桩号表达),隧道纵坡采用单向坡,坡度为2.9%,于2001年建成通车。

7.4.1.2 隧道地质概况

1)地形地貌

八盘山岭脊总体展布方向为北西西向,最大高程为1993m,山体自然坡度一般为35°~45°,局部60°~70°,山体多为第四系覆盖,植被茂盛。

2)地质构造

本区构造单元属西秦岭褶皱带,受北西、北西西向区域构造控制,岩体较为破碎。隧道位于八盘山背斜,其间多发育小褶皱。八盘山背斜轴向呈北西向,据地质调查轴部在 K2517+438 附近,其南翼于隧道进口至岭脊一带,岩层走向北西,倾向南,倾角 50°~70°,其北翼至隧道出口附近,岩层走向北西,倾向北,倾角 70°~80°,并伴有小断层发育。在 Z-31 钻孔中,深度 150.8~158.7m 段发现有断层破碎带厚约 8m,为断层泥和糜棱岩,推测该断层为逆断层,走向北西,倾向北。

3)地层岩性

隧址区洞口及洞身坡体多分布第四系全新统坡积碎石土,厚度一般为 0.5~15m,其下则为泥盆系中统变质砂岩夹板岩。本区范围内岩性单一,地层较为简单,但岩性较差,岩性以变质砂岩为主,夹泥质板岩,多数岩体岩性较软。

4)水文地质条件

隧址区内主要为基岩裂隙水,水多顺层理沿砂质板岩张性裂隙带活动,尤其在较厚变质砂岩及砂质板岩,泥质板岩变化地段及断层破碎带和褶皱轴部,地下水集中发育。

本区地下水主要补给来源为大气降水,一部分雨水成为地表径流,一部分通过裂隙渗入地下,成为地下水的补给来源。钻孔过程中漏水严重,水多沿倾角 60°~70°单斜岩层层面渗入下部,地下水运动方向受层理产状及断层和褶皱构造控制。地下水属裂隙性质,水质对圬工无侵蚀性。

7.4.1.3 隧道设计概况

隧道采用喷锚构筑法设计,初期支护以锚、喷、网及格栅钢架联合支护为主,二衬采用 C20 混凝土,其中Ⅱ类围岩段喷射混凝土厚 20cm,二次衬砌厚 45cm。Ⅲ类围岩段喷射混凝土厚 15cm,二次衬砌厚40cm。

7.4.2 隧道病害现状及成因分析

7.4.2.1 隧道病害现状

经过十多年的运营,隧道路面出现较大面积底鼓开裂,路面板断裂情况、破损较严重,影响行车安全;K2517+354～K2517+374段衬砌拱顶部发生过掉块,衬砌拱部背面存在较大的空洞;隧道部分段落基底结构浸泡软弱,承载力较低,隧道变形有继续发展的可能;衬砌存在多条纵、环、斜向裂缝。隧道结构安全存在重大隐患,且对洞内行车安全已造成较大影响,亟待处治。

1)衬砌裂损

衬砌裂损情况如图7-4-1、图7-4-2、表7-4-2所示。

图7-4-1 衬砌纵向裂缝　　　　图7-4-2 衬砌渗漏水

衬砌裂损情况　　　　表7-4-2

裂缝类型	数量		缝宽(mm)	缝长(m)	备注
环向裂缝	23条	贯通裂缝4条	0.1～5.0	/	大部分存在渗水泛碱现象
		非贯通裂缝21条	/	2.0～13.0	/
纵向裂缝	10条	边墙纵向裂缝4条	0.2～0.3	/	/
		拱部纵向裂缝6条	0.2～0.5	/	/
斜向裂缝	15条		0.2～0.6	5.0～16.0	大部分存在渗水泛碱现象
交叉裂缝	2		0.2～0.5	/	均存在渗水泛碱现象

2）路面底鼓、拱脚沉降

K2517+304～K2517+379段路面底鼓开裂（图7-4-3），电缆槽倾斜，衬砌出现多条纵、环向裂缝，K2517+314～K2517+324段右幅路面严重底鼓；K2517+354～K2517+374段衬砌采用钢拱架进行临时支撑，路面出现多条裂缝；K2517+534～K2517+579段左幅路面开裂，隆起较严重，电缆槽有倾斜现象（图7-4-4）。

图7-4-3 路面底鼓

图7-4-4 拱脚沉降、检修道倾斜

7.4.2.2 病害成因分析

综合分析，隧道病害产生原因主要有以下几个方面：

1）地质原因

（1）隧址区围岩以变质砂岩为主，夹泥质板岩，岩性较差，岩体较破碎，小断层发育。

（2）隧址区内主要为基岩裂隙水，水多顺层理沿砂质板岩张性裂隙带活动，尤其在较厚变质砂岩及砂质板岩，泥质板岩变化地段及断层破碎带和褶皱轴部，地下水集中发育，促进了局部岩体软化。

（3）隧道地下水较为丰富，运营期间受到地震作用的影响，山体裂隙继续发育，形成较多的地下水通道，导致变质砂岩软化严重，基底软弱，围岩自承能力进一步劣化。

2）设计原因

隧道围岩为软弱围岩，且隧道病害段大部分位于断层破碎带附近,围岩稳定性较差,原设计支护参数偏弱。

3) 运营管理原因

隧道中心沟未定期进行清淤疏通,中心水沟排水不畅导致隧道基底滞水积水软化、劣化围岩。

4) 施工原因

(1) 通过专项检查,隧道仰拱、衬砌质量存在一定缺陷。车辆长期竖向荷载作用下,路面相对于左右边墙发生反复下压、上抬的运动,造成路面底鼓开裂。

(2) 局部段落衬砌厚度不均匀,且局部段落存在明显的脱空、空洞、不密实等缺陷,导致衬砌受力不均,产生应力集中而开裂。

7.4.3 隧道加固方案

7.4.3.1 隧道加固原则

隧道维修完善的目的在于消除严重影响行车安全的病害,遏制隧道变形进一步发展,对于未明显显现的病害和隐患段展开监测,加强检查,并根据病害和隐患的发展情况,有针对性地采取养护措施,视情况另行择机处治。主要加固整治原则如下：

(1) 隧道加固应遵循检测、设计、施工的程序进行,恢复隧道结构安全性、耐久性及使用功能,满足正常运营要求。

(2) 在掌握八盘山隧道建设期、运营期技术资料的基础上,针对衬砌的病害情况、产生机理,有针对性地采取处治措施。

(3) 隧道加固应在有安全保障的前提下进行结构加固,保证施工的安全性。

(4) 通过隧道结构加固,达到恢复满足现行隧道设计规范的使用功能。

(5) 采用成熟工艺,施工材料、工艺与施工条件紧密结合,可操作性强。

(6) 隧道加固应结合病害程度、地质条件、加固方案等,考虑施工风险,制订应急预案,并配备相应的安全、救援等设施。

(7)隧道加固应遵循动态设计与信息化施工的原则,制订监测方案,通过监测反馈信息,优化设计或调整施工方案。

7.4.3.2 加固设计

根据隧道地质条件、病害现状,分析病害成因,综合考虑后采用"仰拱拆换+套拱"的方法对隧道进行分段处治。对处治段衬砌裂缝根据缝宽分别采用表面封闭法、注射法、凿槽注浆法进行处治。

7.4.3.3 加固施工

1)施工工艺

(1)仰拱拆换(K2517+299~K2517+320段,21m)

①在两侧电缆槽上方50cm打设φ108×6注浆钢管桩锁脚,单根长度4m,纵向间距1m,每侧两根,注浆孔径20mm,浆液采用单液水泥浆,水灰比1:1,注浆压力建议值0.3~0.6MPa(可通过现场试验确定最终注浆压力),水泥采用42.5级普通硅酸盐水泥。

②拆除既有电缆槽、路面、仰拱填充、仰拱、围岩至设计深度;对地基采用φ108×6注浆钢管桩处治(技术要求同上注浆锁脚钢管),钢管桩平均长度4m,纵横向间距1m×1.5m,梅花形布设,要求桩端深入微风化基岩面1.0m。

③新建仰拱采用45cm厚的C30钢筋混凝土浇筑;原二衬拱脚与新建仰拱连接部位应凿毛,采用植筋连接。仰拱施工采用仰拱栈桥一次全幅铺筑完成。

④仰拱填充采用C15混凝土,应在仰拱混凝土达到设计强度的70%后施工。

⑤浇筑电缆槽壁,采用C25钢筋混凝土,槽壁高45cm,电缆槽侧壁尽量与侧边墙一次成型。

⑥铺筑15cm厚C20混凝土基层,26cm厚混凝土面层,面层弯拉强度大于5MPa,路面应及时刻槽、养生。

仰拱拆换设计如图7-4-5所示。

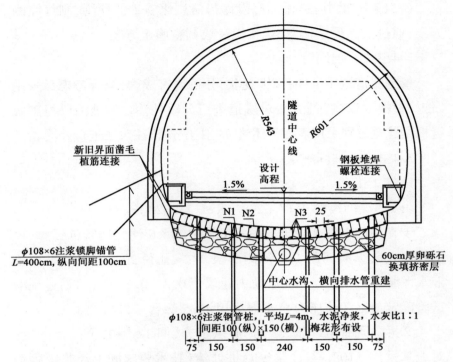

图7-4-5 仰拱拆换设计(尺寸单位:cm)

(2)微型钢管桩+型钢横撑混凝土底板(K2517+320~K2517+335段,K2517+534~K2517+579段,60m)

①在两侧电缆槽上方50cm打设$\phi 108 \times 6$注浆钢管桩锁脚,单根长度4m,纵向间距1m,每侧两根,注浆孔径20mm,浆液采用单液水泥浆,水灰比1:1,注浆压力建议值0.3~0.6MPa(可通过现场试验确定最终注浆压力),水泥采用42.5级普通硅酸盐水泥。

②拆除既有电缆槽、路面,不再开挖仰拱,对隧底打设$\phi 108 \times 6$注浆钢管桩,纵横向间距100cm×100cm,桩长根据现场钻探情况,平均按4m长计列,隧道中线不布;拆除路面板以下56cm混凝土结构,切除钢管桩外漏端头,设置I20a型钢横向支撑梁,支撑梁纵向

采用 φ22 钢筋连接,环形间距 60cm,支撑梁与注浆钢管桩采用钢筋焊接连接牢固,共同受力,型钢横向支撑梁两端与原衬砌采用锚栓连接牢固,保证整体受力,然后浇筑 30cm 厚 C30 混凝土底板,形成横向支撑梁+注浆钢管桩复合结构。

③浇筑混凝土面板并及时刻槽、养生,板厚 26cm,面层弯拉强度大于 5MPa,板内距下缘 5cm 设置 φ14 抗裂钢筋网(HRB400 级)。

仰拱加固设计如图 7-4-6 所示。

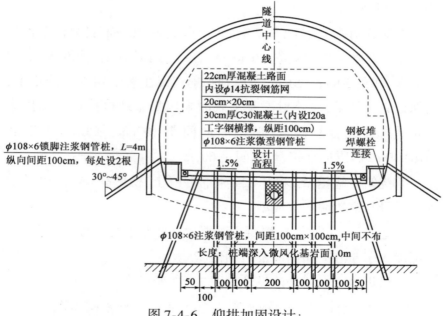

图 7-4-6 仰拱加固设计

(3)仰拱拆换+型钢网喷混凝土套拱(K2517+335~K2517+349 段,14m)

①在两侧电缆槽上方 50cm 打设 φ108×6 注浆钢管桩锁脚,单根长度 4m,纵向间距 1m,每侧两根,注浆孔径 20mm,浆液采用单液水泥浆,水灰比 1:1,注浆压力建议值 0.3~0.6MPa(可通过现场试验确定最终注浆压力),水泥采用 42.5 级普通硅酸盐水泥。

②拆除既有电缆槽、路面、仰拱填充、仰拱、围岩至设计深度;

对地基采用 $\phi 108 \times 6$ 注浆钢管桩处治(技术要求同上注浆锁脚钢管),钢管桩平均长度 4m,纵横相间距 $1m \times 1.5m$,梅花形布设,要求桩端深入微风化基岩面 1.0m。

③新建仰拱采用 45cm 厚的 C30 钢筋混凝土浇筑;原二衬拱脚与新建仰拱连接部位应凿毛,采用植筋连接。仰拱施工采用仰拱栈桥一次全幅铺筑完成。

④仰拱填充采用 C15 混凝土,应在仰拱混凝土达到设计强度的 70% 后施工。

⑤对原衬砌实施 I20b 型钢(每榀设 4 根 $\phi 22$ 锁脚锚杆,单根长 3m)环向支撑 + 挂网喷射 26cm 厚 C25 早强混凝土,挂网采用 $\phi 8$ 钢筋网,间距 $20cm \times 20cm$,考虑到喷射混凝土表面粗糙凹凸不平,为保证涂装效果,在喷射混凝土表面采用膨胀螺栓挂钢丝网抹涂 4cm 厚高强聚合物砂浆;型钢纵向间距 100cm,采用 $\phi 22$ 钢筋(HRB400 级)纵向连接,环向间距 60cm。

⑥浇筑电缆槽壁,采用 C25 钢筋混凝土,槽壁高 45cm,电缆槽侧壁尽量与侧边墙一次成型。

⑦铺筑 15cm 厚 C20 混凝土基层,26cm 厚混凝土面层,面层弯拉强度大于 5MPa,路面应及时刻槽、养生。

仰拱拆换 + 套衬处治设计如图 7-4-7 所示。

(4)微型钢管桩 + 型钢横撑混凝土底板 + 型钢网喷混凝土套衬(K2517 + 349 ~ K2517 + 384 段,35m)

①在两侧电缆槽上方 50cm 打设 $\phi 108 \times 6$ 注浆钢管桩锁脚,单根长度 4m,纵向间距 1m,每侧两根,注浆孔径 20mm,浆液采用单液水泥浆,水灰比 1:1,注浆压力建议值 $0.3 \sim 0.6$MPa(可通过现场试验确定最终注浆压力),水泥采用 42.5 级普通硅酸盐水泥。

②拆除既有电缆槽、路面,不再开挖仰拱,对地基打设 $\phi 108 \times 6$ 注浆钢管桩,纵横向间距 100cm(20m 临时支撑段纵向间距 80cm)×

100cm,桩长根据现场钻探情况,平均按4m长计列,隧道中线不布;拆除路面板以下56cm混凝土结构,切除钢管桩外漏端头,设置I20a型钢横向支撑梁,支撑梁纵向采用ϕ22钢筋连接,环形间距60cm,支撑梁与注浆钢管桩采用钢筋焊接连接牢固,共同受力,型钢横向支撑梁两端与套衬型钢采用锚栓钢垫板连接牢固,保证整体受力,然后浇筑30cm厚C30混凝土底板,形成横向支撑梁+注浆钢管桩复合结构。

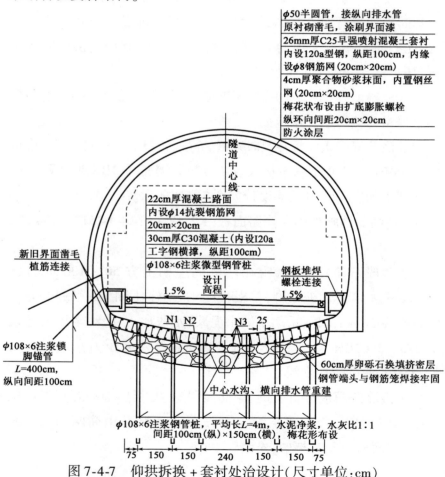

图7-4-7 仰拱拆换+套衬处治设计(尺寸单位:cm)

③对原衬砌实施I20b型钢(每榀设4根ϕ22锁脚锚杆,单根长

3m)环向支撑+挂网喷射26cm厚C25早强混凝土,挂网采用φ8钢筋网,孔网20cm×20cm,考虑到喷射混凝土表面粗糙凹凸不平,为保证涂装效果,在喷射混凝土表面采用膨胀螺栓挂钢丝网抹涂4cm厚高强聚合物砂浆;型钢纵向间距100cm(20m临时支撑段纵向间距80cm),采用φ22钢筋(HRB400级)纵向连接,环向间距60cm。对于2008年地震后施作临时遮挡段(K2517+354~K2517+374段,20m),考虑到该段二衬拱顶纵向开裂错台严重,故对该段既有临时拱架进行改造后继续利用,并在既有每榀钢架间新增设一榀I20a钢架,底部采用I20a型钢封闭成环(既有利用拱架底部不再封闭)。

④浇筑电缆槽壁,采用C25钢筋混凝土,槽壁高45cm,电缆槽侧壁尽量与侧边墙一次成型。

⑤浇筑混凝土面板并及时刻槽、养生,板厚26cm,面层弯拉强度大于5MPa,板内距下缘5cm设置φ14抗裂钢筋网(HRB400级)。

仰拱加固+套衬处治设计如图7-4-8所示。

(5)两侧锁脚加固+换路面板(K2517+514~K2517+534段,20m)

①该段路面轻微底鼓,在两侧电缆槽上方50~100cm打设φ108×6注浆钢管桩锁脚,单根长度4m,纵向间距2m,每侧两根,注浆孔径20mm,浆液采用单液水泥浆,水灰比1:1,注浆压力建议值0.3~0.6MPa(可通过现场试验确定最终注浆压力),水泥采用42.5级普通硅酸盐水泥。

②拆除路面板重新铺筑,保证高程顺接,板厚26cm,面层弯拉强度大于5MPa,板内距下缘5cm设置φ14抗裂钢筋网(HRB400级)。路面板应及时刻槽、养生。

2)施工注意事项

(1)隧道内施工时应封闭交通,保证施工条件及施工安全。

第7章 隧底加固

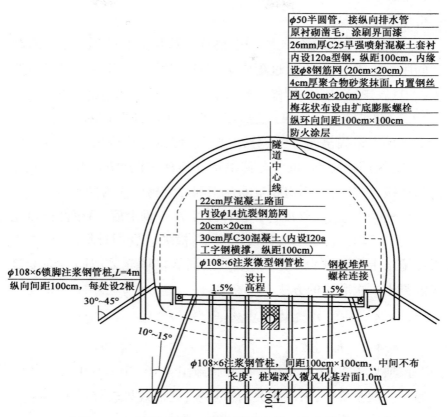

图7-4-8　仰拱加固+套拱处治设计(尺寸单位:cm)

(2)施工各阶段均应加强相邻段变形监控量测,做好临时支撑措施及相关应急预案,消除安全隐患。

(3)锁脚锚管施工前先标识出需钻孔的位置,孔角为30°/45°进行钻孔,钻孔深度大于锚管锚固长度的95%,但超长值不大于10cm。

(4)临时横向支撑钢管在施工期间,禁止过大的碰触与扰动,应注意经常观察支撑接触位置的松动情况,如有松动,应及时查明原因并夯紧密贴。

(5)按开挖顺序图中施工段落及步骤首先切割路面,然后由中心向两侧采用机械配合人工开挖路面及仰拱,开挖至设计外轮廓,不得爆破。

(6) 隧底采用跳槽方式开挖,隧底每次拆除段落不大于 3m,跳槽间距不小于 15m,拆除过程中必须对隧道变形、开裂情况进行监控,一旦发现异常应立即停止施工,及时采取相应的处置措施。

(7) 仰拱应一次浇筑成型,并由仰拱中心向两侧对称进行,仰拱浇筑采用整幅浇筑,严禁分幅施工。仰拱与边墙衔接处应捣固密实,浇筑前应植筋,植筋与仰拱钢筋连接牢固,做好新旧结构之间的连接,严禁使用不饱和聚酯树脂和醇酸树脂作为胶黏剂。

(8) 仰拱混凝土强度达到设计强度 70% 以上后,后续仰拱填充方可施工。填充混凝土表面要求平整,横坡、纵坡与设计一致。不得在施工中为了减少工序,采取仰拱同仰拱填充采用同一强度等级混凝土一次灌注的方法。

7.4.4 加固效果及经验总结

7.4.4.1 加固效果

该项目于 2017 年 9 月 1 日开始施工,2018 年 1 月 1 日正式完工通车。截至目前,未见相关病害复发,处治效果较好(图 7-4-9 ~ 图 7-4-12)。

图 7-4-9　路面底鼓(整治前)　　图 7-4-10　路面底鼓(整治后)

7.4.4.2 经验总结

(1) 隧道维修加固从设计—施工—管理整个环节来看,属于精细化工程,应充分重视。

 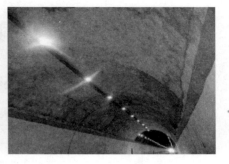

图 7-4-11　衬砌裂损(整治前)　　图 7-4-12　衬砌裂损(整治后)

（2）隧道维修设计应充分遵循动态设计的准则,根据开挖后的现场情况灵活调整、优化设计方案,不可生搬硬套。

（3）由于隧道维修实施会对既有交通造成不可避免的影响,前期设计应充分论证维修方案与交通分流的可行性,在保证整治有效的前提下,最大限度减少交通影响。

第8章 洞口工程处治

8.1 焦溪岭Ⅲ号隧道

焦溪岭Ⅲ号隧道基本信息表　　　表 8-1-1

隧道名称	焦溪岭Ⅲ号隧道	长度	393m
通车年份	1996 年	省份	湖南
道路等级	二级公路		
病害情况	隧道出口端洞门墙沉降、开裂、失稳		
处治方案	边仰坡：拱形骨架护坡、普通砂浆锚杆、预应力锚杆进行加固； 明洞左侧：树根桩、抗滑桩等综合加固； 洞门墙裂缝：注浆加固		

8.1.1 隧道概况

8.1.1.1 隧道基本情况

焦溪岭Ⅲ号隧道(表8-1-1、图8-1-1)位于国道319线永安至浏阳段公路焦溪岭隧道群中的最东侧，为单洞双向两车道隧道。隧道起讫桩号 K58+328～K58+721，全长393m。于1993年10月28日开工建设，1996年10月建成通车。

图 8-1-1　焦溪岭Ⅲ号隧道洞口

隧道建成通车后不久，左侧洞门就出现了开裂现象。至2002

年2月,左侧洞门墙墙身裂缝扩大,变形加速,并出现墙身错台、瓷砖脱落现象,现场情况非常严重。管养单位针对上述情况,于2002年对焦溪岭Ⅲ号隧道洞口、洞门等位置的病害进行处治。

8.1.1.2 隧道地质概况

隧址区为亚热带季风湿润气候,地形起伏较大,属于丘陵地貌。隧道明洞位于山前堆积地带,洞口地形左低右高(以永安至浏阳方向为正方向区分左右侧,下同),并存在偏压,洞口后方为陡峻的焦溪岭山脉,左侧为一冲沟。

洞口处地层自上而下主要为填筑土,块石土,强风化、弱风化硅质板岩。勘探区无断裂通过,也未发现新构造活动的迹象。

8.1.2 隧道病害现状及原因分析

8.1.2.1 隧道病害现状

焦溪岭Ⅲ号隧道浏阳端洞门自建成通车后不久,洞门墙左侧就出现细小裂缝,2002年2月发现洞门裂缝扩大、变形加速。裂缝主要出现在洞门墙和左侧挡墙上,洞门墙正面有2道竖向垂直裂缝,墙顶裂缝宽达6cm;左侧挡墙上有2道竖向垂直裂缝,墙顶裂缝宽达5cm;明洞出口拱圈与洞门墙发生开裂、错台,缝宽达6cm;K58+707处横向挡墙有2道纵向垂直裂缝,墙顶裂缝达2cm,均属洞门结构受外荷载作用导致的结构性裂损。

受管养单位的委托,设计单位对焦溪岭Ⅲ号隧道洞门开裂部分进行了裂缝监测、地质钻探等工作。经过现场检测并根据《公路隧道养护技术规范》(JTG H12—2003)外荷载作用所致结构破损的判定基准,病害判定为1A类,结构存在破坏,可能会危及行人、行车安全,应采取相关的对策措施。

8.1.2.2 隧道病害成因分析

1)地质原因

明洞南侧及西侧的原滑坡周界及后缘未出现拉裂缝,滑坡前缘及挡墙也未出现鼓胀裂缝，原滑坡区域目前没有再次滑动的迹象和趋势，但如果拆除明洞西侧原滑坡前沿挡墙，该边坡前沿将出现一个垂直的临空面，强风化岩石中可能产生一新破裂面。隧道拱顶堆填的块石夹土目前未产生明显滑动，但在块石夹土东侧护墙上布满裂缝且有微小错位。在块石夹土北侧挡土墙距墙顶约6.55m处的墙身有鼓胀迹象，墙背填土破坏体对挡土墙产生的主动土压力使挡墙抗滑及抗倾覆安全系数达到极限临界状态，从而造成挡墙开裂，致使墙背堆填的块石夹土有向下滑裂的趋势。

2）设计原因

从竣工图上了解到，洞口左侧挡墙置于T梁上，T梁圆柱形基础位于填土之中，填土承载力不能满足地基承载力要求，应加深圆柱形基础或对填土进行加固。

3）施工原因

本隧道原洞口设计里程桩号为K58+711，因明洞部分在施工时发生洞口坍塌，施工单位为处理塌方，在原设计基础上加长10m明洞，洞门里程桩号变为K58+721，外延至半填半挖区域，明洞左侧洞身及挡墙均位于填土区域，施工时对填土压实不足及未进行加固处理。从钻探报告看，填土承载力仅为110~120kPa，不能满足偏压荷载作用下地基抗压承载力的要求。

综上所述，整个明洞区域并无整体滑移的迹象，裂缝均出现在左侧洞门墙及挡墙墙身，均表现为竖向裂缝且上宽下窄，可推断墙身裂缝是由于左右侧地基承载力不同（左侧地基承载力不够）而引起的基础不均匀沉降，导致墙身及挡墙被拉裂，拱圈与洞门墙发生错台。

8.1.3 隧道加固方案

8.1.3.1 隧道加固原则

（1）基于"安全、适用、经济、合理、美观、耐久"的原则确定加固方案。

(2)安全考虑,在不拆除原结构条件下,加固方案应提高地基承载力,避免明洞产生更大的不均匀沉降,防止结构失稳及开裂。

8.1.3.2 加固设计

在不拆除开裂洞门结构的前提下,对洞口区域进行整体加固,对洞口边仰坡采用拱形骨架护坡、普通砂浆锚杆、预应力锚杆等进行加固,对明洞左侧区域采用树根桩、抗滑桩等进行综合加固,对洞门墙裂缝进行注浆加固。

如图 8-1-2 所示,A 区边仰坡采用拱形骨架护坡加固,洞顶仰坡采用普通锚杆、预应力锚杆进行加固。锚杆直径均为 32mm,普通砂浆锚杆长 6m,预应力锚杆长 24m。预应力锚杆、普通锚杆排距 4m,水平间距 2m。本方案处治边坡面积 1035m^2,共设置预应力锚杆 123 根,普通锚杆 128 根,在加固边坡坡顶外 5m 处设置截水沟,与原截水沟相接。

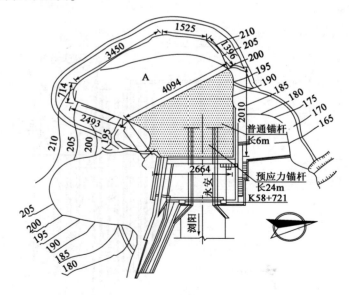

图 8-1-2　隧道洞口加固平面(尺寸单位:cm)

如图8-1-3、图8-1-4所示,洞门左侧地基加固采用斜向、竖直树根桩、灌浆、定向喷射注浆、钢管桩、抗滑桩,洞口后20m范围内布置斜、竖向树根桩。

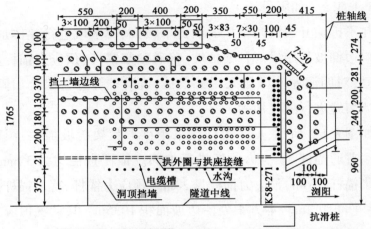

图8-1-3 洞门左侧地基加固平面(尺寸单位:cm)

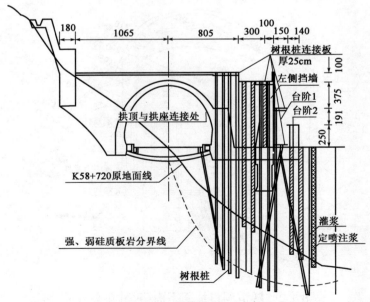

图8-1-4 洞门左侧地基加固立面(尺寸单位:cm)

第8章　洞口工程处治

在洞口挡墙左侧及前方设置抗滑桩和钢管嵌岩桩,抗滑桩之间采用高压定向喷射注浆与抗滑桩形成帷幕。

树根桩孔径20cm,竖向设置3根直径25mm钢筋,箍筋间距20cm,直径12mm,桩身强度要求达到C25混凝土的标准,桩底嵌入弱风化基岩中不少于1m,主筋必须与树根桩连接板采用钢筋焊接。对树根桩之间以及树根桩与抗滑桩之间进行灌浆加固。

抗滑桩用于抵抗偏压洞口右侧由于地形引起的偏压荷载,截面尺寸200cm×300cm,桩底深入弱风化基岩5m。

钢管嵌岩桩用于替换原设计抗滑桩。钢管桩嵌入弱风化基岩不少于1m。桩顶采用长240cm、宽60cm、高80cm的C30钢筋混凝土系梁连接。

高压定喷注浆用于与抗滑桩形成帷幕,防止浆液外渗及阻水作用。孔径120mm,采用直径108mm的钢管注浆,孔间距1m,孔深需深至洞门左侧回填之前原地面线以下不少于1m。

最后对K58+716～K58+721段共5m长度范围内拱圈与洞门墙接缝处的裂缝进行处治,采取植入钢筋的方式进行加固,并用环氧水泥浆对所有裂缝进行了注浆加固。拱圈与拱座接缝处的开裂处治如图8-1-5所示。

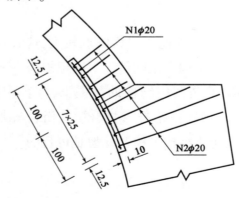

图8-1-5　拱圈与洞门墙接缝处的开裂处治(尺寸单位:cm)

8.1.3.3 加固施工

(1)先对洞口边仰坡从上至下进行拱形骨架护坡加固及普通砂浆锚杆、预应力锚杆加固。

(2)再对明洞左侧整个洞顶回填区、挡墙、挡墙外侧整体进行树根桩、注浆、定向喷射注浆、钢管桩、抗滑桩综合加固。

(3)最后对开裂的洞门结构植入钢筋进行结构加固,并对所有裂缝采取表面封闭法、注射法、凿槽充填法等进行处治。

8.1.4 整治效果

8.1.4.1 加固效果

加固施工完成后,对 K58+708、K58+718 明洞段衬砌断面进行为期 6 个月的水平位移收敛及拱顶下沉量测。结果表明,衬砌水平位移收敛及拱顶下沉量极小,均在合理范围内,现场未发现任何异常现象。隧道养护部门在后期日常养护中也未发现异常情况。综上所述,针对洞门结构开裂的综合处治方案加固效果良好。

8.1.4.2 经验总结

(1)隧道洞门结构出现严重开裂、变形、错台等病害,且病害仍在快速发展时,可以在不拆除开裂洞门结构的前提下进行处治。

(2)隧道洞口病害受地质因素影响较大,应在明确病害成因、确定主要因素、确保结构安全的情况下确定加固方案。

(3)在不拆除开裂洞门结构的前提下,综合采用拱形骨架护坡、普通砂浆锚杆、预应力锚杆、树根桩、抗滑桩等加固措施,对于提高基底承载力、防止结构失稳及开裂是可行的。

8.2 西汉高速公路两座隧道

西汉高速公路两座隧道基本信息表　　　表 8-2-1

隧道名称	良心隧道	长度	左线 3610m 右线 3610m
通车年份	2007 年	省份	陕西
道路等级	高速公路		
病害情况	左线进口端洞门端墙左侧竖向开裂、错台		
处治方案	左侧洞门墙拆除重建、基地注浆		
隧道名称	岳长沟一号隧道	长度	左线 50m 右线 53m
通车年份	2007 年	省份	陕西
道路等级	高速公路		
病害情况	左线进口端洞门墙右侧竖向开裂		
处治方案	洞门墙基底注浆加固、裂缝灌浆		

8.2.1　隧道概况

8.2.1.1　隧道基本情况

西汉高速公路是"7918"国家高速公路网国道主干线(北)京昆(明)线(G5)陕西境内的重要组成部分。道路自建成通车以来,极大地促进了沿线区域资源开发和引资开放,对于推进西部大开发战略的实施起着十分重要的作用。

良心隧道(表 8-2-1)位于 G5 京昆高速公路西汉段,为双向四车道高速公路隧道,设计速度 80km/h,隧道建筑限界净宽 9.75m,净高 5.0m。隧道采用分离式结构形式,左线长 3610m,右线长 3610m,左线起讫桩号为 K1254+090~K1257+700,右线起讫桩号为 K1254+082~K1257+692。隧道于 2007 年 9 月建成通车。

岳长沟一号隧道(表 8-2-1)位于 G5 京昆高速公路西汉段,为双向四车道高速公路隧道,设计速度60km/h,隧道建筑限界净宽9.75m,净高5m。隧道采用整体式双连拱结构形式,左线长50m,右线长53m,左线起讫桩号为K1151+600~K1151+650,右线起讫桩号为K1151+740~K1151+793,纵坡为2.582%的单向坡。隧道于2007年9月建成通车。

8.2.1.2 隧道地质概况

良心隧道穿越地层主要为混合花岗岩、下伏花岗闪长岩,局部为碎裂岩,岩体破碎,围岩地质情况较差,围岩类别为Ⅱ、Ⅲ、Ⅳ类三种。洞口段围岩岩体由强风化断层角砾岩、强—弱风化花岗闪长岩及碎裂岩组成,岩体受构造影响严重,节理裂隙发育,岩体破碎,成碎石状松散结构,围岩稳定性差,属弱透水层,雨季降水渗入时有滴水现象,局部有线状水流。

岳长沟一号隧道处于偏压结构地形,围岩地质情况较差,主要为泥质片麻岩,松散、遇水易剥落,围岩类别为Ⅱ、Ⅲ、Ⅳ类三种。隧道南口一侧岩体破碎,坡积物发育,北口一侧节理发育,岩石破碎,山体陡峭,地下水不发育。

8.2.1.3 隧道设计概况

1)衬砌结构

隧道按照新奥法原理进行设计施工,采用复合式衬砌结构。隧道衬砌结构设计以锚、喷、网联合支护为初期支护,模筑混凝土为二次支护措施。二次衬砌采用C25素混凝土(钢筋混凝土)结构,明洞采用C25钢筋混凝土结构。

2)防排水工程

隧道防排水遵循"防、排、截、堵相结合,因地制宜,综合治理"的原则。

隧道防水体系为:初期支护封闭岩土面裂隙,然后铺设防水板组成防水层,二次衬砌采用C25混凝土实现结构自防水,明洞衬砌外层铺设土工布、防水板组成的防水层防水,明洞顶部回填50cm厚黏土隔水层,防止地表水下渗。

隧道排水体系为:环向排水管将水引入纵向排水管,再通过横向管引入路面下方的中心排水沟,通过中心排水沟将水排出洞外。隧道路面两侧设两道排水边沟,使路面水流入两侧边沟中排出洞外。

3)路面工程

良心隧道路面为混凝土路面,自上而下分别为26cm厚水泥混凝土,20cm厚水泥处置碎石。岳长沟一号隧道路面为沥青复合式路面。

8.2.2 隧道病害现状及成因分析

8.2.2.1 隧道病害现状

近年来,项目沿线区域经济发展迅速,路段交通流量及行车密度不断加大,重载车较多,尤其是拖挂运输、集装箱运输等重型车辆日益剧增,伴随着隧道运营,隧道出现了不同程度的病害。

良心隧道左线进口端洞门端墙左侧竖向开裂,从端墙顶部直达与拱圈相接处,长约4m,最大缝宽达5cm,裂缝造成洞门墙顶部位置前后错台2cm。

岳长沟一号隧道左线进口端洞门墙右侧竖向开裂,从端墙顶部直达与拱圈相接处,长约4.1m,最大缝宽约3.5mm。

隧道洞门端墙病害如果不采取处治措施,轻者裂缝继续发育,严重情况下洞门墙开裂错台程度继续增大,有可能会造成洞门墙突然性倒塌,存在安全隐患。

8.2.2.2 隧道病害成因分析

综合分析,隧道病害产生原因主要有以下几个方面:

(1)良心隧道左侧进口端地形偏压明显,洞门墙左侧墙底为回填基础,受施工质量影响,存在基础不密实现象,导致地基承载力不足，随着运营时间的增长，洞门墙基础产生不均匀沉降，引起洞门墙开裂错台（图8-2-1）。

图8-2-1　良心隧道洞门墙开裂错台

（2）良心隧道洞顶回填层密实度不足，降水下渗导致填土物理力学性能降低，进而推移洞门墙体导致开裂。

（3）良心隧道洞门端墙顶部厚度不一致，开裂处左侧较右侧薄40cm，墙后土压力导致结合处开裂错台。

（4）岳长沟一号隧道左线进口原地形偏压明显，洞门墙右侧侧墙底为回填基础，受施工质量影响，存在基础不密实的现象，随着运营时间的增长，在偏压荷载和不均匀沉降的作用下，隧道洞门墙产生裂缝（图8-2-2）。

图8-2-2　岳长沟一号隧道洞门墙开裂

8.2.3 隧道加固方案

8.2.3.1 隧道加固原则

根据隧道洞口实际病害特征、地形、地质及环境等条件,以"运营安全、环境协调、实用美观"为原则,结合病害严重程度选择不同的方案进行设计,恢复结构安全性、耐久性及使用功能,满足运营要求。

8.2.3.2 加固设计

1) 良心隧道

针对良心隧道左线进口端病害现状,设计单位采用对裂缝错台的左侧洞门墙进行拆除后重建的方式进行处治(图8-2-3),先拆除裂缝左侧部分洞门墙,拆除过程中对拆除部分洞门墙背后仰坡进行放坡开挖,然后对拆除后洞门墙基底进行注浆加固,重建洞门墙与未拆部分通过植筋连接,最后恢复洞顶回填、重新施作洞顶排水沟及洞门墙文化砖装饰。

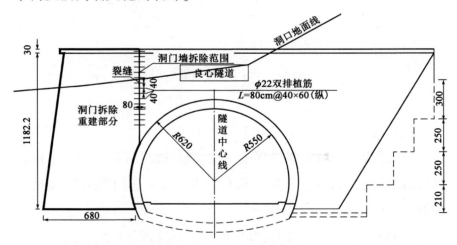

图8-2-3 良心隧道洞门墙错台处治设计(尺寸单位:cm)

2) 岳长沟一号隧道

针对隧道左线进口端病害现状,结合隧道病害成因,设计单位采用洞门墙基底进行注浆加固和洞门墙裂缝灌浆处治两种方法综合治理的方式进行处治(图8-2-4)。

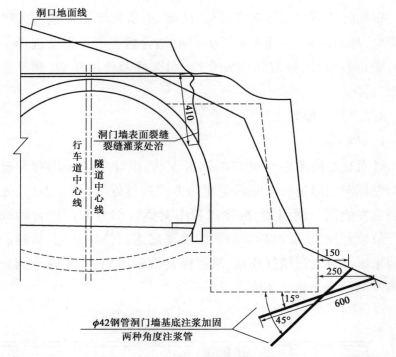

图8-2-4 岳长沟一号隧道洞门墙开裂处治设计(尺寸单位:cm)

8.2.3.3 加固施工

良心隧道加固施工应注意以下几点:

(1)隧道洞门墙拆除过程中,应加强对隧道背后土体和未拆除洞门墙的监测,如有异常应立即停止拆除,并采用有效措施进行加固。

(2)隧道洞门墙拆除时,背后回填土石应进行放坡开挖。

(3)拆除重建洞门墙与未拆除洞门墙采用双层 $\phi22$ 钢筋进行植筋连接,连接前清除未拆除部分洞门墙上虚渣,露出结实新鲜表面,植筋应采用带肋钢筋,不得使用光圆钢筋。

(4)重建洞门墙之前,采用 $\phi 42$ 钢管对洞门墙基底进行注浆加固。$\phi 42$ 注浆钢管按 1.0m 间距梅花形布置,注浆钢管距明洞距离不小于 1.0m;注浆压力为 0.5~1.5MPa,注浆材料为水泥浆,水泥浆水灰比 1∶1。

(5)新建 C30 混凝土洞门墙,新建洞门墙厚度与未拆除部分保持一致。

(6)对洞门墙背后土体进行分层回填并夯实,每层回填厚度不大于 25cm,且回填时压实度不低于 92%。

(7)重新施作 C20 洞顶排水沟,保证与原有洞顶水沟衔接顺畅。

(8)洞门墙装饰文化砖尺寸与原有洞门墙装饰砖保持一致,采用镶贴方式固定,文化砖之间设置分格缝,缝宽 1cm,采用填充材料对分隔缝进行勾缝、填充。

岳长沟一号隧道加固施工应注意以下几点:

(1)注浆钢管长度 6m,采用 $\phi 42$ 热扎无缝钢管,壁厚 3.5mm,管口段 0.5m 范围内钢管不开孔,其余部分按 15cm 间距交错设置注浆孔,孔径 12mm。注浆压力为 0.5~1.5MPa,注浆材料为水泥浆,水泥浆水灰比 1∶1。

(2)钢管注浆前应进行现场试验,以确定最终的注浆参数。

(3)注浆过程中应密切关注洞门墙及地面情况,若有异常情况发生立即停止注浆。

(4)注浆完成后,应除去导管外露部分,并用防水水泥浆或水泥浆封闭。

(5)洞门墙基底钢管注浆加固范围为距洞口挡墙基底 5m 范围。

(6)小导管注浆位置距隧道洞门墙 1.5m,洞门墙底部加固时,应采用与水平面夹角分别为 15°、45°,间距 1m 的注浆管,其总体间距为50cm，沿隧道纵向布置2列，每列4根，加固范围为距洞口挡墙基底5m范围。

（7）对于洞门墙竖向裂缝灌浆处治，预埋灌浆嘴并采用1∶2水泥浆密封裂缝，将配置好的改性环氧基裂缝注浆料通过低压注浆器自动注入裂缝内部，充填缝隙，固结后恢复结构物的整体性。

隧道洞门墙拆除重建如图8-2-5所示。

图8-2-5　隧道洞门墙拆除重建

8.2.4　整治效果及经验总结

8.2.4.1　加固效果

经过处治，良心隧道、岳长沟一号隧道洞门墙恢复了安全性和使用功能，隧道目前运营状况良好，处治后洞门情况如图8-2-6所示。

图8-2-6　隧道洞口处治后效果

8.2.4.2　经验总结

隧道洞口、洞门产生病害不仅影响结构的耐久性,还存在较大安全隐患。因此病害处治前须认真调查和检测病害状况,仔细分析病害原因,遵循运营安全、环境协调、实用美观的原则,选择合理可行的处治方案。

同时对洞口偏压地形,洞门地基承载力明显变化段,勘察、设计技术人员应引起足够重视,在充分掌握洞口、洞门地基承载力及地质资料的基础上,对洞口偏压、承载力不足等问题在设计阶段应采取安全可靠的技术措施进行处治,注重洞门墙背后土压力的变化,必要时应进行结构验算,确保隧道洞门墙有足够的安全储备。

第 9 章　渗漏水处治

9.1　坪东隧道

坪东隧道基本信息表　　　　　　　　表 9-1-1

隧道名称	坪东隧道	长度	左洞2435m,右洞2425m
通车年份	2011 年	省份	贵州
道路等级	高速公路		
病害情况	衬砌渗水、突涌水,衬砌裂缝		
处治方案	钻泄水孔降低水位、局部换拱、开槽钻孔埋管导水,裂缝修补		

9.1.1　工程概况

9.1.1.1　隧道基本情况

坪东隧道(表 9-1-1)位于汕昆高速公路贵州省板坝至江底段,为分离式双向四车道长隧道,设计速度 80km/h,隧道建筑限界净宽 10.25m,净高 5.0m(图 9-1-1)。隧道左线(ZK96 + 190 ~ ZK98 + 625)全长 2435m,右线(YK96 + 215 ~ YK98 + 640)全长 2425m,隧道纵坡为单向坡,坡率为 2.8%,于 2011 年 12 月 31 日建成通车,施工期间未发生突涌水事故。

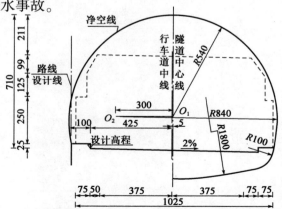

图 9-1-1　隧道建筑限界及内轮廓断面(尺寸单位:cm)

9.1.1.2　隧道地质概况

1）地层岩性与地质构造

隧址区分布的地层岩性相对简单,隧道穿越的主要地层为三叠系中统个旧组第4段(T_2gd),岩性主要为角砾状灰岩、白云质灰岩。隧址区位于杨子地台与华南地台的接壤部位,隶属杨子地台西南边界地带,无显著差异性新构造运动,属区域地质基本稳定区。围岩岩体较破碎,节理裂隙较发育,节理面平直、闭合、部分充填方解石脉,部分微张,相互切割,将岩石切割成不规则菱形角砾状,受其影响,岩体完整性较差。

2）水文地质

（1）地表水

地表支沟有季节性水流,大气降水汇集及地下泉水外溢为其主要的补给来源,地表径流及垂直渗透为主要排泄方式。

（2）地下水

地下水主要为岩溶裂隙水,根据工程地质调绘、物探结果,本区岩溶裂隙较发育,隧址区泉水出露众多。据初步统计调查,隧道影响范围分布有流量20～500t/d的泉眼5个,其中2个为间歇泉,而其他3个则长年流水,另有3口水井。受地形和岩性的控制,出露点高程变化很大,流量差异大。地下水主要赋存于基岩裂隙中。大气降水为其主要的补给来源,岩溶、风化裂隙、张开—微张的节理为地下水渗入径流的通道,泉为地下水主要排泄方式,含水性、富水性中等。

据地下水水质分析结果表明,隧址区地下水对混凝土和钢结构无腐蚀性。

9.1.1.3　隧道设计概况

1）隧道衬砌结构设计

隧道暗洞衬砌均按新奥法原理设计,采用柔性支护体系的复合式衬砌,即以喷、锚、网、拱架等为初期支护,以 C25(钢筋)混凝土为二次衬砌;并视地层、地质条件增加超前小导管注浆等超前预支护措施来配合隧道按新奥法施工,确保施工安全。具体支护参数见表9-1-2。

隧道衬砌支护设计参数　　　　表9-1-2

项　目		单位	衬砌类型					
			S5a	S5b	S5c	S4a	S4b	S3
喷混凝土	C25 早强混凝土	cm	24	24	24	22	22	8
径向锚杆	直径	mm	D25	D25	D25	φ22	φ22	φ22
	长度	cm	350	350	350	300	300	250
	锚杆布置（纵向×环向）	cm	60×100	75×100	80×100	80×120	100×120	120×120
钢筋网	直径	mm	φ8	φ8	φ8	φ8	φ8	φ8
	钢筋布置	cm	20×20 双层	20×20 双层	20×20	25×25	25×25	25×25
工字钢架	工字钢	型号	I18（全断面）	I18（全断面）	I18（拱部）	/	/	/
格栅钢架	格栅直径	mm	/	/	/	H14×14	/	/
	间距	cm	60	75	80	80		
二次模注C25混凝土	混凝土	cm	/	/	/	40	40	35
	钢筋混凝土	cm	45	45	45			
仰拱厚度	喷 C25 混凝土	cm	24	24	/			
	C25 混凝土		/	/	/	40		
	C25 钢筋混凝土	cm	45	45	45	/	/	/

2）隧道防排水设计

隧道暗洞采用土工布加防水板防水,采用 φ50HDPE 打孔波纹管(间距一般按照20m 布设)将岩面渗流水引入设置在衬砌拱脚处的半边打孔φ100HDPE纵向排水管,并通过横向φ100HDPE双壁打孔波纹管(间距一般按照20m布设)将围岩水引入中心排水沟排出隧道外;对于渗漏水集中处,增设环向Ω形φ100排水半管(间距按照5~20m布设)排水。为防止中心排水沟堵塞,每200m设置一处中心沟检查井,以方便定期疏导检查中心排水沟。二次衬砌施工缝采用带注浆管膨胀止水条防水,变形缝采用中埋式橡胶止水带防水。二次衬砌混凝土抗渗等级采用S8。

3)隧道内装饰

隧道检修道向上3.5m范围内采用浅色防火涂料,其余采用深色防火涂料。

9.1.2 隧道病害现状及成因分析

9.1.2.1 隧道病害现状

2012年6月18日20时至次日上午8时,黔西南州境内持续强降雨,降雨量达到117.7mm,导致坪东隧道洞内出现突涌水(图9-1-2),具体情况为:ZK98+044左侧消防栓位置出现大股涌水,涌水量约20000m^3/d,水质较浑浊。ZK97+910~ZK98+090两侧拱墙位置出现不同程度的渗水,施工缝位置渗水量较大。ZK97+980左侧电缆桥架位置呈喷水状,ZK98+008、ZK98+018处拱顶呈滴水状。

6月28日,ZK98+027拱顶预留洞室位置开始出现大股涌水,同时两侧边墙泄水孔位置出水大量减少。ZK98+490~ZK98+590施工缝位置出现不同程度的渗水,衬砌表面局部有细微裂缝,ZK98+542右侧电缆桥架位置、ZK98+505右侧电缆桥架位置呈滴水状。

坪东隧道出现突涌水事件后,业主组织地勘单位进行专项勘察,地勘工作以地质调查、物探和雷达探测为主。主要结论如下:

(1)隧道穿越的地层为三叠系中统个旧组第四段白云质灰岩

与内屑角砾状灰岩互层,偶夹化学硅质岩,产状170°~211°∠22°~35°,向隧道方向倾斜。

图9-1-2 消防栓及隧道拱顶突涌水

(2)隧道区内分布有F1-NW40°~50°张扭性断裂构造与F2-NE10°~40°、F3-NE40°~45°张性断裂构造。各断裂构造相交叉,均系导水构造并控制着地下水与沟谷溪流的展布方向。

(3)隧址区地表水与地下水均向隧道方向流动,补给源为大气降水及隧道北300m的宽谷地带的地下岩溶水。粗略估算动储量30万m^3,静储量70万m^3,静水面高出隧道路基70~80m,静水水头压力较大。岩溶地下水通过岩溶管道、导水断裂构造、岩层层面、化学硅质岩层间破碎含水层,由北东向南西方向的锅底河排泄。隧道病害区正处在地下水径流通道上。

（4）通过探地雷达图像分析，ZK97+880～ZK98+130段透水松散层和富水区大多集中在隧道拱顶，并延至左车道。

（5）通过高密度电法图像分析，隧道附近多为低阻富水区，岩溶地下水，主要汇集在岩溶管道、导水断裂构造、岩层层间和裂隙中。

（6）通过探地雷达和高密度电法图像综合分析，在4个纵剖面上均出现带状低阻富水区，且各剖面上位置相对应，判断为在水平方向上连通的岩溶水排泄通道。

（7）大量水体应在离隧道10～15m范围之外，而在6m范围内，水体主要分布于隧道两侧。

（8）通过探地雷达图像分析，ZK97+900～ZK98+110段透水松散层大多集中在隧道拱顶和左侧，在25个断面上反应明显。

9.1.2.2　隧道病害成因分析

通过现场调查，并结合补充勘察资料，认为产生突涌水、渗漏水的主要原因为：

（1）勘察期间为贵州缺雨干旱的季节，对隧道涌水量预测不足。施工期间气候干旱少雨，隧道开挖后渗漏水段围岩节理发育、岩体较破碎，但围岩表面无水或出水量较小，未引起足够重视，仍按原设计方案正常施工。

（2）隧道右侧300m，为较低洼、易富集地表水的岩溶峰丛宽谷地貌，谷地内发育多处小型溶洞及坍塌漏斗，受黔西南州自5月以来的连续强降雨及每月多长大暴雨影响，导致大量地表水通过岩溶管道形成地下径流或水仓富集在隧道围岩周围，是形成隧道突水的主要水源。地表水沿溪流沟谷、岩层层间裂隙及断裂破碎带向地下渗流并通过岩溶管道向隧道周围聚集。

（3）隧道病害区正处在地下水径流通道上，雨季尤其暴雨时，隧道围岩含水量增大，水压增强，水流逐渐侵蚀围岩，6月28日最终冲破 ZK98+027 处的围岩断裂构造缝、化学硅质岩破碎层与施工接触缝薄弱处,造成涌水、渗水及衬砌裂缝。

(4)隧道在 ZK97+880~ZK98+130 段拱顶及拱腰的围岩属透水松散层,地表水及地下水通过岩溶管道蓄积在隧道周围形成较大静水压力的富水区,从而导致隧道沿预留洞室、施工缝及衬砌微裂缝等薄弱部位发生突涌水和渗漏水。

9.1.3 隧道加固方案

9.1.3.1 隧道加固原则

(1)应根据水文地质条件、渗漏水程度,遵循"防排截堵、因地制宜、综合治理"的原则确定渗漏水处治方案。

(2)当渗漏水严重且排水对环境影响较大时,宜先进行围岩注浆堵水,再进行结构渗漏水处治。

(3)大面积渗漏水一般采用综合处治的办法。渗漏水状态为滴漏时,宜采用导水法处治。渗漏水状态为涌流、喷射时,宜在降低水位后,采用导水法处治。衬砌表面宜进行喷射法、涂层法等处理。

(4)经过本次隧道渗水整治,应保证隧道衬砌表面不渗水。

(5)治理方案的实施不得恶化现有围岩条件和加速病害发展。

(6)治理方案的实施尽可能减少对交通的干扰。

9.1.3.2 加固设计

针对坪东隧道涌水、渗漏水情况,制订了三种处治方案并进行论证,结合对病害处治的效果、施工工期、工程造价及对隧道运营的影响等各种因素,选择最佳处治方案。具体情况如下。

1)方案一:地表封闭岩溶漏斗

因岩溶漏斗与隧道洞身的地下连通关系难以确定,若采取地表封闭措施,工程量难以估计。落水洞本身就是地表水的自然排泄通道,封闭落水洞后,必然影响地表径流。有的落水洞是地表水的唯一排泄通道,封闭后地表水无处排泄,将导致农田被淹。因此,本隧道岩溶处治不适合采用地表封闭措施。

2)方案二:新建泄水洞

根据补充勘察成果,新建泄水洞可从根本上解决地下水对隧道的影响,但考虑以下几方面的因素:

(1)根据工程经验,涌水量预测往往与实际情况出入较大。

(2)根据所采取的打孔泄水减压临时措施,泄水后隧道排水系统可满足排水需要。

(3)泄水减压后,衬砌裂缝没有进一步发展,说明地下水压力得到了有效释放,现有衬砌结构可以承受围岩压力和承压水的压力。

(4)泄水洞方案工程规模较大,施工期较长,社会影响较大。经多次论证后,最终舍弃了新建泄水洞方案。

3)方案三:洞内排水、防渗处理

(1)局部突涌水段,拆除原二次衬砌(ZK98+008~ZK98+009段、ZK98+026~ZK98+027段、ZK98+503~ZK98+504段和ZK98+530~ZK98+531段),预留排水暗槽,修复防排水体系,新建钢筋混凝土二次衬砌,在新建衬砌与原衬砌间设置两道带注浆管遇水膨胀止水条。暗槽宽50cm、深30cm,在暗槽中间位置垂直岩面钻孔,两侧与岩面呈45°钻孔,孔深5m,环向间距1m,如图9-1-3所示。

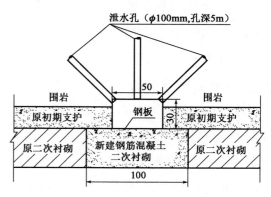

图9-1-3 泄水孔及涌水排泄通道布置(尺寸单位:cm)

(2) 渗漏水较严重段:在二次衬砌混凝土中开槽,槽深25cm,宽15cm,在槽内向围岩钻引水孔,孔径为100mm,钻透二次衬砌及初期支护泄压排水,将φ110PVC管预埋于槽中,用快速水泥基胶泥基填充槽身,并在其干燥后用高黏结力高弹性专用伸缩缝防水材料特种聚氨酯和丙烯酸涂刷表面3~4遍,防止震动开裂和加强防水效果,最后恢复防火涂料及颜色。

(3) 渗漏水段:在检修道上约70cm高度处钻泄水孔,泄水孔孔深5m、孔径110mm,泄水孔间距为2.5m或5m(渗漏水较严重段落孔间距为2.5m),通过边墙衬砌开槽埋管将地下水引至边沟排出,如图9-1-4所示。

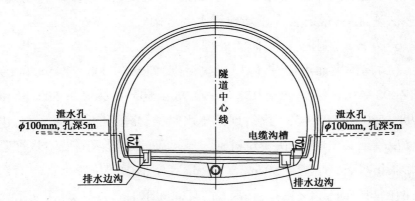

图9-1-4 拱脚钻孔减压降低水位(尺寸单位:cm)

(4) 对二次衬砌裂缝采用环氧树脂进行压浆封闭处理,对渗水施工缝采用注射法注胶止水,如图9-1-5所示。

4) 突涌水、渗漏水处理方案确定

由于洞内排水、防渗处理方案在施工工期、对隧道运营影响及工程造价方面具有明显优势,且在隧道突涌水、渗漏水段,通过采取在拱脚钻泄水孔引排等措施可基本满足隧道最大涌水量的排泄要求,能较好地解决运营期间的水患,最终选择了洞内排水、防渗处理方案。

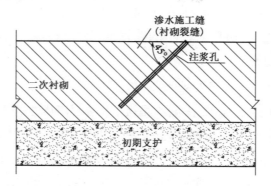

图 9-1-5　注浆止水方案

9.1.3.3　加固施工

1）临时处治施工

坪东隧道突涌水、渗漏水险情发生后，对运营和结构安全造成较大威胁，结合现场实际情况，及时采取了以下临时处治措施：

（1）将路基右侧边坡截水沟与洞顶排洪沟渠连通，防止山坡流水冲刷到洞顶并渗透至洞口段二次衬砌背后。在渗漏水较严重的段落，电缆沟盖板上约70cm处钻泄水孔（图9-1-6）释放水压力，并将排出来的水引至边沟排出隧道，坪东隧道左线突涌水、渗水段泄水孔达86个。

图 9-1-6　临时排水减压

（2）对隧道两侧排水边沟进行全面检查并对淤积物进行清理，

保证边沟排水通畅。将 ZK98+040 左侧消防栓位置及两侧边墙流水引至隧道边沟,最后对污染的路面采用高压水冲洗干净,保证隧道正常运营安全。

2)洞内排水、防渗处理施工

根据坪东隧道涌水、渗漏水情况,依据洞内排水、防渗处理方案,结合国内外隧道工程病害处理的经验,以"防排截堵、因地制宜、综合治理"为原则,针对不同渗漏水情况,具体加固施工步骤如下:

(1)渗漏水段落二次衬砌边墙处(电缆沟上约70cm高度),钻泄水孔,将地下水引至边沟排出。

(2)渗漏水较严重部位二次衬砌开槽钻孔埋管引排。

(3)拆除 ZK98+008~ZK98+009 段、ZK98+026~ZK98+027 段、ZK98+503~ZK98+504 段和 ZK98+530~ZK98+531 段原二次衬砌,修复防排水体系,新建钢筋混凝土二次衬砌。

(4)对二次衬砌裂缝用环氧树脂进行压浆封闭处理,对渗水施工缝采用注射法注胶止水。坪东隧道病害治理主要施工环节如图9-1-7~图9-1-12所示。

图 9-1-7 预留排泄通道施工

图 9-1-8 注浆止水针头施工

9.1.4 加固效果及经验总结

9.1.4.1 加固效果

坪东隧道突涌水、渗漏水治理工作于2012年12月结束,经过

2013年雨季的考验,隧道加固治理段落未再发生病害,未对隧址区居民生产生活造成不利影响,证明了治理方案是有效的。

图9-1-9　二次衬砌开槽施工

图9-1-10　引管排水施工

图9-1-11　施工现场全景

图9-1-12　施工结束后全景

9.1.4.2　经验总结

此方案的成功实施,有以下几方面的经验值得借鉴:

(1)地下水发育规律在区域上是有规律可循的,在具体工点上是难以把握的,病害治理应结合工点具体情况制订相应处治方案,此次病害处理方案研究阶段,根据预测的涌水量,最初提出了可从根本上解决水患的泄水洞方案,后考虑实际最大涌水量、工期、造价及社会影响等因素,经综合比选,最终舍弃了泄水洞方案。

(2)由于岩溶发育规律难以准确掌握、涌水量难以准确估计,岩溶地区防排水设计应考虑尽可能大的排水能力,本隧道洞内边沟设计断面尺寸较大,为该方案的成功实施提供了有利条件。

(3)在既有排水系统排水能力基本满足要求的情况下,慎重选用泄水洞方案。

(4)此次施工队伍选择的部分工艺相对落后,如刻槽时采用了人工风镐凿除法。目前已研制出了较为先进的刻槽机,可快速完成刻槽工作。

9.2 碌冬隧道

碌冬隧道基本信息表　　　　　表 9-2-1

隧道名称	碌冬隧道	长度	560m
通车年份	2006 年	省份	甘肃
道路等级	二级公路		
病害情况	洞顶排水能力不足,局部衬砌裂损、渗漏水、挂冰		
处治方案	修复、改造洞顶汇水平台,衬砌裂缝修补、渗漏水开槽埋管导水后进行套拱+保温板加固		

9.2.1 工程概况

9.2.1.1 隧道基本情况

碌冬隧道(原为清水Ⅱ号隧道)(表 9-2-1)位于国道 213 线临夏至合作段,起讫桩号为 K43+700~K44+260,全长 560m,按重丘区二级公路设计,设计速度为 80km/h。隧道平面线形为曲线,进口曲线半径 $R=915$m,出口曲线半径 $R=750$m,纵坡为由北向南 3% 的单向坡(临夏端低,合作端高)(图 9-2-1)。隧道建成于 2006 年,进口为端墙式洞门,出口为翼墙式洞门。

9.2.1.2 隧道地质概况

(1)地形:隧址区位于祁吕贺兰山字型构造体系之临夏断裂

带,该断裂自陕西沿渭河断裂伸入甘肃省,向西经天水至临夏,总体作东西—北西西向展布,为西秦岭山地与渭河坳陷的分界断裂,有数条断层面向北倾斜的次级平行断裂组成,断裂压扭性特征明显,主干断裂两侧的地层挤压破碎,断层泥、擦痕普遍,并有许多低序次的小型褶皱—冲断层。受此影响,隧道穿过的燕山期闪长岩发育有数组节理。

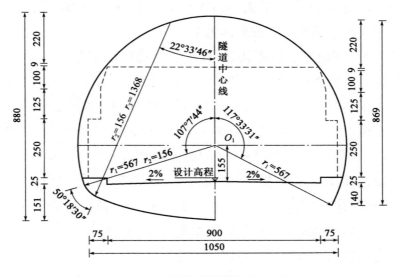

图 9-2-1　隧道原设计内净空断面

(2)地貌:隧址区地貌单元属构造剥蚀低中山残丘地貌,山体多呈浑圆状,地形起伏较大,地形坡度角为 60°~85°,隧道轴线横穿山脊的侧部,其进出洞口处地形较陡,进口地形自然坡度均为 60°,出口地形自然坡度均为 85°,大夏河自冲沟流过,落差较大,水流湍急。另外,出口冲沟尚有季节性的流水。

(3)气候:根据中国公路自然区划图,隧址区属中国公路自然划区Ⅶ3(青藏高寒区—河源山原草甸区),气候主要指标如下:

本隧道区域气候属寒冷湿润类型,垂直差异大,光照充裕,降水较多,长冬无夏,春秋短促,高原大陆性气候特点比较明显。年平均气温为1.5～4.8℃,1月平均气温为-7.7～-10.3℃,7月平均气温为12.6～15.9℃,历年极端最高气温28.9℃,历年极端最低气温-30.6℃。年平均降水量为516mm,降水量的分布不均匀,且不稳定。一是从南向北递减,二是垂直分布不明显,多集中于7～9月,约占全年降水量的45.3%。年平均蒸发量1221.9～1333.5mm,为降雨量的2～3倍。最大积雪深度15～16cm,一般降雪在11月至次年3月。隧址区标准冻深为1.40m。

(4)工程地质及地震情况:隧道通过地区地层发育不全,均为晚生代以后的地层,尤以三叠系、二叠系最为发育。本区出露的地层自老到新有二叠系、三叠系、白垩系、上第三系、第四系等。

隧道主体岩性为三叠系的闪长岩,灰黑色,岩石坚硬、完整性较差。隧道进口上方有4～6m的山体坡积碎石土,上部被杂草小树覆盖;隧道出口岩体裸露,节理较发育,完整性较好,出口上方分布有较厚的坡洪积碎石土,厚度较大,且存在小范围地表汇水。隧道区无不良地质现象,围岩类别主要为Ⅳ、Ⅴ类,进出口围岩类别为Ⅱ类,围岩节理较发育,稳定性较好。

根据《中国地震动参数区划图》(GB 18306—2002),地震动峰值加速度为0.10g,相应的地震基本烈度为Ⅶ度。

(5)水文地质:隧址区地下水主要类型有松散岩类孔(裂)隙潜水、碎屑岩类孔隙潜水、基岩裂隙水,地表水体为大夏河。

9.2.1.3 隧道设计概况

1)衬砌结构设计

隧道洞身采用新奥法原理进行设计、施工。初期支护采用喷射混凝土+系统锚杆+钢筋网+钢架的综合防护系统,二次衬砌为整体模筑混凝土结构。衬砌支护参数具体情况见表9-2-2、表9-2-3。

第9章 渗漏水处治

隧道衬砌类型及支护设计参数　　表9-2-2

衬砌类型	初期支护		二次衬砌（cm）	仰拱（cm）
	喷射混凝土（cm）	锚杆、钢筋网		
SV	8	局部布置锚杆3m早强砂浆锚杆，设钢筋网20cm×20cm	35	无
SIV	10	系统布置锚杆3m早强砂浆锚杆，环/纵间距120cm/120cm，设钢筋网20cm×20cm	40	无
SIII	20	系统布置锚杆3.5m中空砂浆锚杆，环/纵间距120cm/100cm，设钢筋网20cm×20cm	45	45
SII	25	系统布置锚杆4m中空砂浆锚杆，环/纵间距100cm/75cm，设钢筋网20cm×20cm	50	50
SI	25	系统布置锚杆4.5m中空砂浆锚杆，环/纵间距100cm/75cm，设钢筋网20cm×20cm	55（钢筋混凝土）	55（钢筋混凝土）

隧道原设计围岩及衬砌类型划分一览表　　表9-2-3

原设计桩号段落	长度(m)	原设计围岩类别	衬砌类型
K43+700～K43+708	8	II类	明洞
K43+708～K43+738	30	II类	SI
K43+738～K43+758	20	IV类	SIV
K43+758～K44+158	400	V类	SV
K44+158～K44+188	30	IV类	SIV
K44+188～K44+225	37	II类	SIII
K44+225～K44+255	30	II类	SI
K44+255～K44+260	5	II类	明洞
合计	560		

2）隧道防排水设计

（1）防水措施：在初期支护与二次衬砌之间敷设一层复合土工

布防水板,防水板敷设范围为自拱顶至边墙下部引水管。二次衬砌沉降缝采用中埋式橡胶止水带止水,施工缝用遇水膨胀止水条止水。

(2)排水措施:根据隧道超高情况在洞内路面一侧设置边沟以排除清洗水;为有效地排除衬砌背后积水,在初期支护与防水板之间设置Ω型弹簧排水半管,使围岩水流入纵向双壁打孔波纹管,并通过双壁波纹横向排水管引入路面下的中心保温排水沟,隧道洞外保温排水沟出口设置保温包头。

排水边沟及中心保温排水沟纵坡与隧道纵坡一致。隧道洞口仰坡顶外5m处设置梯形截水沟,并和路基两侧边沟相连,形成洞外排水系统。

3)隧道路面设计

隧道内铺设25cm厚水泥混凝土路面,底铺厚度为15cm的10号混凝土调平层。

9.2.2 隧道病害现状及成因分析

9.2.2.1 隧道病害现状

经过多年运营,G213碌冬隧道出现了衬砌开裂、渗水、泛碱等病害,部分段落边墙及拱顶存在多条环向、纵向以及交叉裂缝并伴有渗水现象,局部段落施工缝拱顶及拱脚渗漏水严重、衬砌全断面泛碱,冬季存在挂冰现象,春融时期甚至发生股状、淋水状渗漏,养护单位已在拱顶安装排水管,但处理效果不明显。衬砌渗漏水汇集于洞内路面,导致路面抗滑性能下降,尤其是冬季气温较低时,易导致路面积水、结冰,影响行车安全。

根据《公路隧道养护技术规范》(JTG H12—2015),对隧道土建结构技术状况进行评定,衬砌(渗漏水)状况值为3,隧道土建结构技术状况等级评定为4类。隧道病害具体情况如下。

1)洞口平台排水能力偏弱

隧道出口(合作端)为自然冲沟,汇水面积大;明洞上覆土层厚度较薄,纵横坡较缓,洞顶、洞门截排水沟系统相对完整(图9-2-2、图9-2-3),但部分段落存在水毁、落石堵塞现象,排水能力较弱。

图9-2-2　合作端洞顶冲沟　　图9-2-3　合作端洞顶平台缓坡

2)衬砌裂损、渗漏水、挂冰

衬砌病害主要情况如下:

(1)衬砌环向裂缝约25处,其中环向贯通裂缝6处,缝宽在0.2~0.3mm。

(2)衬砌纵向裂缝约16处,其中K43+720~K43+960处衬砌距离拱脚1.7~2.0m位置均存在纵向裂缝,缝宽为0.1~0.3mm。

(3)衬砌出现多条交叉裂缝,主要集中于拱顶及边墙位置,裂缝宽度在0.2~0.3mm,其中K44+070~K44+150段衬砌存在多条环向、纵向以及交叉裂缝并伴有渗水现象。

(4)隧道内衬砌出现多处起层、剥落现象,主要位于衬砌施工缝位置。

(5)隧道内渗水、泛碱约6处,主要集中于施工缝及衬砌开裂位置,其中K44+105施工缝拱顶渗水且全断面泛碱,养护单位已在拱顶安装排水管,但处理效果不明显;K44+070~K44+150段施工缝两侧拱腰至拱脚严重渗水且大面积泛碱,冬季普遍存在挂冰现象(图9-2-4~图9-2-7)。

图 9-2-4　K44+070~K44+150 段衬砌渗漏水

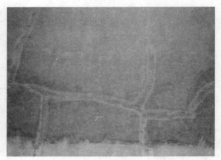

图 9-2-5　K44+070~K44+150 段衬砌渗漏水　　　图 9-2-6　衬砌交叉裂缝

图 9-2-7　K44+070~K44+150 段衬砌渗水挂冰

9.2.2.2　隧道病害成因分析

碌冬隧道建成于 2006 年,运营年限已十余年之久,根据隧道病害现状及现场检测结果,结合相关资料总结分析,认为病害的产生原因主要有以下几点。

1）衬砌渗漏水、挂冰

（1）地下水作用：隧道穿越地段围岩裂隙水较为丰富，地下水位较高，水头压力大，一旦防排水系统破损、堵塞，衬砌就会发生明显的渗漏水，长期浸泡混凝土表面，造成表层剥落。

（2）地表水下渗：隧道合作端洞顶自然冲沟汇水面积较大，地表排水能力不足，且碎石土覆盖层较厚，透水性强。地表水下渗并沿纵坡向隧道临夏端流窜，成为衬砌渗漏水补充水源，造成隧道 K44+070~K44+150 段衬砌渗漏水病害严重。

（3）隧道防排水系统随时间发展性能发生劣化，防水能力降低，排水系统局部堵塞、破损，施工缝与变形缝防水效果一般，加剧了渗漏水病害的发展。

（4）隧址区气候属寒冷湿润区，降水较多，长冬无夏，春秋短促，1月平均气温为 -7.7~-10.3℃，且隧址区地层标准冻深为1.40m。上述客观气候、地质原因，冬季极易引发渗漏水结冰挂壁病害。

2）衬砌裂损

（1）隧址区冬季气温较低，隧道内环境潮湿，在负温条件下，水分结冰、融化反复作用造成混凝土受冻破坏，易在拱脚、墙脚及接缝处出现斜向或纵向开裂与剥落。

（2）隧道衬砌混凝土施工时的水化热导致混凝土表面出现较多细小的温缩裂缝，在冻融循环作用下，裂缝进一步发展。

（3）地下水及地表下渗水对围岩的软化及衬砌混凝土的劣化也在一定程度上造成了衬砌裂损。

9.2.3　隧道加固方案

9.2.3.1　隧道加固原则

本隧道维修完善的目的在于消除严重影响行车安全的病害，

对于未明显显现的病害和隐患段展开监测,加强检查,并根据病害和隐患的发展情况,有针对性地采取养护措施,视情况另行择机处治。主要加固原则如下:

(1)隧道加固维修应遵循检测、设计、施工的程序进行,恢复隧道结构安全性、耐久性及使用功能,满足正常运营要求。

(2)在掌握碌冬隧道建设期、运营期技术资料的基础上,针对衬砌的病害情况、产生机理,有针对性地采取处治措施。

(3)隧道维修应在有安全保障的前提下进行结构加固,保证施工的安全性。

(4)通过隧道结构维修完善,达到满足现行隧道设计规范的使用功能。

(5)采用成熟的加固施工工艺,施工材料、工艺与施工条件紧密结合,可操作性强。

(6)隧道加固维修应结合病害程度、地质条件、加固方案等,考虑施工风险,制订应急预案,并配备相应的安全、救援等设施。

(7)隧道加固维修应遵循动态设计与信息化施工的原则,制订监测方案,通过监测反馈信息,优化设计或调整施工方案。

9.2.3.2 加固设计

对于隧道内衬砌开裂、渗水泛碱并且冬季挂冰的段落,采用"型钢网喷钢纤维混凝土套拱+保温板"的方式进行处治。施作套拱前先对合作端洞顶排水系统修复,再对洞内渗漏水、裂缝进行处治,全断面挂设复合防水层,最后施作套拱及防冻隔温层。套拱拱脚落在原隧道电缆槽底部,通过 $\phi20$ 黏结模扩底锚栓可靠连接。

套拱衬砌混凝土抗渗等级不低于 P8,拱脚两侧采用 $\phi100$ 双壁波纹管与环向排水管连接,然后每隔 25m 采用 $\phi100$ 双壁波纹管连接纵向排水管检查井,再通过横向排水管将水排入中心水沟。隧道原路侧边沟壁槽采用植筋现浇混凝土加高,与隧道原电缆槽齐平,并于路侧重新浇筑 L 型边沟,通过 ϕ50PVC 管与原边沟顺畅链接。

处治设计具体如图 9-2-8 ~ 图 9-2-10 所示。

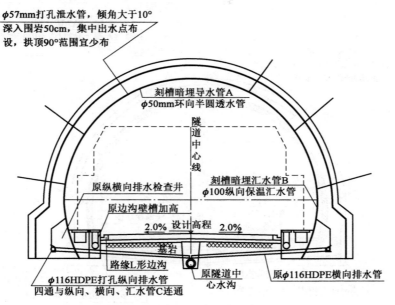

图 9-2-8　衬砌渗漏水开槽埋管导水处治设计

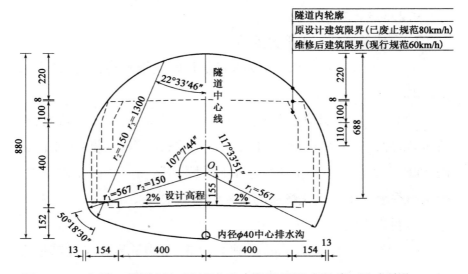

图 9-2-9　套拱 + 保温板加固处治后建筑限界及内轮廓(尺寸单位:cm)

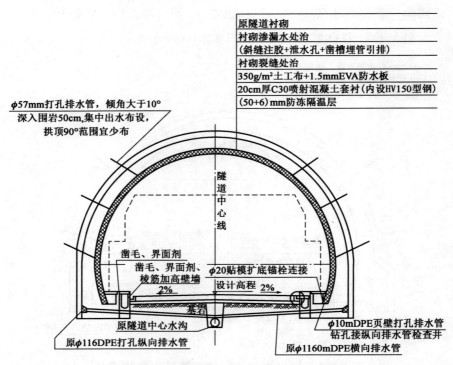

图9-2-10　型钢网喷钢纤维混凝土套拱+保温板处治设计(尺寸单位:cm)

9.2.3.3　加固施工

1)合作端洞顶汇水平台处治

(1)修复和疏通水毁、堵塞的洞顶浆砌截排水沟,确保各沟渠衔接顺畅。

(2)对合作端洞顶汇水平面进行改造:清除表面杂草、落石,换填50cm厚高液限黏土封层,上设防水土工布(一布一膜)+水泥铺砌,铺砌面表层设不小于3%的排水横坡、不小于5%的排水纵坡,确保雨季地表水能迅速畅通的流入两侧截水沟。

2)衬砌开裂处治

(1)对于宽度 $b \leqslant 0.2$ mm 的独立裂缝,对裂缝所在构件部位表面涂抹裂缝修补胶进行封闭。

(2) 对于宽度 $b=0.2\sim0.5$mm 的静止独立裂缝、贯穿性裂缝,以一定压力将低黏度、高强度的裂缝修补胶注入裂缝腔内,根据裂缝形式可以采用骑缝注胶或斜缝注胶。注射前按产品说明书的规定,对裂缝周边进行密封。

(3) 对于宽度 $b>0.5$mm 的活动裂缝和静止环向、斜向裂缝,在衬砌表面沿裂缝走向骑缝凿出深度小于衬砌厚度的 V 形沟槽,然后用聚合物砂浆充填,并在沟槽及周围刮涂聚合物砂浆封闭。

3) 衬砌渗漏水处治

(1) 对渗水段通过中心水沟检查井疏通中心水沟,保证隧道中心水沟畅通,并更换破损与平整性差的中心水沟检查井盖板。

(2) 对拱部、边墙施工缝渗漏及边墙、起拱线漏水较严重部位或地下水丰富地段,采用开槽埋管导水法进行病害处治。

①开槽:沿渗漏水的方向在拱部及边墙衬砌上凿出深度为 150mm、内大(150mm)外小(100mm)的倒梯形槽,保障外敷防水层厚度 20~30mm。

②表面清洗:用钢丝刷沿缝槽将灰尘、浮渣及松散层彻底清除,用丙酮将其表面油垢擦洗干净、烘干,使其含水率不大于 6%。

③埋管:在槽底埋设 $\phi50$PVC 半管至边墙底部,接茬部位下节压上节,接茬长度 100~150mm,用 U 型卡和膨胀螺丝固定 PVC 管,间距 500mm。

④涂刷环氧树脂涂料:在 PVC 管外壁及槽的两侧薄而均匀地涂刷一层环氧树脂涂料,不得有漏涂或留坠现象。

⑤封填:涂完环氧树脂涂料后,自然固化 2h,在 PVC 管两侧挤压一层遇水膨胀腻子条,然后用嵌刀将环氧树脂砂浆分层封堵,抹至与衬砌混凝土表面齐平,每层厚度不大于 5mm,用勾缝条压平压实。

⑥割缝:在施工缝处施工时,待环氧树脂砂浆固化 24h 后沿施

工缝切割,割缝要控制深度,不要将PVC管与涂料割破。

⑦表面涂刷:涂刷两遍环氧树脂涂料,封闭宽度应大于环氧树脂砂浆缝宽,且每边要超出2~3mm。

(3)对浸渗、滴渗的裂缝渗漏水病害,采用斜缝注射聚氨酯类发泡胶液封堵的方式进行处理。注胶孔间距30cm,需要时可加密为20cm,顺序为从下至上,先对裂缝封堵,注胶压力不超过0.5MPa,直到胶液从上面的注浆孔溢出后,停止注浆,采用环氧树脂砂浆封缝。

4)型钢网喷钢纤维混凝土套拱+保温板处治

(1)施工前对套拱施作段落进行断面复测,以保证满足设计标准的净空内轮廓要求,对于侵入设计内轮廓的部位进行凿除修整,一次凿除长度不得大于2m,且厚度不得大于原衬砌厚度的2/3,对于多凿除的部分,在套拱施作完成后进行背后注浆回填密实。

(2)敷设$350g/m^2$土工布+1.5mmEVA防水板,搭接宽度≥10cm,局部拆除两侧电缆槽内侧混凝土,两侧设置ϕ100HDPE双壁打孔纵向排水管,纵向排水管用无纺布包裹,然后再包裹保温层,每25m通过ϕ100竖向保温汇水管接入纵向排水管检查井。

(3)安装HW150型钢,纵向间距100cm,设ϕ20纵向连接钢筋,环形间距1m,交错分布。拱架节段通过法兰盘与高强螺栓连接。拱架拱脚通过钢板、ϕ20黏结模扩底锚栓与混凝土支座可靠连接。

(4)拱架内缘铺挂ϕ12钢筋网,钢筋网孔20cm×20cm,钢筋网与拱架焊接或与拱架预焊接的钢筋连接件绑扎牢固。

(5)喷射20cm厚的C30钢纤维混凝土。内掺钢纤维$40kg/m^3$,钢纤维宜采用普通碳素钢制成,截面直径应为0.3~0.5mm,长度宜为20~25mm。钢纤维抗拉强度不得低于380MPa,弯折性能不小于90%,混凝土粗集料不宜大于10mm,水泥采用42.5号普通硅酸盐水泥。钢纤维混凝土搅拌采用强制式搅拌机,先干拌水泥、集料及钢纤维,时间不少于 1.5min,加水后湿拌时间不少于 3min。

(6)修复改造该段电缆槽,预制安装边沟。

(7)安装防冻保温层,保温系统主要由两层构成,内层采用聚酚醛热固性保温板(厚度 50mm),面层采用 6mm 厚的纤维增强板。

聚酚醛保温板主要技术指标见表 9-2-4。

聚酚醛热固性保温材料主要技术指标　　表 9-2-4

项　　目	单　　位	技 术 指 标
导热系数	W/(m·K)	<0.025
化学稳定性		不耐强酸
抗压强度	(kPa/cm^2)	≥250
表观密度	(kg/m^3)	50~80
防吸水性能		优良<5%
抗冻融能力		好
防火安全性		不燃 A 级

9.2.4　加固效果及经验总结

9.2.4.1　加固前后效果对比

该隧道加固施工于 2017 年 8 月 15 日开始,11 月 10 日正式完工通车。截至目前,未见相关病害复发,整治效果较好(图 9-2-11~图 9-2-16)。

图 9-2-11　明洞段汇水平台　　　图 9-2-12　明洞段汇水平台
　　　　　(整治前)　　　　　　　　　　　　(整治后)

 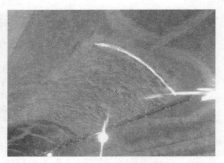

图 9-2-13　衬砌裂损（整治前）　　图 9-2-14　衬砌裂损（整治后）

图 9-2-15　衬砌渗水、挂冰（整治前）　　图 9-2-16　衬砌渗水、挂冰（整治后）

9.2.4.2　经验总结

（1）隧道维修加固从设计—施工—管理整个环节来看，属于精细化工程，尤其是混凝土凿除、衬砌渗漏水及裂缝处治、喷射混凝土等工艺对施工作业要求高，应予以充分重视。

（2）隧道维修加固设计应充分遵循动态设计的准则，根据施工后的现场情况灵活调整、优化设计方案，不可生搬硬套。

（3）由于隧道维修加固施工对既有交通造成不可避免的影响，前期设计应充分论证维修方案与交通分流的可行性，在保证整治有效的前提下，最大限度减少对交通的影响。

（4）整治完成后，建议管养单位加强养护，定期检查、疏通排水系统，以减缓其他病害的发展趋势，延长隧道的服役年限。

9.3 鲘门隧道

鲘门隧道基本信息表　　　　　　　　　　　表 9-3-1

隧道名称	鲘门隧道	长度	左洞 1230m,右洞 1200m
通车年份	1996 年	省份	广东
道路等级	高速公路		
病害情况	局部衬砌开裂、渗水,衬砌欠厚,衬砌内部缺陷		
处治方案	衬砌裂缝修补,渗漏水开槽埋管导水、深层围岩注浆,中空注浆锚杆+钢带加固		

9.3.1　工程概况

9.3.1.1　隧道基本情况

鲘门隧道(表 9-3-1)是广东深汕高速公路上的一座分离式双向四车道长隧道,设计速度为 80km/h,隧道净宽 10m,建筑限界净高 5m,于 1996 年 4 月竣工。左洞起止桩号为 LK259+533.5～LK260+763.5,长度为 1230m;右洞起止桩号为 RK259+560～RK260+760,长度为 1200m(不含明洞)。

9.3.1.2　隧道地质概况

隧址区属亚热带海洋性气候,四季分明,雨量充沛,气候温和湿润。1 月最冷,平均气温为 18℃,通常 7 月最热,平均气温 32℃。

隧道处在丘陵地区,地形起伏较大,进口坡角约 40°,出口坡角约 45°。隧道穿过的地层主要为第四系全新统海积层和第四系残、坡积层及侏罗系上绞组。隧道进出口处有 2～5m 残坡积层出露,其成分为含碎石黏性土,下伏基岩为花岗岩及其风化层,围岩类别主要为Ⅱ、Ⅲ类,岩体节理十分发育,衬砌背后的拱部围岩由于施工等原因影响,孔隙、裂隙发育明显;洞身段以微风化花岗岩为主,局部辉长岩脉岩侵入,围岩类别为Ⅳ、Ⅴ类,均为硬质岩,质地比较完整。

9.3.1.3　隧道设计概况

根据竣工资料中的隧道衬砌结构图得知,隧道断面均采用复合式衬砌断面形式,防水层采用橡胶防水板材料。

鲘门隧道衬砌类型及支护参数情况见表9-3-2。

鲘门隧道衬砌类型及支护参数　　　表9-3-2

衬砌类型	支护参数
Ⅱ浅埋	初期支护:φ22 砂浆锚杆、$L=300cm$、@ $100×80cm$,钢筋网 φ6、@ $15×15cm$,20cm 厚 C20 喷射混凝土 二次衬砌:90cm 厚 C20 钢筋混凝土、60cm 厚仰拱 C20 混凝土、橡胶防水板
Ⅱ深埋	初期支护:φ22 砂浆锚杆、$L=350cm$、@ $120×100cm$,钢筋网 φ6、@ $15×15cm$,20cm 厚 C20 喷射混凝土 二次衬砌:55cm 厚 C20 钢筋混凝土、橡胶防水板、再一层 35cm 厚 C20 混凝土、40cm 厚仰拱 C20 混凝土
Ⅲ类围岩	初期支护:φ22 砂浆锚杆、$L=300\sim350cm$、@ $120×100cm$,钢筋网 φ6、@ $15×15cm$,20cm 厚 C20 喷射混凝土 二次衬砌:40cm 厚 C20 混凝土、60cm 厚仰拱 C20 混凝土、橡胶防水板
Ⅳ	初期支护:φ22 砂浆锚杆、$L=200\sim250cm$、@ $130×120cm$,钢筋网 φ6、@ $20×20cm$,12cm 厚 C20 喷射混凝土 二次衬砌:35cm 厚 C20 混凝土、橡胶防水板
Ⅴ	初期支护:φ22 砂浆锚杆、$L=200cm$、@ $150×150cm$,10cm 厚 C20 喷射混凝土 二次衬砌:30cm 厚 C20 混凝土、橡胶防水板

9.3.2　隧道病害现状及成因分析

9.3.2.1　隧道病害现状

2005 年到 2006 年期间,鲘门隧道进行了第一次病害处治设计,具体处治措施如下:

(1)全隧道衬砌背后空洞均采用回填注浆填充,注浆材料采用轻质混凝土,强度大于 3.0MPa。

(2)病害严重,空洞规模大并且连通,衬砌厚度小于设计厚度地段,采用衬砌背后注浆回填 + 网喷混凝土 + 自钻式 φ25 中空注浆锚杆($L=3.0m$,间距@ $1.2×1.2m$)结构补强措施。

(3）质量存在问题，空洞规模较大且局部连通，衬砌厚度小于设计厚度地段采用衬砌背后注浆回填+喷射混凝土补强措施。

鲊门隧道经过第一次处治后,于2008年又出现较为严重的渗漏水、衬砌开裂等现象。

1) 裂缝及渗漏水

根据现场的检测资料显示,鲊门隧道左洞共发现42条裂缝及2处渗漏水点,LK260+560处人行横洞严重积水;右洞共发现78条裂缝及47处渗水点,其中施工缝渗水29处,渗水处大多伴有白色晶体析出。

2) 衬砌厚度情况

隧道左右洞衬砌欠厚现象较明显,左洞衬砌厚度最薄处只有11cm（设计厚度为35cm),右洞衬砌厚度最薄处只有13cm（设计厚度为35cm),左洞拱顶欠厚段落超过隧道长度的19%,右洞拱顶及拱腰欠厚段落超过隧道长度的22%。

3) 衬砌缺陷

隧道衬砌背后存在较严重的缺陷,左右洞拱部衬砌缺陷长度均超过隧道长度的25%,主要表现为二次衬砌与初期支护间脱空、初期支护背后脱空、超挖回填不密实或脱空等。另外,检测发现左洞有1处大空洞,右洞有28处大空洞,深度大于1.5m。

9.3.2.2 隧道病害成因分析

1) 直接因素

造成隧道渗漏的直接原因是渗漏水源和地下水的迁移。渗漏水源主要有雨水、上层滞水、壅水和围岩裂隙水。

首先,地表排水不畅,隧道局部围岩较差,节理发育,加之施工爆破作业不合理造成围岩松弛范围大,对围岩扰动大,使得围岩裂隙发育严重,从而为渗漏水源和地下水的迁移开辟了通道。

其次,由于衬砌背后超挖部分没有回填或不实,加上塌方和长期地下水作用，造成了衬砌背后空洞发育严重，地下水通过裂隙补给通道在空洞处汇集，从而在隧道拱部形成了地下水的储存区，排水系统不畅时，致使作用在衬砌上的荷载增大，加上温度应力、围岩应力和衬砌不均匀沉降的共同作用，使得二次衬砌开裂，引发渗漏水问题。

2）间接因素

（1）设计因素：工程防水标准确定不合理，橡胶防水材料易老化失效，结构细部防水设计不详细或未做防水设计。竣工资料表明，隧道未设置纵向盲沟，排水系统不完善。

（2）施工因素：施工开挖质量差，爆破作业不合理造成围岩松弛范围大，超欠挖严重，超挖部分没有回填或不实，直接导致了围岩裂隙和拱部空洞发育。衬砌混凝土振捣不密实，浇筑不连续，部分强度偏低。变形缝、施工缝止水带安装质量不佳，混凝土浇筑不实，使得衬砌在施工缝处产生裂缝并渗漏水。

3）其他因素

鲔门隧道于2005年进行了处治设计与施工，对部分衬砌不密实段进行了注浆加固，隧道结构和渗漏水处治取得了一定的效果。但注浆也导致了隧道局部排水系统堵塞，且随着运营时间的增长，边沟等部分排水设施也已失效，更不利于地下水的排除。

9.3.3 隧道加固方案

9.3.3.1 隧道加固原则

（1）按原设计等级标准进行处治。

（2）保证结构的稳定和安全。

（3）处治后隧道的渗漏水不应影响行车安全。

（4）处治方案施工技术可行。

9.3.3.2 加固设计

根据现场病害情况，分别制订了修补方案及套拱方案，其中修补方案是在原有衬砌基础上进行裂缝处治、渗漏水处治、衬砌欠厚补强及空洞填充等处治。对两种方案进行了对比分析,见表9-3-3。

方 案 比 选　　　　　表 9-3-3

方案	对现有附属设施的影响	施工组织情况	处治效果	工期
修补方案	不影响现已整改好的消防、照明、通风等设施	工序多,施工质量控制工作量大	外观不整洁、对渗漏水和结构存在的问题治理不彻底,效果一般	双洞6个月
套拱方案	对已整改好的消防、照明、通风等设施需拆卸后再进行安装	对现有附属设施需拆卸、安装,需要定制模板台车,质量控制简单	外观整洁,整治效果较好	双洞8个月

根据方案比选及专家评审,最终确定选用修补方案对隧道病害及缺陷进行处治。

9.3.3.3　加固施工

隧道加固处治采用封闭单洞施工、另一单洞双向行驶的交通组织方案。加固处治施工工序为:人行横洞引排水处治、边墙开槽埋管导水→渗漏水裂缝(施工缝)处治→衬砌裂缝处治→衬砌结构加固处治。

具体措施如下:

1)渗漏水病害处治

(1)对渗漏水较严重的环向和纵向渗水裂缝及施工缝,采用开槽埋管导水的方式进行处治。对纵向严重渗水裂缝,开槽埋管引排至就近施工缝,然后从施工缝处开槽埋管引排至排水边沟内。

(2)在隧道边墙部位严重渗漏水处,采用先在渗漏水处向围岩内打孔,埋入软式透水管将地下水引出,后开槽埋管导入边沟的方式进行处治。

(3) 对拱部和边墙一般渗水裂缝采用止水法进行处治。

(4) 对人行横洞内积水处增设路面排水沟,将水引入主洞边沟排走。

(5) 对严重渗水地段和路面冒水地段,除采用上述方法引排水之外,还采用在边沟底部沿竖直方向向下打设 $\phi150$ 集水孔的方法进行引排水。

2) 深层围岩注浆

对渗漏水严重段落,采用"拱部深层围岩注浆、边墙引排"方案。围岩深层注浆堵水需在拱部 140°范围内,使得注浆堵水后不致渗水锈蚀电缆桥架。

采用 $\phi42$ 小导管进行注浆,$L=300cm$、@$100\times100cm$ 梅花形布置,注浆浆液采用 30 号水泥净浆,水灰比为 1:0.8,注浆压力为 $0.2\sim0.5MPa$(注浆压力根据现场注浆量及现场其他情况可作适当调整)。

3) 裂缝病害处治

宽度小于 0.3mm 的裂缝,在衬砌裂缝表面涂刷改性环氧修补砂浆,封闭衬砌裂缝;宽度不小于 0.3mm 的裂缝采用低压注改性环氧树脂灌缝胶法进行处治。

4) 衬砌欠厚段处治

在隧道拱部 120°范围内打设钢带进行补强处治:采用厚 4mm、宽 250mm 的镀锌热轧带钢,纵向布设间距为 1m;锚杆采用 $R25$ 镀锌中空注浆锚杆,锚杆 $L=350cm$、@$100\times100cm$ 梅花形布置。

9.3.4 加固效果及经验总结

9.3.4.1 加固效果及评定方法

(1) 加固处治前主要病害情况如图 9-3-1~图 9-3-7 所示。

第9章　渗漏水处治

图 9-3-1　隧道半幅路面积水　　　　图 9-3-2　人行横洞积水

 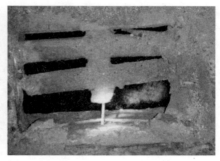

图 9-3-3　右侧边沟堵塞　　　　图 9-3-4　右侧边沟积水（不流动）

图 9-3-5　左拱腰纵向裂缝渗水　　　　图 9-3-6　左边墙纵向裂缝渗水

（2）加固处治后，衬砌结构得到一定的补强，渗漏水基本得到有效处治，在短期内不会影响行车安全，处治效果如图 9-3-8、图 9-3-9 所示。

图 9-3-7　原处治埋管后渗漏

图 9-3-8　处治后隧道内情况　　图 9-3-9　人行横洞处治后情况

9.3.4.2　经验总结

（1）本隧道为营运 10 年以上的高速公路隧道，出现衬砌开裂、渗漏水等病害，已影响到隧道营运安全。因此在对隧道病害处治设计前，对病害产生原因的调查及检测分析具有重要意义，能为处治方案提供必要的参考资料。

（2）根据病害的产生原因和严重程度对隧道各段落进行分类、分段处治，并有针对性地采用不同的处治方案，做到有的放矢，恰到好处。

（3）目前，渗漏水是国内外隧道普遍存在的病害问题，早期隧道施工技术较差、防水板施工质量不合格、混凝土施工质量不到位、防水板老化等均是病害产生的重要原因，由于这些前期修建的隧道防排水系统存在较大缺陷,因此渗漏水隧道虽经加固处治,仍难达到根治的目的。

(4)若要彻底处治隧道衬砌结构缺陷问题,较好的方式是重新施作二次衬砌结构或在原衬砌表面施作套拱。该两种方法既可解决隧道结构安全问题,同时可以较为全面地解决渗漏水问题,但工程造价较大且工期较长,需综合考虑技术、经济、工期等因素后方可作出决策。

(5)运营隧道加固处治施工通常面临较大的行车压力,因此对运营隧道进行病害处治施工时,应对施工工期有全面、合理的预估,在处治施工前应充分编制施工组织方案和应急预案,尽量避免窝工,同时应建立严格的检测程序,尽量避免返工。

(6)隧道加固处治设计应充分做好前期的调查和分析工作,充分收集施工图、竣工图、处治设计图、检测报告等隧道原始资料,为处治设计打造优良的基础,尽量减少工程变更。

(7)由于隧道病害处治施工技术总体尚不完善,隧道工程围岩压力因围岩流变、劣化等原因存在不确定性。因此,对于处治后的隧道,依然应加强结构的定期安全检测,防患于未然。

9.4 藤篾山隧道

藤篾山隧道基本信息表　　　表9-4-1

隧道名称	藤篾山隧道	长度	3000m
通车年份	2008年	省份	云南
道路等级	高速公路		
病害情况	衬砌开裂、渗水		
处治方案	裂缝修补、灌电防渗、开槽埋管导水		

9.4.1 工程概况

9.4.1.1 隧道基本情况

藤篾山隧道(表9-4-1)位于国道213线云南境小勐养至磨憨

高速公路(既有线)上,全长3000m,为单洞特长隧道,设计速度80km/h。隧道平面进口段位于 $R=960\mathrm{m}$、$L_s=300\mathrm{m}$ 的圆曲线上,洞身及出口位于直线上,纵坡为"人"字坡,坡率为 $+1.50\%/1700\mathrm{m}\sim-0.50\%/1300\mathrm{m}$。隧道建筑限界净宽10.50m,净高5.0m(图9-4-1),于2008年建成通车。

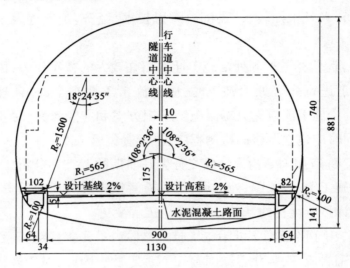

图9-4-1　隧道内轮廓断面

9.4.1.2　隧道地质概况

隧址区属构造侵蚀中等切割中山地貌区,分布的地层有:侏罗系中统小红桥组(J_2x)、三叠系中统易比组(T_2y)、印支早期喷出岩(T_2au)、石炭系下统(C_1)和新生界第四系全新统松散层(Q_4)等。

隧道穿越带地质条件复杂,围岩主要岩性为泥岩、砂岩、安山玢岩及凝灰岩互层,节理裂隙发育,局部岩体松散破碎,完整性及稳定性差,围岩类别主要为Ⅱ~Ⅳ类。

隧址区地下水丰富,地下水类型主要有风化基岩裂隙水、构造脉状裂隙水。断层影响带处拱顶和侧壁围岩稳定性差,易产生坍塌,并且可能会出现较大涌水。

9.4.1.3 隧道设计概况

1) 隧道衬砌结构设计

隧道衬砌按新奥法原理进行设计、施工,即以系统锚杆、喷射混凝土、钢筋网、钢架组成初期支护与二次衬砌模筑混凝土相结合的复合式衬砌形式,二次衬砌混凝土抗渗等级为 S8。具体支护参数见表 9-4-2。

隧道衬砌支护设计参数 表 9-4-2

衬砌类别	适用条件	喷混凝土（cm）	锚杆（cm）	钢筋网	钢架（cm）	混凝土拱墙（cm）	混凝土仰拱（cm）
II加强浅	厚层块碎石土、强风化基岩,浅埋或偏压地段	25（含仰拱）	350 @70×80	φ6.5 @15	I18 @60	60 钢筋混凝土 φ20@20	60 钢筋混凝土 φ20@20
II浅	岩质地层,浅埋或偏压地段	25	350 @70×80	φ6.5 @20	I18 @70	60 钢筋混凝土 φ18@20	60 钢筋混凝土 φ18@20
II加强	II类围岩极破碎断层带或土质地层	25（含仰拱）	350 @80×90	φ6.5 @15	I18 @60	45 钢筋混凝土 φ16@25	45 钢筋混凝土 φ16@25
III格	拱部稳定较差地段	25	300 100×120	φ6.5 @25	H18 @100	40	40
III	一般III类围岩	15	300 100×120	φ6.5 @25	/	40	40
IV	一般IV类围岩	10	250 110×130	φ6.5 @25（局部）	/	35	/
III停	III类围岩	20	350 80×90	φ6.5 @20	H18 @100	45 钢筋混凝土 φ18@20	45
IV停	IV类围岩	15	300 100×120	φ6.5 @25	/	45（钝角方向 8m,锐角方向 12m 为 φ18@25）	45

2）隧道防排水设计（图9-4-2）

隧道防水体系：除仰拱部位外全隧铺满防水层，防水层采用 $300g/m^2$ 无纺土工布+PVCⅡ型防水板，衬砌变形缝处设置橡胶止水带，施工缝处设置膨胀橡胶止水条。

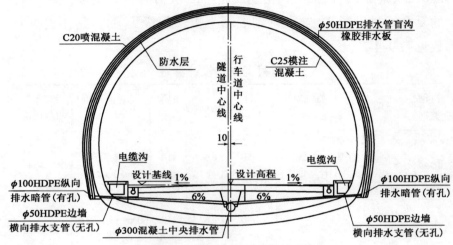

图9-4-2　隧道主洞防排水设计

隧道排水体系：设置 ϕ50HDPE 单壁打孔排水管盲沟（一般间距布设20m）及橡胶排水板（一般布设间距10m），将岩面渗流水引入设置在衬砌拱脚处的纵向 ϕ100HDPE 单壁打孔波纹管，并通过横向 ϕ50HDPE 单壁无孔波纹管（一般布设间距10m）将围岩水引入 ϕ300 钢筋混凝土中央排水管排出隧道，纵向每隔50m设置一处中央排水管检查井。

隧道行车道两侧设置开口水沟以排泄路面水，每隔30m设置开口水沟沉沙池，紧急停车带采用预埋 ϕ200PVC 双壁波纹排水管排水，两端各设置一处沉沙池，电缆槽内每隔20m设 ϕ50PVC 竖向排水管与隧道底部横向排水管连通。

3）内装饰

洞内全断面喷涂褐色隧道专用厚型防火涂料，厚度根据涂料品种具体性能确定。

4）隧道路面设计

隧道主洞（含紧急停车带）路面面层为26cm厚水泥混凝土，其设计弯拉强度不小于5.0MPa。无仰拱地段基层采用C15混凝土，其平均厚度为16cm，有仰拱地段由仰拱填充代替。

9.4.2 隧道病害现状及成因分析

9.4.2.1 隧道病害现状

藤蔑山隧道于2007年完工，在隧道紧急停车带区域、洞身混凝土衬砌和施工缝处出现了渗漏水病害。采取了钻排水孔、安装排水管等措施进行处治，排水管安装完成6个月后就被沉积物堵塞，虽再加处治，隧道仍然不断发生渗漏水。

9.4.2.2 隧道病害成因分析

1）地质原因

风化基岩裂隙水：以砂岩、粉砂岩、泥岩风化裂隙或其他各类成因的裂隙为赋存和径流通道，主要接受大气降水的补给，动态变化大，受季节及地形的影响和控制。基岩裂隙水富水性极不均匀，裂隙不发育地段贫乏，裂隙发育段较多。相对而言，T_2汾岩及T_2y碎屑岩富水性较强，J_2x粉细砂岩、泥岩富水性较弱。

2）施工原因

隧道衬砌渗漏水段落，施工工序控制不到位，导致衬砌背后的基岩裂隙水从隧道结构上较为薄弱的位置渗出。

9.4.3 隧道加固方案

9.4.3.1 隧道加固原则

加固设计遵照安全、经济、利于保护生态环境的总体原则，在不降低隧道结构的安全度、设计标准和使用功能的前提下，确保隧道病害处治全面、彻底，不留后患。

9.4.3.2 加固设计

采用埋设 MPS 系统的方式处理渗漏水,在 MPS 运行通电后正负电极构成电场,作用到隧道衬砌内毛细孔和缝隙中的水分子上,将水分子电离化,使其朝着安装在隧道外侧的负电板方向移动,将隧道内部的水分排走并逐渐变干。电防渗技术 5 个基本单元分别为正电极(钛金属线)、负电极(铜棒)、正极和负极连接线、接线箱及电渗透技术控制箱,电防渗线路如图 9-4-3 所示。

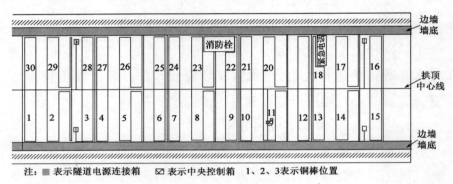

图 9-4-3 电防渗线路图

对于拱、墙单点线流、股流及射水等水量较大的渗水点采用开槽埋管导水的方案进行处理。

9.4.3.3 加固施工

1)灌电防渗

(1)施工纵缝开凿深度为 8~12cm,宽度为 7~9cm 的槽。

(2)施工环缝及应力裂缝开凿深度为 10~15cm,宽度为 8~10cm 的槽。

(3)拱部应力裂缝、拱脚施工环缝凿缝时向两端各延伸 60cm 左右,确保灌浆后不顺缝渗漏。

(4)注浆:环向裂缝(施工缝)由下而上依次注浆,面状渗漏水由周边管向中心依次注浆,纵缝或斜缝由水量较小端向较大端依次注浆。注浆压力视其裂缝宽度、深度以及用浆量的大小而定,待预埋排气管出浆后即关闭闸阀再缓缓注浆,直至注不进为止。渗漏水施工缝注浆压力通常为 0.4~0.8MPa,渗漏水应力裂缝注浆压力一般为 0.6~1.5MPa。

(5)根据结构物的特点,确定电防渗安装的具体线路,包括钛金属丝线间的间距,负极铜棒的布置根数,并绘制成图以指导施工。

(6)埋设电防渗线路(图 9-4-4)系统:根据图纸要求,在二次衬砌混凝土上开凿深 3cm,宽 0.5cm 的细槽,开完槽后用清水清洗干净并布线。使用高级石墨封堵线槽,同时根据图纸,在距隧道底 1m 已选好的地方钻孔安装负极铜棒。把安装完成的正极线(钛金属线)和负极线(与铜棒连接的线)汇集后,将其连接到中央控制箱中,中央控制箱与电源连接,完成安装。

图 9-4-4　电防渗线路埋设

(7)运行电防渗线路系统(图 9-4-5):通电后正负电极构成电场,作用到隧道内毛细孔和缝隙中的水分子上,将水分子电离化,使其朝着安装在隧道衬砌外侧的负电板方向移动,使隧道内部的水分排走并逐渐变干。

(8)通过现场观察及读取混凝土表面相对湿度数据变化来检测电防渗效果。

图 9-4-5　电防渗线路系统

2）开槽埋管导水

此方法主要使用于拱、墙单点线流、股流、射水等水量较大的渗水处。根据检测提供的裂缝状况确定引排位置。施工步骤如下：

（1）表面清洗：把裂缝两侧约 10cm 的衬砌混凝土表面清洗干净，明确缝隙的位置及渗水源。

（2）割缝或钻孔：用切割机在渗水缝隙左右两侧各 3cm 处割出深为 6~8cm 的缝，或用冲击钻每隔 2cm 钻孔，为凿槽做准备。

（3）凿槽：人工凿出深度为 8cm（施工缝）或 6cm（衬砌裂缝）的内大（宽 6cm）外小（宽 4cm）的倒梯形槽，保证可外敷 2~3cm 厚的防水层。

（4）埋管：在槽底埋设 $\phi 30$ 弹簧半管直至边墙底部，用锌铁皮固定，边墙底部至纵向排水沟用 $\phi 30$PVC 圆管连接。

（5）封填：对于渗水处治的施工缝，先用遇水膨胀橡胶止水条嵌缝，再封填防水砂浆；对于渗水处治的衬砌裂缝，直接封填防水砂浆。

（6）刷浆找平：待防水砂浆达到一定强度后，喷湿修复区域，抹刷配比为 1:2 普通砂浆找平，厚度为 0.5~0.8cm。

（7）养护：在处治完成后 14 天内进行喷水养护。

9.4.4 加固效果及经验总结

9.4.4.1 加固效果

藤蒇山隧道渗水处治于2009年1月起始,2009年2月隧道再次投入运行。从运营情况来看,防水效果良好。通过监测和观察,隧道结构及路面稳定,渗漏水得到有效控制,达到了预期目标。

9.4.4.2 经验总结

(1)在艰难的建设环境下发展新技术、新工艺以提高隧道的修筑和养护质量,值得借鉴。

(2)在进行隧道病害处治设计前,对病害现状、原因等进行调查和检测具有重要的作用,为处治设计提供必要的基础参考资料。

第10章 冻害处治

10.1 梯子岭隧道

梯子岭隧道基本信息表　　　　表 10-1-1

隧道名称	梯子岭隧道	长度	1142.72m
通车年份	1994 年	省份	河北
道路等级	二级公路		
病害情况	衬砌挂冰、掉块、渗漏水,排水边沟胀裂、破损,路面结冰		
处治方案	复合式防水层+隔热防冻层+套拱		

10.1.1 隧道概况

10.1.1.1 隧道基本情况

梯子岭隧道(表 10-1-1)位于秦青公路石门寨至牛心山改建段,是唐山钢铁公司为运输铁矿精粉于 1993 年 8 月开工建设。隧道全长1142.72m,内轮廓净宽7m,净高5.35m,其中侧墙高3.6m,拱高1.75m,纵坡为4.1%,未做路面设计和防排水设计。隧道于1994 年 12 月建成通车。

10.1.1.2 隧道地质概况

1)气象水文

隧址区属半干旱大陆性气候,温差很大,降雨量较少,年最大降雨量 1128.8mm,年最小降雨量 414.8mm,年平均降雨量291.0mm。隧道位于青龙县北部山区,冬季气温低,年平均气温8.9℃,而年最低气温达 -29.2℃。该地区最大风速29m/s,年最多风向为西南风,次多风向为东北风。

2)地形地貌

梯子岭隧道为单斜构造,走向230°,隧道穿过距东洞口220~

250m 和 685~711m 的两条断层,总长 55m,断层破碎带影响宽度约 110~132m。两组横向裂隙发育,将隧道围岩切割成碎块状,断层和裂隙相互连通,为地表水的渗流提供了通道和储水空间,使其源源不断地流经隧道衬砌。

3) 地层岩性

隧道穿过的岩脉有花岗岩、石英斑岩、细晶岩脉、辉绿岩脉、绢云母绿泥片岩等。根据地质钻探及隧道实测,围岩裂隙极发育,每平方米约 27~34 条,裂隙间距为 0.02~0.2m,面积裂隙率为 1.68%~8.9%。围岩中绢云母绿泥片岩为软质岩石,抵抗风化能力弱,风化程度高,裂隙发育,易构成岩体滑动面,同时也起到了导水通道的作用。

10.1.1.3 冻害处治历史

梯子岭隧道 1994 年 12 月交付使用后,因原设计未考虑隧道的防排水问题,运营后不久就发生了冻害现象。据 1994 年和 1995 年的两个冬季观察,每年 11 月到第二年 4 月,隧道洞内形成大面积的冰柱及冰溜,冰柱直径大多在 0.5~1.0m,大者可达 1.5m,高度均在 1m 左右,小者滴水冻结于洞顶,形成冰溜,倒挂于洞顶或附在侧墙上,最大冰溜直径可达 40cm 左右,长度 2~3m,大部分路面冬季结冰。整个冬季隧道内车辆、行人难以通行,无法安全运营。

1997 年秦皇岛市交通局对梯子岭隧道进行了改扩建,改建后隧道内轮廓宽 11m,高 7.46m,其中侧墙高 4m,拱高 3.46m。为解决隧道渗漏水问题,遵循"以排为主,排堵结合"的原则,隧道衬砌外施作环状盲沟排水,路面两侧设双侧排水沟,在裂隙发育地段采用防水混凝土,施工缝埋设橡胶止水带,排水沟出洞后做保温处理,将水引入废弃的渣堆。隧道改扩建工程于 1997 年 3 月 1 日开工,1997 年 8 月 30 日完工。

经过 4 年的运营,发现尽管隧道改扩建时采取了防排水措施,但渗漏问题仍未得到很好的解决。每年雨季，隧道衬砌表面都会出现大面积的渗漏水现象；冬季在衬砌表面的渗漏处仍有结冰现象，所形成的冰溜延伸到路面，拱顶滴水在路面也形成了冰溜，衬砌和排水沟因冻胀出现明显的开裂，严重影响到隧道的正常运营。为此，秦皇岛市交通局组织施工单位先后进行了两次衬砌表面刻槽、衬砌背面注浆的治理，但效果很不理想。

10.1.2 隧道病害现状及成因分析

10.1.2.1 隧道病害现状

2001年2月28日秦皇岛市交通局组织有关人员对梯子岭隧道渗漏水和冻害情况进行了详细调查，全隧道共发现渗漏水60处，严重的衬砌挂冰现象有12处，路面形成冰溜的有6处，大多数渗水段落都伴随出现衬砌剥落掉块的现象。同时，调查发现隧道的排水沟因冻胀出现了胀裂和破损，导致冰溜延伸到了路面，隧道渗漏水和冻害现象仍然比较严重。典型冻害如图10-1-1、图10-1-2所示。

图10-1-1　拱墙交接处结冰情况　　　　图10-1-2　凿除的结冰

10.1.2.2 隧道病害成因分析

1) 自然地理原因

隧道渗漏水段多为地表地势相对低洼平坦，地形坡度较缓，或为两山的鞍部或沟谷部分，有一定的汇水面积，而无较好的径流排泄条件,造成地面集水大量的长时间的下渗,为隧道渗漏提供了水源。

隧址区冬季气温低,年平均气温8.9℃,而年最低气温达-29.2℃。隧道衬砌最大厚度为0.55m,而年冻结深度为0.91~1.09m,冻结深度到了衬砌背后一定范围的围岩。在冬季结冰期,隧道衬砌内外两侧均结冰,环状排水盲沟也难免被冰充填,使其排水不畅或完全堵死。混凝土衬砌经反复冻融后开裂,不仅降低了结构的安全性,而且引发了更严重的渗漏水病害,导致病害的恶性循环。

隧址区最大风速29m/s,年最多风向为西南风,隧道为1142.72m长的直线隧道,纵坡4.1%,进出口高程相差46.6m,故隧道的烟囱效应加剧了洞内外的空气对流,两洞口之间的温差引起洞内外空气的流动。受自然通风的影响,使得洞内外空气与衬砌和围岩之间的冷热交换,加剧了冻害的发展。

2) 地质原因

梯子岭隧道穿越两条断层,且围岩裂隙极发育,将隧道围岩切割成碎块状,断层和裂隙相互连通,为地表水的渗流提供了通道和储水空间,使其源源不断地流经隧道衬砌。所以,断层和裂隙成了隧道发生渗漏水病害的充分条件。调查结果表明,隧道渗漏的出水点、出水段、结冰段与围岩断裂产状及发育程度密切相关。

3) 设计原因

隧道防排水设计措施不完善,未形成完整的防排水系统,是造成渗漏水的原因之一。这与当时对隧道衬砌渗漏水病害严重性的认识不足有很大关系。

4) 施工原因

隧道施工质量差,也是造成渗漏水病害的原因之一。1999年5月,秦皇岛市交通局对梯子岭隧道混凝土衬砌质量进行了检测,检查发现,混凝土衬砌内部缺陷(不密实或脱空等)比较严重,约占检测段的 56%,其中拱部衬砌普遍脱空,形成富水区。

此外,模筑混凝土衬砌采用先拱后墙法施工,施工接缝处理不当,盲沟没有完全连通,防排水系统没有起到应有的作用。

10.1.3 隧道加固方案

10.1.3.1 隧道加固原则

结合梯子岭隧道的工程实际情况,渗漏冻害治理的重点应放在建立通畅的防排水系统上,以保证衬砌不渗不漏。要确保衬砌背后和排水系统中的水不会冻结,应按照"防水是基础、排水是核心、保温是关键"的原则进行综合治理。

为了根治隧道渗漏结冰,确保其使用功能,对隧道进行全面综合治理,从防排水和保温两个方面进行整治(图10-1-2)。经过检查发现隧道净空有一定的富余量,因此决定采用"复合式防水层+隔热防冻层+套拱"的处治措施。在现有隧道衬砌表面铺设复合式防水层和透水管,做保温排水边沟,形成新的防排水系统,同时在表面铺设隔热防冻层,并且模注混凝土套拱。

10.1.3.2 加固设计

设计采用在现有隧道衬砌表面铺设防水板和透水管,洞内两侧排水沟采用防冻保温水沟,形成新的防冻排水系统(图10-1-3),同时在防水板表面铺设隔热防冻层,采用模注混凝土套拱的方法即在原衬砌混凝土外依次增设 2mmPVC 复合防水板、50mm 聚氨酯防冻层、25cm 混凝土衬砌(套拱),两侧原排水边沟加铺保温盖板,出口排水管采用保温套管处理。

中间铺设法隔热防冻层厚度按照式(10-1-1)进行计算:

$$\frac{1}{\lambda_1}\ln\frac{r+\delta_1}{r} = \frac{1}{\lambda}\ln\frac{r+\delta_2+\delta}{r+\delta_2} + \frac{1}{\lambda_2}\ln\frac{r+\delta_2}{r} \quad (10\text{-}1\text{-}1)$$

式中:λ——隔热防冻层的导热系数[W/(m·℃)];

λ_1——围岩的导热系数[W/(m·℃)];

第10章 冻害处治

λ_2——衬砌混凝土的导热系数$[W/(m·℃)]$；

r——隧道的当量半径(m)；

δ_1——计算或实测的围岩的最大冻结深度(m)；

δ——隔热防冻层的厚度(m)；

δ_2——衬砌混凝土的厚度(m)。

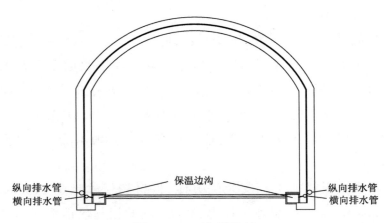

图10-1-3 冻害防治

隔热防冻层厚度计算参数见表10-1-2。

隔热防冻层厚度与围岩厚度等效值比较　　表10-1-2

围岩的导热系数	$\lambda_1 = 1.16W/(m·℃)$					
隔热防冻层的导热系数	$\lambda = 0.022W/(m·℃)$（硬质聚氨酯）					
衬砌混凝土的导热系数	$\lambda_2 = 2.23W/(m·℃)$					
隧道的当量半径	$r = 4.90m$					
隧道衬砌混凝土的厚度	$\delta_2 = 0.45m$					
隔热防冻层的厚度(m)	0.017	0.023	0.028	0.034	0.039	0.045
围岩的厚度(m)	1.18	1.51	1.87	2.24	2.63	3.05

注：1. 表中 $r = \dfrac{开挖宽度 + 开挖高度}{4} = \dfrac{10.8 + 8.80}{4} = 4.90m$。

2. 表中 $\lambda = 0.022W/(m·℃)$，参照《建筑物隔热用硬质聚氨酯泡沫塑料》（GB 10800—1989）。

3. 表中 $\lambda_1 = 1.16W/(m·℃)$，参照大坂山隧道围岩情况。

由表 10-1-2 可知,当隔热防冻层厚度为 0.03m 时,等效于围岩厚度 1.87m。而隧道温度场测试结果表明,洞内围岩最大冻结深度为 1.80m,所以,采用 0.03m 厚的硬质聚氨酯即可满足隧道防冻害要求。

10.1.3.3　加固施工

1) 施工工艺

中间铺设法采用预制保温材料,通过手工注入成型工艺施工。主要因为喷涂发泡成型需要环境温度和被涂物表面温度在 15～35℃范围内,风速不允许超过 5m/s。而梯子岭隧道施工现场当时的气温已在 0℃左右,温度过低发泡不充分,泡沫塑料固化很慢。同时喷涂厚度很难保证均匀,这一点在青海大坂山隧道也得到了证实。

考虑到板材加工和安装的方便,板材的尺寸定为 1100mm×460mm×50mm。按照理论计算,30mm 厚的板材已能满足防冻害的要求,鉴于现场制作 30mm 厚的板材难度较大,故制作时板材厚度采用 50mm。

2) 施工工序

隔热防冻层预制完毕后,使用黏结剂粘贴到隧道衬砌表面,形成隔热防冻层,然后再浇筑衬砌混凝土套拱。中间铺设法的施工工序如下。

(1) 二次衬砌表面除污清理。将混凝土表面凸出部分找平,凹处可用水泥砂浆填平,再用钢丝刷、毛巾等清理干净。

(2) 黏结复合式防水板。采用涂胶粘贴的方法将复合式防水板黏结到衬砌表面。为了方便施工,首先从隧顶向两侧黏结,然后黏结墙角和仰拱部位。涂胶粘贴时,用排刷在二次衬砌表面和复合式防水板无纺布表面分别均匀涂抹胶水,待胶水风干至不黏手时(约 3～4min)用小滚辊缓慢推压防水板,使之与二次衬砌混凝土表面粘贴牢固,粘贴时注意确保证防水板平整。

(3)铺贴隔热防冻层。保温板采用工厂预制成型,洞内拼装,然后粘贴施工,普通规格为2.0m×0.5m(长×宽)。在保温板表面和复合式防水板的PVC膜面上均匀涂抹树脂胶,待胶风干至不黏手时(约3~4min),将保温板平整地粘贴在复合式防水板上,保证拼装平顺,成自然弧度,轻压保温板,使其粘贴牢靠。保温板之间的黏结采用在侧面均匀涂抹黏结剂1~2mm厚的方法,使保温板之间接缝紧密。

(4)在隔热防冻层外侧再施作一层复合式防水板,施工方法与第一层复合防水板类似。

(5)施作混凝土套拱。

3)施工注意事项

采用中间铺设法进行隧道隔热防冻层的现场施工时的注意事项:

(1)复合式防水板表面平顺、无褶皱、无气泡、无破损等现象,与洞壁密贴,松紧适度,无紧绷现象。

(2)防水板和隔热防冻层接缝粘贴密实饱满,不得有气泡、空隙。

(3)防水层和隔热防冻层施工时基面不得有明水。

(4)隔热防冻层整体平整度良好,无明显突出部分,不得产生裂缝、空鼓、变形等破坏。

10.1.4 处治效果及经验总结

10.1.4.1 加固效果

2002年和2003年的两个冬季,对梯子岭隧道的运营情况进行了现场详细调查,结果表明,全隧道均无渗漏和冻害现象发生,说明隔热防冻层的效果是显著的,隧道治理后的情况如图10-1-4所示。

图 10-1-4　治理后的隧道情况

隧道经历了 8 年的运营,笔者于 2009 年 11 月底到现场进行调查,全隧道均无渗漏和冻害现象发生,衬砌完好无损。仅有隧道出口的保温边沟和路面破损较严重,这与隧道边沟未做深埋和保温处理有关。具体情况如图 10-1-5、图 10-1-6 所示。

图 10-1-5　整治后运营情况　　　图 10-1-6　边沟和路面破损
　　　　（2011.12）

10.1.4.2　经验总结

隧道冻害不仅影响行车舒适性,还存在较大安全隐患。低温和水是隧道冻害发生的必要条件,隧道冻害处治应以"防水为基础、排水为核心、保温是关键"为原则,在寒冷地区将完善的隧道防排水系统和保温技术相结合,才能达到不渗、不漏、不冻胀的目的。

梯子岭隧道经历了多次冻害整治,采取了不同的整治方法,最后采取的"复合式防水层+隔热防冻层+复合式防水层+套拱"的整治措施彻底解决该隧道的冻害问题。经过现场测试显示,隔热防冻层的效果非常显著,多年后的现场调查发现隧道运营状况良好。

10.2 天恒山隧道

天恒山隧道基本信息表　　　　表 10-2-1

隧道名称	天恒山隧道	长度	左洞 1690m 右洞 1660m
通车年份	2009 年	省份	黑龙江
道路等级	高速公路		
预防措施	隔热防冻层(表面铺设法)		

10.2.1　隧道概况

10.2.1.1　隧道基本情况

天恒山隧道(表 10-2-1)是哈尔滨绕城高速公路的重要组成部分,技术标准采用双向四车道高速公路隧道,设计速度 120km/h,建筑限界净宽为 11.5m,净高为 5.0m。隧道左线长 1690m,运营里程桩号为 K69+000~K70+690,右线长 1660m,运营里程桩号为 K68+995~K70+655。隧道左线位于 $R=7500$m 的圆曲线上,右线位于 $R=5500$m 的圆曲线接 $R=6700$m 的圆曲线接直线段,左、右线纵坡均采用人字坡,坡度均为 1.775%/-0.900%。隧道于 2009 年 10 月建成通车。

10.2.1.2　隧道地质概况

1)地形地貌

隧道所处地貌单元为岗阜状平原区,地面侵蚀较强,起伏较大,呈坡缓,顶平漫岗式,局部 V 形冲沟发育,切割深度 10~25m,前缘与松花江高漫滩后缘以陡坎相接,高差近 40m,隧址区植被主要为人工林及耕地。

2)地层岩性

隧道穿越地层主要为黏性土,颜色为黄色—黄褐色,为湿性、可塑性黏性土,含水量为 16.6%～30.90%,天然密度为 18.90～20.01kN/m³,物理局部为细砂、中砂层。隧道围岩比较单一,为Ⅴ级和Ⅳ级围岩。

3) 地质构造

隧道地质构造区Ⅰ级构造单元为兴安岭—内蒙古地槽褶皱区。亚Ⅰ级构造单元为小兴安岭—松嫩地块,Ⅱ级构造单元为松嫩中断陷带,Ⅲ级构造单元为东南隆起带。区内的断裂构造主要有北东向、北北东向、东西向和北西向四组,发育的主要断裂有:第二松花江断裂、拉林河断裂、东西向松花江断裂、滨州隐伏断裂、呼兰河断裂、阿什河断裂。

4) 气象

隧址区气候属于大陆季风性气候,为北寒带气候条件,冬季长达五个月之久,春秋季节较短,年平均气温为 5.7℃,极端最高气温为 39.1℃,极端最低气温为 -41.4℃;年均降水量为 523.3mm,降雨期集中在 6～8 月;年平均蒸发量 1508.7mm;最大冻结深度为 2.05m,地面稳定冻结日期为 11 月下旬,稳定解冻日期为翌年 4 月中旬。冬季主导风向为南南西风,最大风速为 20m/s。

该地区气候特点是冬季受极地大陆气团控制,严寒干燥;夏季受副热带海洋气团的影响,气候炎热多雨;春秋两季因受冬、夏季风交替影响,气候多变,春季多大风,降水少蒸发快,易发生干旱;秋季多寒潮侵袭,降温急剧,易发生冻害。

5) 水文

隧道范围内地下水为上层滞水,赋存于软可塑及黏性土层中,钻孔后出现渗水现象,24 小时渗水量平均值为 12.2L/m²。

10.2.1.3 隧道设计概况

1) 衬砌结构

隧道暗洞衬砌结构按新奥法原理,采用复合式支护结构形式。

初期支护以锚杆、钢筋网、钢拱架及喷射混凝土组成联合支护体系,二次衬砌采用C30自防水模注混凝土结构,抗渗强度S10,初支与二衬设防排水保温层。

2) 防排水工程

隧道防排水遵循"防、排、截、堵相结合,因地制宜,综合治理"的原则。

隧道柔性防水工程设置在喷射混凝土与二次衬砌表面之间,采用"$400g/m^2$土工布+2.5mm厚防水卷材+$400g/m^2$土工布",为防止柔性防水层由于施工原因可能出现局部位置防水失效,故二次衬砌做成自防水混凝土结构,采用膨胀水泥混凝土,要求抗渗强度达S10。

隧道排水体系为$\phi50$软式透水环向排水盲沟将水引入$\phi100$HDPE透水波纹纵向排水管,再通过$\phi100$UPVC透水横向管引入路面下方的$\phi400$钢筋混凝土深埋排水管,通过深埋排水管排出洞外。

3) 路面工程

隧道采用复合路面结构,路面结构为5cmSBS改性沥青抗滑表层AK-13A+5cm中粒式改性沥青混凝土AC-201+24cm厚钢纤维水泥混凝+16~38.5cm厚C20素混凝土基层。

10.2.2 隧道冻害分析

寒冷地区的隧道通常在春融期出现渗漏,渗漏会引发各种冻害,影响行车,威胁结构稳定和安全,出现该问题的原因是由于冻融循环导致隧道防水工程受到破坏。

根据天恒山隧道所处地区的温度情况和地下水情况,对隧道的冻害程度进行分级。隧道的最大冻结深度为2.05m,在1.8~2.9m,属于寒冷程度中的3级重寒。隧道的地下水为上层滞水,钻孔后出现渗水现象,其地下水危害属于2级中。综合考虑温度和地下水的双重因素,不进行隔热防冻处理,该隧道将发生冻害。

这种隧道如果不采取预防措施,往往会产生衬砌破裂、较大面积渗漏、较大范围挂冰、路面冻冰等现象,存在较大安全隐患。

10.2.3 隧道防冻设计与施工

10.2.3.1 隧道防冻设计原则

根据天恒山隧道冻害程度、特点,遵循"防水、排水、保温相结合,综合治理"的原则,结合隧址区气候、水文地质条件、施工条件等确定相应的处治措施,以保证隧道达到不渗、不漏、不冻胀的目的。

10.2.3.2 隧道防冻设计

目前国内外对寒冷地区隧道保温工程的研究较少,主要采用的保温工程有以下两种:

第一种做法是在二次衬砌表面铺设保温层,该种做法的缺点是需要对保温材料采取特殊的防火处理,而且保温材料的安装固定比较复杂。

第二种做法是在初期支护和二次衬砌之间铺设保温层,该种做法无须进行特殊的防火处理,且保温材料固定也相对容易些。

天恒山隧道由黑龙江省公路勘察设计院设计,考虑到隧道所处地区的恶劣气候条件,以及寒冷地区隧道低温冻胀会导致衬砌渗漏,甚至发生冻害,对该隧道施作保温工程,杜绝隧道冻害的发生。保温工程采用"复合式防水板+隔热防冻层+复合式防水板"的结构形式。

隧道保温层是将预制的 F13-1PU 硬质聚氨酯板,通过轻型龙骨(龙骨内填充 F13-1PU 硬质聚氨酯板)固定在二次衬砌表面,在预制 F13-1PU 硬质聚氨酯板表面设置一层 6mm 厚的硅酸钙装饰板(A级不燃材料),最后在装饰板表面喷涂隧道专用防火材料。

10.2.3.3 施工工艺

天恒山隧道隔热防冻层施工采用的是表面铺设法。第一步现场定位放线及镀锌膨胀螺栓固定,具体情况如图10-2-1、图10-2-2所示。

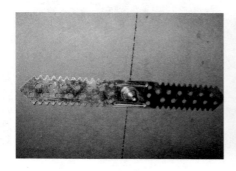 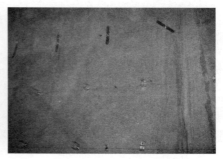

图10-2-1　现场放线定位　　　图10-2-2　膨胀螺栓固定

第二步进行龙骨之间的连接和安装,具体情况如图10-2-3、图10-2-4所示。

图10-2-3　相邻龙骨之间连接　　图10-2-4　安装成型的龙骨

第三步安装F13-1PU硬质聚氨酯保温板材,安装时要用专用胶粘贴牢固,并用发泡胶封堵缝隙。采用专用胶威尔固聚氨酯泡沫填缝剂现场粘贴保温板情况如图10-2-5所示。

第四步在预制F13-1PU硬质聚氨酯板表面设置一层6mm厚的硅酸钙装饰板(A级不燃材料),最后在装饰板表面喷涂隧道专用防火材料。

隧道隔热防冻层施工完成整体效果如图10-2-6所示。

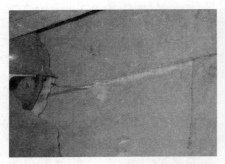
图10-2-5 专用胶现场粘贴保温板

图10-2-6 隧道隔热防冻层施工完成整体效果

10.2.4 防冻效果及经验总结

10.2.4.1 防冻效果

为了检验隔热防冻层的效果,在2009年10月隧道通车运营后,2009年12月～2010年2月对隧道温度场进行了现场实测。天恒山隧道下行线的起讫里程为XK88+325～XK90+015(设计桩号),选取XK88+390、XK88+790、XK89+190、XK89+590和XK89+990这5个断面进行温度场测试。

桩号测试元件横断面布置如图10-2-7所示,在距离路面以上5m左右的位置,左右拱腰分别布置一处测点,在距离路面以上1m的位置,左右边墙分别布置一处测点。每处测点在隔温层表面和初砌表面布置一个测温元件,然后在衬砌和围岩内部每隔25cm埋置一个测温元件,如图10-2-8所示。

现场测试表明,2010年1月17日是隧道围岩内温度最低的一天,对这一天的各个测试断面不同部位的围岩内部温度进行统计,选取每个断面中温度最低的部位,绘制隧道围岩温度随深度的变化曲线,如图10-2-9所示。

由图10-2-9可知:隔热防冻层两侧的温差变化效果显著。例如:XK88+390断面右边墙隔热防冻层两侧温度由-16.8℃变化

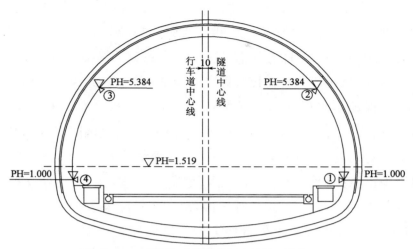

图 10-2-7 测试元件横断面布置(单位:m)

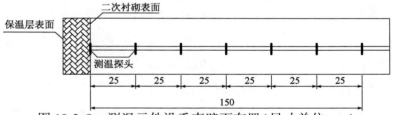

图 10-2-8 测温元件沿垂直壁面布置(尺寸单位:cm)

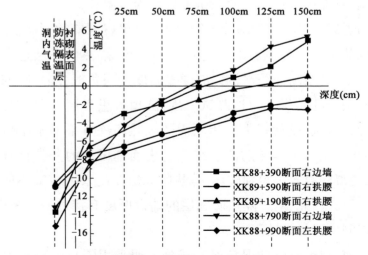

图 10-2-9 隧道围岩温度-深度变化曲线(2010.1.17)

到-3.9℃,增加了12.9℃;XK89+990断面左拱腰隔热防冻层两侧温度由-22.2℃变化到-8.5℃,增加了13.7℃。

XK88+390断面为Ⅴ级围岩,二次衬砌和初期支护厚度为75cm,右边墙围岩内部温度在距离衬砌表面75cm处为-0.2℃,基本可以保证防水板背部围岩内部温度为正温;XK88+790断面为Ⅵ级围岩,二次衬砌和初期支护厚度为83cm,右边墙围岩内部温度在距离衬砌表面75cm处为0.3℃,可以保证防水板背部围岩内部温度为正温;XK89+190断面为Ⅴ级围岩,二次衬砌和初期支护总厚度为75cm,右拱腰围岩内部温度在距离衬砌表面75cm处为-1.6℃,不能保证防水板背部围岩内部温度为正温,但在距离衬砌表面125cm处达到正温;XK89+590断面为Ⅵ级围岩,二次衬砌和初期支护总厚度为83cm,右边墙围岩内部温度在距离衬砌表面75cm处为-4.5℃,不能保证防水板背部围岩内部温度为正温,且在距离衬砌表面150cm处仍为负温;XK89+990断面为Ⅴ级围岩,二次衬砌和初期支护总厚度为75cm,右拱腰围岩内部温度在距离衬砌表面75cm处为-4.6℃,不能保证防水板背部围岩内部温度为正温,且在距离衬砌表面150cm处仍为负温。

通过以上分析可以看出,靠近隧道小里程洞口的断面,基本能够达到防水板背部围岩温度为正温的要求,隔热防冻层达到了预期的效果,其余断面防水板背部围岩温度仍为负温,隔热防冻层没有达到预期的效果。通过测试发现,隧道大里程洞口温度要低于小里程洞口,这就使得大里程断面的隔热防冻效果差于小里程断面。同时,又由于隔热防冻层采用的表面铺设法的龙骨具有冷桥效应,使得保温效果得到破坏,隔热防冻层厚度采用5cm不能满足防冻要求。因此,对于隔热防冻层的铺设厚度有待进一步考虑,对大里程洞口段加强监测。

目前,隧道运营状况良好。充分证明采用隔热防冻层表面铺设法可以有效地解决隧道的冻害问题。

10.2.4.2 经验总结

隧道冻害不仅影响行车舒适性,还存在较大安全隐患。低温和水是隧道冻害发生的必要条件,隧道冻害处治应以"防水为基础、排水为核心、保温是关键"为原则,在寒冷地区将完善的隧道防排水系统和保温技术相结合,才能达到不渗、不漏、不冻胀的目的。

同时隧道冻害处治应结合隧道工程实际情况,考虑渗漏水、冻害程度和断面净空富余量等,选择合理的冻害处治方法。隔热防冻法应将隔热层、保护层和固定材料作为完整系统进行综合设计,同时还应考虑隧道洞口温度及风向对保温层设计的影响。

10.3 雾凇岭隧道

雾凇岭隧道基本信息表　　　　表10-3-1

隧道名称	雾凇岭隧道	长度	左洞590m 右洞501m
通车年份	2007年	省份	黑龙江
道路等级	一级公路		
预防措施	隔热防冻层(表面喷涂法)+深埋中心水沟		

10.3.1 隧道概况

10.3.1.1 隧道基本情况

雾凇岭隧道(表10-3-1)属于绥满国道主干线海林至亚布力扩建工程,地处黑龙江省东南部的张广才岭腹地——雾凇岭,是黑龙江省建设的第一条公路隧道。隧道的平面布置为上、下行分离式断面,上行线长501m,下行线长590m。隧道于2007年10月建成通车。

10.3.1.2 隧道地质概况

1)地形地貌

隧道地处张广才岭北部延伸地带,地理位置在东经128°50′,

北纬44°50′附近。隧道周围的地形沟谷交错,起伏连绵,山高林密,相对高差较大,地表植被以人工林和次生灌木林为主,隧道穿越的海拔高度在630~700m。

2) 地层岩性

隧道通过地段的西北侧为蚂蚁河上游支流,东南侧为海浪河上游支流。隧道围岩地质情况复杂多变,围岩风化严重,多为强风化花岗岩,呈黄色,强度很低,节理裂隙十分发育,整体性和自稳能力很差,地下水丰富。

3) 气象

隧址区属于北温带大陆季风气候,具有春季风大干燥,夏季炎热多雨,秋季低温早霜,冬季寒冷多雪的特点。年平均气温2.8℃,极端最高气温34.8℃,极端最低气温-41℃。年平均降雨量为691mm,降雨期集中在6~8月。平均积雪厚度为40cm,最大冻结深度为2.02m。地面稳定冻结日期为11月下旬,稳定解冻日期为翌年4月中旬。冬季主导风向为西南风,最大风速为22m/s。雾凇岭隧道所处的虎峰岭区域海拔较高,又为密林,对局部小气候影响明显,尤其是冬季,降雪量比周边地区多2倍左右。

4) 水文地质

隧道的地下水以基岩裂隙水为主,受大气降雨补给影响,水力联系从风化花岗岩入渗到弱风化花岗节理裂隙里,最后入渗到破碎带处。

10.3.1.3 隧道设计概况

隧道按照新奥法原理进行设计施工,采用复合式衬砌结构。隧道衬砌结构设计以锚、喷、网联合支护为初期支护,模筑混凝土为二次支护措施。

隧道防排水遵循"防、排、截、堵相结合,因地制宜,综合治理"的原则。隧道排水体系为:环向排水管将水引入纵向排水管,再通过横向管引入路面下方的中心排水沟,通过中心深埋水沟将水排出洞外。

10.3.2 隧道冻害分析

寒冷地区的隧道通常在春融期出现渗漏,渗漏会引发各种冻害,影响行车,威胁结构稳定和安全,出现该问题的原因是由于冻融循环导致隧道防水工程受到破坏。

根据雾凇岭隧道所处地区的温度情况和地下水情况,对隧道的冻害程度进行分级。隧道的最大冻结深度为2.02m,在1.8～2.9m,属于寒冷程度中的3级重寒。隧道的地下水丰富,以基岩裂隙水为主,隧道大部分处于地下水位之下,开挖过程中有持续涌水现象,其地下水危害程度属于3级重寒。综合考虑温度和地下水的双重因素,该隧道的冻害等级划分为Ⅳ级(冻害重)。

这种隧道如果不采取预防措施,往往会产生衬砌破裂、较大面积渗漏、较大范围挂冰、路面冻冰等现象。因此,在冻害处治措施中采用保温层和深埋中心排水沟的方法。

10.3.3 隧道防冻设计与施工

10.3.3.1 隧道防冻设计原则

根据雾凇岭隧道冻害程度、特点,遵循"防水、排水、保温相结合,综合治理"的原则,结合隧址区气候、水文地质条件、施工条件等确定相应的处治措施,以保证隧道达到不渗、不漏、不冻胀之目的。

10.3.3.2 隧道防冻设计

雾凇岭隧道由黑龙江省公路勘察设计院设计,防冻设计采用二次衬砌外设置隔热防冻层和路面以下设置深埋中心水沟的组合措施。隔热防冻层的作用主要使围岩的热量在冬季不易逸出,并保持隔热防冻层的背面温度在冰点以上,从而防止冻害。

雾凇岭隧道隔热防冻层设置在二次衬砌表面,采用现场表面喷涂聚氨酯的方法施作隔热防冻层,然后挂镀锌钢丝网,抹聚合物砂浆乳液进行修饰,最后喷涂隧道专用防火涂料。隧道中心深埋水沟设置在隧道路面以下 3.15m 的位置,埋置直径为 40cm 的预制管。

10.3.3.3 隧道防冻施工

雾凇岭隧道隔热防冻层施工采用的是表面喷涂法。第一步现场发泡喷涂聚氨酯保温层,具体情况如图 10-3-1 所示。

图 10-3-1 现场喷涂聚氨酯保温层

第二步使用 TOX 钉膨胀螺栓与隧道二次衬砌表面相连,连接必须牢固,才能将热镀锌钢丝网固定牢靠。TOX 钉和钢丝网对保温层固定情况如图 10-3-2 所示。

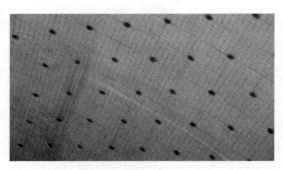

图 10-3-2 TOX 钉和钢丝网对保温层固定

第三步采用涂抹 5mm 厚聚合物砂浆乳液进行修饰喷涂聚氨酯硬泡保温层,具体情况如图 10-3-3 所示。

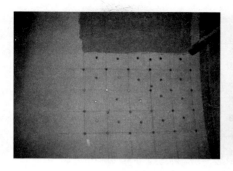 

图 10-3-3 聚合物砂浆乳液修饰

最后,在保温层表面喷涂 10mm 厚的隧道专用防火涂料,具体情况如图 10-3-4 所示。

图 10-3-4 喷涂隧道专用防火材料

10.3.4 防冻效果及经验总结

10.3.4.1 防冻效果

为了检验雾凇岭隧道隔热防冻层的效果,在隧道的下行线进行温度场测试。隧道下行线长 590m,在距哈尔滨侧洞口 5m(1-1 断面)、147.5m(2-2 断面)、295m(3-3 断面)、442.5m(4-4 断面)、585m(5-5 断面)处埋设了 5 个测温断面,如图 10-3-5 所示。

每个测试断面分别在拱顶、左右拱腰和左右边墙 5 个部位埋设测温元件。每个部位测温元件的布置如图 10-3-6 所示。

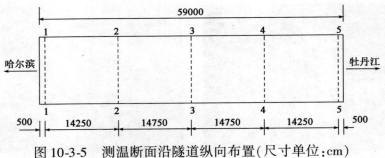

图 10-3-5　测温断面沿隧道纵向布置(尺寸单位:cm)

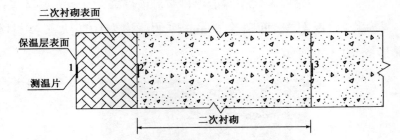

图 10-3-6　测温元件沿垂直壁面方向布置

取 2009 年 12 月 7 日的测试数据进行分析,绘制各断面拱顶部位的隧道围岩温度随深度的变化曲线如图 10-3-7 所示。

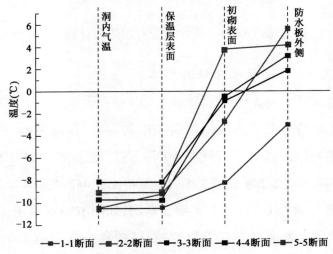

图 10-3-7　围岩内部温度-深度曲线(2009.12.7)

由图10-3-7可知:洞内气温和保温层表面温度相差不大,保温层表面和衬砌表面温度变化很显著。例如:2-2断面隔热防冻层两侧温度由－9℃变化到－3.8℃,增加了5.2℃;3-3断面隔热防冻层两侧温度由－8.1℃变化到－0.8℃,增加了7.3℃;4-4断面隔热防冻层两侧温度由－9.8℃变化到－0.4℃,增加了9.4℃。

除1-1断面外,其余断面的防水板外侧温度都为正温,确保了防水板背部围岩处于正温,围岩中的水不会发生冻结。1-1断面由于处于隧道洞口位置,受到洞内和洞顶双重气温的影响,围岩中温度仍为负温,且隧道洞口出水口做了深埋和保温处理,不会造成冻害。

隧道目前运营状况良好,经现场调查发现,隧道在环境温度为－21℃情况下排水系统工作正常(图10-3-8),表明隧道防冻措施有效,防冻效果良好。

图10-3-8　隧道洞口排水正常

10.3.4.2　经验总结

隧道隔热防冻层采用表面喷涂的施工方法在国内公路隧道保温工程中尚属首例,世界上只有日本曾采用过类似方法进行设计、施工。因此可供借鉴的工程经验不多,通过对雾凇岭隧道保温工程的设计和施工,率先形成了一套隧道衬砌表面喷涂保温层的施工工艺。

隧道冻害不仅影响行车舒适性，还存在较大安全隐患。低温和水是隧道冻害发生的必要条件，隧道冻害处治应以"防水为基础、排水为核心、保温是关键"为原则，在寒冷地区将完善的隧道防排水系统和保温技术相结合，才能达到不渗、不漏、不冻胀的目的。

第11章 震害、火灾处治

11.1 紫坪铺隧道

紫坪铺隧道基本信息表　　　　　　表 11-1-1

隧道名称	紫坪铺隧道	长度	左洞 4090m 右洞 4060m
通车年份	2009 年	省份	四川
道路等级	高速公路		
病害情况	震害后衬砌出现裂损、掉块、坍塌、渗漏水,掌子面发生塌方,仰拱出现隆起、开裂		
处治方案	临时钢架加固,掌子面反压回填注浆并施作护拱,衬砌裂缝修补,渗水处开槽埋管导水,渗水严重段导水后喷射10cm厚钢纤维混凝土加固,衬砌变形、坍塌段换拱,仰拱及填充拆除重建		

11.1.1 工程概况

11.1.1.1 隧道基本情况

紫坪铺隧道(原董家山隧道)(表11-1-1)为国道213线四川境都江堰至映秀高速公路上的高瓦斯隧道,为分离式双向四车道特长隧道,设计速度60km/h,隧道建筑限界净宽9.25m,净高5m,左洞长4090m,右洞长4060m,纵坡为2.35%的单向坡。受既有桥梁建筑物限制,隧道汶川端洞口段在平面设计中设置为小净距隧道(位于平曲线 $R=2500m$ 内),洞口最小净距为3.75m;左右洞大部分段落位于直线段内,中线(即行车道中线)间相距39.5m。隧道于2003年12月开工建设,2009年5月10日建成通车。

11.1.1.2 隧道地质概况

1)地质构造

隧址区位于龙门山构造带中南段,二王庙断裂与映秀断裂(龙门山中央断裂)所限制的断块上,其间展布了一系列走向北东—北北东的背、向斜以及逆冲断裂。隧址区内褶曲为龚家向斜、龚家背斜、沙金坝向斜,断层共10条,均与隧道轴线正交或大角度相交。隧道岩体受构造应力强烈挤压,节理裂隙发育,岩体破碎,裂隙贯通性好,为强烈挤压破碎带。

2)地层岩性

隧道穿过的地层为第四系和三叠系须家河组(T_3xj),主要岩性为黄灰色、褐黄色厚层状粗粒砂岩、细砾岩及泥质粉砂岩、炭质泥岩及煤线。

3)地震烈度

该路段原设计抗震设防烈度为Ⅶ度,隧道结构设计时按Ⅶ度设防进行结构验算,实际按Ⅷ度采取设防措施。2008年5月12日发生汶川大地震,地震属断裂带浅源构造8级地震,震中位于汶川县映秀镇,震源深14km,震中烈度Ⅺ度。汶川大地震后,2008年5月21日四川省地震局印发《关于灾后恢复重建估算烈度值建议的函》中,都江堰地震基本烈度为Ⅷ度,建议设防参数为0.20g。

4)不良地质

隧址区内共有10条断层,均与隧道轴线正交或大角度相交。隧址区内煤层为中高变质烟煤,生烃能力强,全隧道大部分区段都有煤层与瓦斯分布。加之隧道埋深较大,褶皱构造和逆冲断裂有利于瓦斯赋存,使得局部瓦斯富集,隧道在穿越煤层与煤系地层时有瓦斯危害。

11.1.1.3 隧道设计概况

隧道结构按新奥法原理进行设计,洞身采用复合式衬砌。二次衬砌采用C25(钢筋)模筑混凝土,初期支护与二次衬砌间设置防水板,隧道瓦斯设防段全环设防水板整体封闭,全长设置中央排水管排水。洞内设置水泥混凝土刚性路面。

11.1.2 隧道震害现状及成因分析

11.1.2.1 隧道震害现状

紫坪铺隧道施工期经历了2005年12月22日特大瓦斯爆炸事故(造成44人死亡、11人受伤,直接经济损失2035万元)和2008年5月12日汶川8级地震(隧道距震中约16km)。

"5·12"汶川地震后,建设期的紫坪铺隧道受到不同程度破坏。在随后的灾后重建中,紫坪铺隧道进行了多次震害的调查和检测。根据调查和检测结果,震害主要表现为以下几个方面:

1) 洞口安全影响区震害特征

隧道边仰坡在地震烈度为Ⅷ度及以下时基本无震害,Ⅸ度及Ⅸ度以上均出现了不同程度的震害,但震害大部分都为由于边仰坡之外的洞顶岩体崩塌引起的洞口掩埋(图11-1-1)。

2) 洞门结构及洞口边仰坡震害特征

洞门墙结构自身震害轻微,多以洞外崩塌岩体局部砸坏为主。洞门墙基底岩体变形、滑动(图11-1-2)等是洞门墙震损的主要原因。

图11-1-1 洞口区坍滑掩埋

图11-1-2 洞口边仰坡滑塌

3) 洞口段结构震害特征

隧道洞口段衬砌结构(钢筋混凝土结构)震害情况并不严重,未出现结构坍塌、大面积掉落等现象,在实际地震烈度为Ⅷ度及以下时震害轻微,衬砌结构以开裂、网状开裂为主(图11-1-3、图11-1-4)。

图 11-1-3　洞口削竹段衬砌网状裂缝　　图 11-1-4　震后洞口衬砌网状裂缝

4）洞身段结构震害特征

（1）隧道在围岩情况较好时结构震害轻微，而围岩情况较差时结构震害相对较重，但震害仍以衬砌开裂、掉块等较轻微震害为主，且较大震害主要发生在Ⅴ级围岩岩体破碎地段。

（2）隧道素混凝土衬砌段比钢筋混凝土衬砌段震害严重。钢筋混凝土衬砌震害以开裂为主，最严重的病害为混凝土保护层剥落、钢筋压曲外露；素混凝土衬砌震害以开裂、混凝土掉块为主，严重时会发生二次衬砌局部垮塌或大面积垮塌。

（3）洞身拱墙震害主要表现为施工缝开裂、错台、渗漏水、衬砌混凝土网裂、掉块和衬砌结构坍塌等。其中进口施工的两个掌子面在地震中均发生坍塌；仰拱震害主要表现为纵横向裂缝、隆起和渗漏水等，隧道断层带附近震害特征明显，主要洞身拱墙震害如图11-1-5～图11-1-12所示。

（4）次生灾害。由于地震后断水、断电，造成隧道内瓦斯积聚，隧道在恢复通风前个别地段瓦斯浓度达100%。

图 11-1-5　震后洞身段路面隆起　　图 11-1-6　路面错台、仰拱隆起

第11章　震害、火灾处治

图11-1-7　震后洞身段衬砌网状开裂

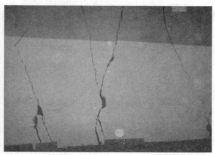

图11-1-8　隧道衬砌严重开裂

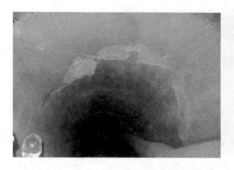

图11-1-9　隧道衬砌剥落掉块

图11-1-10　震后衬砌钢筋外露

图11-1-11　二次衬砌开裂渗水

图11-1-12　横通道衬砌开裂

11.1.2.2　隧道病害成因分析

紫坪铺隧道在"5·12"汶川地震中受到较为严重破坏的原因是多方面的,经分析总结出原因如下:

(1)地震方面:根据"5·12"汶川地震对隧址区地面建筑物的

293

破坏情况和地表发生崩塌、滑坡等地质灾害程度分析,隧址区地震烈度在Ⅷ度以上(映秀镇附近在Ⅹ度以上),超出了隧道原设计设防的要求,且隧道距离震中较近,致使隧道发生较为严重的破坏。

(2)地质构造方面:隧址区均位于二王庙断裂(龙门山前山断裂)与映秀断裂(龙门山中央断裂,本次8级地震发生的断裂)限制的板块上,隧道岩体受构造强烈挤压,节理裂隙发育、岩体破碎,且发育的一些次级小型断裂造成隧道损坏严重。

(3)地层岩性方面:隧道主要穿越第四系和三叠系须家河组地层,岩性以泥质粉砂岩、炭质泥岩及煤线等软岩或极软岩并夹少量砂岩为主,稳定性较差。根据本次地震隧道破坏情况初步分析,位于软岩区的隧道明显较位于硬岩区的隧道破坏严重。

11.1.3 隧道加固方案

11.1.3.1 加固整治原则

由调查和检测结果显示,隧道衬砌结构受到较为严重的破坏,应进行整治。震后隧道维修加固本着安全实用、质量可靠、经济合理、技术先进的原则进行。

11.1.3.2 加固设计

1)隧道恢复重建加固措施方案

隧道恢复重建内容包括应急加固阶段和永久加固阶段。

(1)应急加固阶段:隧道严重震损段处理和隧道坍塌段的处理。

(2)永久加固阶段:根据检测报告结果,按受损程度和受损部位的不同采取相应的处治措施。

2)应急加固

(1)隧道严重震损段处理

已施作二次衬砌段的拱顶和拱腰局部发生坍塌、严重开裂或掉块情况,衬砌结构已遭受了严重破坏,一旦继续发展将存在较大的安全隐患,需立即采取紧急措施进行临时加固,方可进行灾后重建工作。

采用 I18 工字钢钢架进行临时加固,纵向间距为 100cm,钢架间采用 $\phi22$ 纵向钢筋连接,环向间距为 100cm。

(2) 隧道坍塌段处理

地震发生时,紫坪铺隧道都江堰端的两个施工掌子面均出现较大坍塌。为查明隧道损失情况并为隧道恢复重建创造条件,经专家审查,针对掌子面坍方采取以下处治步骤:

①反压回填坍碴至坍腔口,在回填碴体表面喷射 10cm 厚 C20 混凝土封闭,采用 $\phi42$ 注浆小导管对碴体注浆加固,小导管长度 6m,间距 1m×1m,注浆材料采用水灰比为 1:1 的纯水泥浆。

②在拱腰及拱顶分别埋设 5m、6m 长 $\phi150$ 钢管,利用 $\phi150$ 钢管向坍腔内泵送 C20 混凝土,形成 3m 厚 C20 混凝土护拱。

③利用 2m 长初期支护作套拱,打设 $\phi75$ 自进式锚杆超前支护。

④施作 6m 长 $\phi51$ 自进式锚杆超前支护,分部开挖、支护。

⑤施作 I22b 型工字钢(60cm/榀)、喷射混凝土 28cm 等作为初期支护,二次衬砌采用 70cm 钢筋混凝土结构。

3) 永久加固

(1) 已作二次衬砌段拱墙处治

①施工缝裂缝处理:一般为施工缝开裂或有地下水渗出,对渗漏水施工缝采用开槽埋管导水封堵措施,较小的施工缝裂缝可不作处理。

②衬砌结构有少量裂缝:一般为较细小的纵、环向裂缝,可按下列措施处治:

a. 对宽度小于 2mm 且无渗水裂缝采用注射修补;宽度小于 2mm 有渗水裂缝及宽度大于 2mm 裂缝采用开槽埋管导水后封堵;

对裂缝较多、密度较大,且出现渗漏水较严重地段,先开槽埋管导水,再采用喷射10cm厚钢纤维混凝土对结构补强(侵入检修道约5cm)。

b.对结构严重损坏、出现衬砌掉块、严重变形地段,采取拱墙全部拆除重建措施;对拱顶和拱腰二次衬砌混凝土发生坍塌地段,采取拆除重建方案,重建采用同厚度钢筋混凝土结构。

(2)仰拱处治措施

①仰拱填充局部拆除重建:适用于仰拱局部开裂、仰拱填充隆起高度5~15cm的地段。拆除40cm厚的C10片石混凝土仰拱填充后,再采用C10混凝土回填。

②仰拱填充全部拆除重建:适用于仰拱局部开裂、仰拱填充隆起高度15~30cm的地段。拆除全部仰拱填充后,采用C10片石混凝土回填。

③仰拱拆除重建:适用于仰拱严重变形隆起、开裂错台地段,拆除原仰拱后重建等厚度钢筋混凝土结构。

11.1.3.3 加固施工

加固施工工序如下:

(1)首先对隧道二次衬砌拱部和拱腰坍塌段和拱顶严重开裂掉块段用I18工字钢架进行临时加固,以保证施工安全。

(2)洞内病害处治:原则上从洞外向洞内推进,在施工期内做好监控量测和安全管理工作,防止因余震造成人员伤亡等事故。

(3)拆除重建段施工:拆除段长度要控制在1m左右,作业方式采用对围岩和支护结构扰动较少的技术措施;未拆除段混凝土应在相应位置钻孔植筋,凿除1m混凝土后,应立即架设二次衬砌主体钢筋,与未拆除段纵向露出钢筋进行连接。

(4)二次衬砌混凝土拆除后,如防水板有破损应补好。

(5)二次衬砌补浇混凝土长度应控制在5.0m以内。

(6)浇筑二次衬砌混凝土时,拱部预埋 $\phi 108$ 泵送混凝土管,以便在二次衬砌浇筑后再次对拱部有空洞部位进行补注。

11.1.4 加固效果及经验总结

11.1.4.1 加固效果

隧道震害加固后,基本恢复了使用功能,但在美观性和行车舒适性上无法达到新建隧道的标准,隧道的结构完整性降低,因此使用寿命较原设计可能会有所降低。

11.1.4.2 经验总结

紫坪铺隧道的震害加固,从应急加固到后续的永久加固,介绍了隧道在震后的加固处治流程,其中震后应急加固突出了"安全、快速、高强"的快速抢通特点,并且系统分析了隧道震害的形式,提出有针对性的结构震害维修加固措施,对今后的隧道震害处治有一定的借鉴作用。

11.1.5 施工安全措施与建议

(1)加强隧道结构监控量测:对全隧道破坏情况进行初步调查,对混凝土存在开裂、变形处加强监控量测,如裂缝继续发展,应及时上报并进行加固处理。

(2)加强隧道结构临时加固措施:施工单位应逐段核实隧道破坏情况,对存在安全隐患地段应及时采取临时加固措施(如采用工字钢临时支撑),避免变形破坏进一步扩大或受余震的影响加大破坏程度,同时也可保证进出人员的安全。

(3)针对地震后隧道涌水或瓦斯涌出量有增大的情况,在施工期间应进一步加强瓦斯监测、通风控制等工作,隧道出口加强排水措施,防止次生灾害事故发生。

(4)其他处理措施:

①预防较大余震造成隧道结构破坏、坍塌,从而造成人员无法

逃离,被水淹没或因瓦斯涌出造成缺氧。承包人应组织施工人员开展地震逃生、隧道涌突水和瓦斯灾害演练,在施工场地内初步了解和掌握相对安全区域,确定较好的地震躲避区和逃生路线。

②根据隧道施工及结构特点,可采取盖上已施工好的电缆沟盖板、设置多个高压风管阀门等有效措施。

③在隧道不同区域可设置相对安全的避难洞室,并配备必要的氧气、水等救援物资。

④尽快打通所有通道(人行通道和车行通道),如有通风需要可临时封闭,应急时能立即保持畅通。

11.2 新七道梁隧道

新七道梁隧道基本信息表　　　表 11-2-1

隧道名称	新七道梁隧道	长度	上行 4003.19m 下行 4070m
通车年份	2004 年	省份	甘肃
道路等级	高速公路		
病害情况	火灾后衬砌酥脆、开裂、掉块、剥落,防排水材料性能降低,路面碎裂,电缆槽受损,内装饰脱落、污染		
处治方案	衬砌严重损伤段换拱加固,衬砌中度和轻度损伤段挂网整平,路面混凝土烧蚀段整体切除重铺,已损毁的电缆槽拆除重建,重新涂装隧道内装饰		

11.2.1 工程概况

11.2.1.1 隧道基本情况

新七道梁隧道(表 11-2-1)位于 G75 兰海高速公路甘肃省境内兰州至临洮段内,为分离式双向四车道特长隧道,设计速度为 80km/h,建筑限界净宽为 9.75m,净高为 5.0m(图 11-2-1)。隧道内轮廓为单心圆,半径为 5.4m。上行线桩号为 SK17+440~SK21+443.19,长 4003.19m,纵坡为 +2.05%;下行线桩号为 XK17+370~

XK21+440,长 4070m,纵坡为+2.11%。隧道进口段位于平曲线上,平曲线半径分别为 $R=2700m$、$R=2745m$,于 2004 年建成通车。

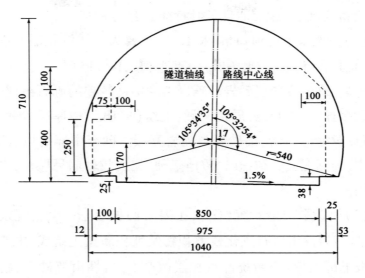

图 11-2-1　新七道梁隧道建筑限界及内轮廓图(尺寸单位:cm)

11.2.1.2　隧道地质概况

1) 气候情况

隧道北坡山势陡峭,冬季易积雪,南坡地势较缓,向阳较暖。该地区最大冻土深度 1.03m,年降水量 400~500mm,年平均气温 6℃左右,属温带半干旱气候,隧道区域内有数处泉眼地下水常年出流,水量较小,水温 7℃左右,弱碱性。北坡植被较好,径流畅通,地表水下渗量小。

2) 水文地质

隧址区属中低山区。分水岭以北地势陡峭,基岩裸露,风化裂隙和构造裂隙比较发育,易形成基岩裂隙水。北段径流量较小,地下水普遍不发育,但 XK18+230~XK180+250 段因地处山谷,基岩裂隙水发育。隧道段裂隙水矿化度小于 0.1g/L,对混凝土等建材基本无腐蚀作用。

3) 地层岩性

隧址区出露的地层主要为白垩系下统河口群(K_1Hk)和第四系中全新统(Q_4),地层岩性及其特征从老到新为:

(1) 白垩系下统河口群(K_1Hk),主要为碎屑沉积层。可分为下组(K_1Hk^1)和上组(K_1Hk^2)。下组(K_1Hk^1)厚层~块状暗紫红色砂砾岩、砾岩夹薄层砂岩。砾岩由磨圆度较差的砾石组成,其成分复杂多样,钙质胶结,质地坚硬;上组(K_1Hk^2)中厚层状紫红色、灰黄色、黄绿色砂岩、细砂岩与泥岩互层。砂岩中碎屑以石英、长石为主,为钙泥质胶结,砂岩质地坚硬,泥岩较软弱易风化,岩性软硬相间。

(2) 第四系中全新统(Q_4),主要有两种形态。全新统残坡积层(Q_4^{dl+el})岩性由岩石风化残坡积物及坡积新黄土组成,主要分布于山坡下部地带;全新统冲洪积层(Q_4^{dl+pl})岩性由亚砂土、新近堆积黄土、砂砾石构成,分布于冲沟两侧。

4) 地质构造

(1) 区域构造:隧道所在位置位于陇西系马卸山~兴隆山旋回褶皱带,大体以北西~南东向展布。新七道梁地区长期强烈上升,遭受侵蚀,形成了山势陡峭的地貌景观。在新七道梁地区褶皱不甚发育,基本上为单斜构造,倾向为140°~220°。本段发育密集的小正断层,断距1~1.5m,破碎带宽约10~30cm。该褶曲规模小,其形态表现为浅层舒展状,向地下深部延伸可能性不大,对下部白垩系下统河口群下组(K_1Hk^1)地层影响甚微。

(2) 断裂构造:隧址区断裂较发育,为高角度的逆断层与正断层,较危险,多为燕山运动的产物,岩性为砾岩夹砂岩,属Ⅲ~Ⅳ类围岩。

5) 不良地质

隧道北洞口未发现大的崩塌、滑坡等不良地质现象。参考《中国地震烈度区划图》,隧道地震烈度为Ⅷ度。

11.2.1.3 隧道设计概况

（1）新七道梁隧道按照新奥法原理进行设计施工，采用复合式衬砌结构。隧道衬砌的结构设计以锚、钢架、喷、网联合支护为初期支护，二次衬砌采用C25（钢筋）混凝土结构。隧道两端均为端墙式洞门。

（2）隧道防水体系：隧道内防排水按照"堵、排、防"相结合的原则设计，初期支护封闭岩土面裂隙，全断面铺设PVC复合土工防水板、接缝处止水带组成防水层。

（3）隧道排水体系：防水层将水封闭引入 $\phi100$ 纵向排水管，再通过横向管引入路面下方的中心排水沟，通过中心排水沟排出洞外。

（4）其他：隧道内路面采用25cm厚C30水泥混凝土板，路面与仰拱间设C15片石混凝土填充层。隧道内全断面喷涂外墙型防霉涂料，边墙为杏黄色，拱部为浅灰色。

11.2.2 隧道病害现状及成因分析

11.2.2.1 隧道病害现状

2011年4月8日凌晨3时30分左右，新七道梁隧道上行线SK18+655~SK18+705段两辆罐车追尾，导致罐内近40t 190号溶剂油泄漏着火，并引燃前方150m处紧急停车带内停靠的货车。火灾处距进口1200m左右，附近设有竖井，在风力作用下火势向出口明显发展，持续了约2h。本次事故使隧道衬砌结构、路面、交通机电工程、监控设施、内装饰受损严重。

火灾损毁SK18+530~SK19+090（560m）段围岩主要为紫红色、青灰色中~厚层状砾岩、含砾砂岩、砂岩夹泥岩，围岩类别及衬砌类型设计情况为：

①SK18+530~SK18+775（245m）段为Ⅲ类围岩，采用Ⅲ型衬砌结构，初期支护为3.5m长WTD25注浆锚杆（间距1.2m），设

15×15直径为φ8的钢筋网、12cm厚C20喷射混凝土,二次衬砌采用50cm厚C25混凝土,仰拱采用40cm厚C20混凝土,仰拱填充为C15片石混凝土,衬砌结构设计图如图11-2-2所示。

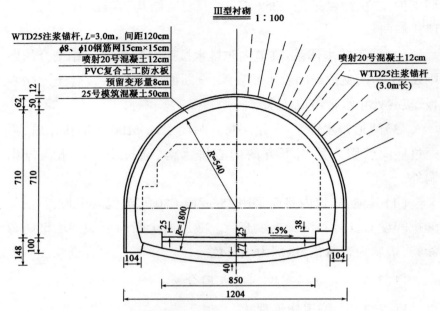

图11-2-2 隧道Ⅲ型衬砌结构设计图(尺寸单位:cm)

②SK18+775~SK19+090(315m)段为Ⅳ类围岩,采用Ⅳ型衬砌结构,初期支护为3.0m长WTD25注浆锚杆(间距1.2m),8cm厚C20喷射混凝土,二次衬砌采用40cm厚C25混凝土,路面下设10cm厚C15混凝土垫层,衬砌结构设计图如图11-2-3所示。

1)衬砌情况检测

(1)外观检测

受燃烧高温影响,衬砌混凝土内产生不均匀复杂应力,致使衬砌混凝土大面积爆裂剥落,剥落衬砌混凝土颜色呈灰白色至浅黄色,在隧道内路面上形成了大量的混凝土碎渣堆积物。依据《火灾后建筑结构鉴定标准》(CECS 252—2009),并根据剥落衬砌混凝土颜色和现场发现铝材的熔块判断,主着火区内隧道拱顶部位二次衬砌混凝土表面温度在1000℃左右。

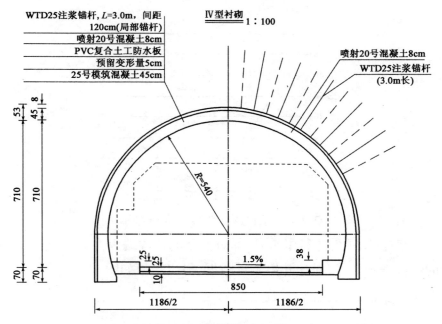

图 11-2-3 隧道Ⅳ型衬砌结构设计图(尺寸单位:cm)

(2)受损段落混凝土强度检测

隧道受损段落衬砌混凝土强度检测采用回弹法和钻芯取样试验两种方法进行。

①回弹法

对隧道受损段落拱顶衬砌混凝土强度采用回弹法检测,其强度沿隧道纵向分布如图11-2-4所示。

②钻芯取样法

对隧道 SK18+590～SK19+240 段右边墙采用钻孔取芯法进行混凝土强度测定。试验结果如下:

芯样外观正常,颜色均匀、混凝土密实、无断裂及其他损伤,芯样孔壁光滑,无异常;压强最小值为 22.3MPa(为 SK18+694 处 1

号芯样数据,火灾事故点集中在 SK18+665~SK18+690 段),其余芯样强度均在 30MPa 以上,最大值为 47.8MPa。

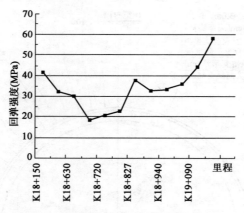

图 11-2-4　拱顶混凝土强度纵向分布示意图

对抗压试件进行了编号,靠近洞壁的试件编为 1 号,靠近围岩的试件编为 2 号,对比几组测试数据,得出结果如图 11-2-5 所示。

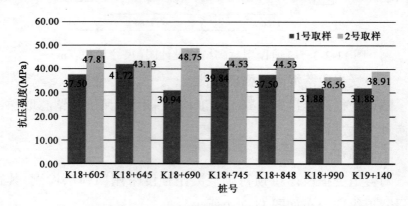

图 11-2-5　右边墙衬砌钻孔取芯混凝土强度

可见,同一芯样制取的 1 号试件抗压强度均低于 2 号试件抗压强度。说明混凝土外表受高温影响比内部大,强度有所降低。

(3)受损区断面检测

损伤后断面尺寸检测采用隧道激光断面仪,选取现场目测的混凝土崩落量较大的断面进行测量,共计测量 14 个断面,各断面实测面积与理论面积的差值沿隧道长度方向的变化情况如图 11-2-6 所示。

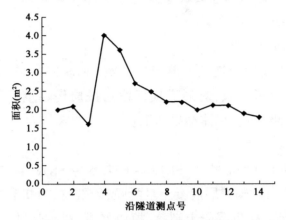

图 11-2-6　受损段净空断面面积增加示意图

断面崩落厚度最大为 35.4cm,发生在 SK18+680 断面的右侧拱腰处,崩落厚度较大的断面主要集中在 SK18+663~SK18+712,平均厚度为 29.3cm。

(4)防水板揭露情况

①防水板

拆除揭露后 PVC 防水板表观没有高温热熔迹象。分别从 K18+800、K18+740 和 K18+657.5 三处裁取防水板取样检测,性能指标见表 11-2-2。表中主着火区防水板性能指标最小,离主着火区越远处性能指标越大,可见火灾高温导致防水板性能降低。

受损段防水板性能指标　　　　表 11-2-2

位　置	伸长率(%)		断裂拉伸强度(N/cm)		撕裂强度(N)	
	纵向	横向	纵向	横向	纵向	横向
SK18+800	497	456	117	124.3	109	134
SK18+740	421	446	91.7	95.1	95	104
SK18+657.5	420	439	90	90.5	91	94

②围岩

火灾损毁段围岩主要为紫红色中～厚层状砾岩,围岩强度高、完整性好,未受到火灾影响。

(5)损伤等级评定

依据《火灾后建筑结构鉴定标准》(CECS 252—2009),综合火灾影响检测分析结果,对隧道损坏段落按损伤轻重程度进行了段落划分及等级评定,具体结果如下:

①严重损伤段

严重损伤段桩号为 SK18 + 657.5 ～ SK18 + 776,长度为 118.5m。该段衬砌表层混凝土呈酥脆、碎裂状,风机悬挂段拱架外露且弯曲变形,衬砌混凝土剥落、掉块严重,衬砌烧蚀、剥落层厚度达 10～35cm(图 11-2-7),路面堆积烧蚀剥落混凝土碎块厚 80～120cm,衬砌强度和刚度损失严重。该段评定为Ⅳ级。

图 11-2-7　严重损伤段衬砌混凝土烧蚀情况

②中度损伤段

中度损伤段桩号为 SK18 + 620 ～ SK18 + 657.5、SK18 + 776 ～ SK18 + 827、SK18 + 873 ～ SK18 + 923,共计 138.5m。该段在高温灼烧下,衬砌混凝土剥落厚度为 2～15cm,表层混凝土呈酥脆状,结构开裂、破损较严重(图 11-2-8)。在高温作用下,部分防水板及排水盲管损坏、失效,衬砌混凝土强度损失较严重。该段评定为Ⅲ级。

图 11-2-8　中度损伤段衬砌混凝土烧蚀情况

③轻度损伤段

轻度损伤段桩号为 SK18 + 530 ~ SK18 + 620、SK18 + 827 ~ SK18 + 873、SK18 + 923 ~ SK19 + 090，共计 303m。该段在高温灼烧下，二次衬砌表面局部有片状剥落和烧蚀开裂现象（图 11-2-9），拱墙衬砌混凝土烧蚀剥落厚度为 2 ~ 6cm，回弹法检测混凝土强度推定值为 20.0 ~ 27.2MPa，衬砌混凝土强度损失较小。该段评定为Ⅱ级。

图 11-2-9　轻度损伤段衬砌混凝土烧蚀情况

2）隧道内路面情况

在高温灼烧下，SK18 + 620 ~ SK19 + 000 段隧道水泥混凝土路面损毁严重，路面板出现碎裂、板块之间挤压破损现象（图 11-2-10），表层 5 ~ 10cm 混凝土酥脆、碎裂严重，丧失强度，已不能满足正常行车要求。

3）电缆槽情况

根据现场勘察，SK18+620～SK18+827段电缆槽整体损伤严重（图11-2-11），SK18+550～SK19+050段电缆槽盖板需重新更换，其他段落电缆槽盖板零星损坏共计150m。

图11-2-10　路面混凝土烧蚀情况　　图11-2-11　隧道电缆槽损毁情况

4）隧道内涂装情况

SK18+550～SK19+200事故区段范围内，火灾及冲击波影响致使洞壁涂装已部分或完全脱落，事故区段两侧较长范围内因火灾造成的烟尘影响，洞壁涂装已全部污染。为达到恢复后统一、协调的效果，上述范围内隧道涂装需进行重新粉刷。

11.2.2.2　隧道病害成因分析

隧道内两车追尾并引发火灾，由于事故点位于通风口附近，致使火势进一步增大。最终导致隧道衬砌结构、路面、交通机电工程、监控设施、内装饰受损严重。火灾后对损伤段落采用全站仪非接触监控量测，隧道结构整体稳定性未受到火灾影响。

11.2.3　隧道加固方案

11.2.3.1　加固整治原则

（1）围岩未受火灾高温影响，整体性好，处治时以不扰动围岩为原则。

（2）依据原支护结构确定加固处治深度。

(3)严重损伤段衬砌混凝土强度损失严重、剥落深度大、防水板性能降低。中度损伤段和轻度损伤段衬砌混凝土强度损失较小、强度均大于原设计强度,混凝土剥落深度较小,防水板性能降低较少。应依据衬砌结构损伤程度确定处治方案。

11.2.3.2 加固设计

根据隧道火灾受损段的损伤程度并结合原结构情况,采用以下方案进行处治:

(1)严重损伤段二次衬砌结构性能及承载能力大幅降低,将二次衬砌全部拆除更换,同时更换防排水系统。

(2)中度损伤段和轻度损伤段只是表面损毁,为处治衬砌外观及提高受损表面混凝土的耐久性,进行表面整平处理,挂网后采用聚合物砂浆抹平。

(3)受火灾烧蚀的路面采用整体切除重铺措施进行处治。

(4)对隧道内已损毁的电缆槽壁及盖板采用整体拆除新建的方案进行处治。

(5)为保证隧道上下行内装饰统一,对上下行隧道的铭牌、洞门端墙、主洞衬砌、逃生通道及检修道均进行重新涂装。

11.2.3.3 加固施工

1)严重损伤段

跳槽切除模筑衬砌混凝土及初期支护,布设锚杆,设置 I18 型钢拱架支护,纵向间距为 50cm,喷射 22cm 厚 C20 混凝土,全断面重新施作防水板及环向排水盲管,二次衬砌采用 40cm 厚 C25 模筑混凝土结构,内设双层钢筋网,严重损伤段处治方案如图 11-2-12 所示。

2)中、轻度损伤段

对该段衬砌结构,将模筑衬砌表层已烧损混凝土凿除并清洗。灯具以下(路面以上 5.6m)范围内破坏较深 >5cm 处,清除浮渣挂

设 $\phi 6$ 钢筋网,采用 $M8 \times 100mm$ 膨胀螺栓固定,聚合物砂浆整平;破坏较浅处,聚合物砂浆直接抹平。拱顶部位凿除浮渣,挂设 $\phi 1mm$ 铁丝网,采用 $M6 \times 85mm$ 膨胀螺栓固定,聚合物砂浆抹平。

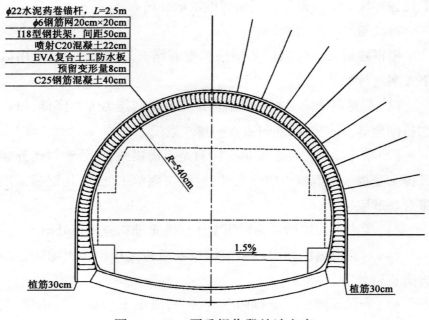

图 11-2-12　严重损伤段处治方案

3) 路面混凝土烧蚀段

对该段隧道路面采用整体切除后重新铺筑 25cm 厚水泥混凝土路面的措施进行处治。

4) 电缆槽损毁段

对已损毁的电缆槽壁及盖板采用整体拆除新建的方案,槽壁采用植筋的方式以加强与仰拱填充的连接,确保结构安全。

5) 隧道涂装损害段

为确保通车安全,同时下行线隧道与修复后的上行线隧道内装饰保持统一,对上下行隧道的铭牌、洞门端墙、洞门装饰、标准断面、紧急停车带、车行横洞、人行横洞及检修通道均进行重新涂装。

隧道重新涂装方案具体如下：

(1) 隧道洞门采用浅蓝色涂料涂装。

(2) 隧道进出口 6m 范围内全断面采用银灰色反光板装饰。

(3) 隧道进出口 6m 之外范围，全断面采用防火涂料进行表面涂装。其中检修道以上 3.0m 范围内采用浅黄绿色防火涂料，在检修道以上 3.0~3.2m 处作 20cm 宽防火涂料橙色腰带，拱顶采用淡灰色防火涂料进行涂装。

11.2.4 加固效果及经验总结

11.2.4.1 加固效果

经过本次处治，新七道梁隧道内景焕然一新，在多年的运营中未发现明显问题，同时为隧道火灾加固处治积累了宝贵经验。

11.2.4.2 经验总结

(1) 火灾中严重受损的衬砌混凝土层应及时进行清除、更换。

(2) 应根据不同段落衬砌损伤情况，分别采取相应的处治措施。

(3) 结合防排水设施、机电设施受损情况，加固方案应考虑防排水系统的完善及机电设施的预留预埋。

11.3 大宝山隧道

大宝山隧道基本信息表　　　　表 11-3-1

隧道名称	大宝山隧道	长度	左线 1585m 右线 1565m
通车年份	2000 年	省份	广东
道路等级	高速公路		
病害情况	火灾后衬砌混凝土大面积疏松、剥落，钢筋裸露下挠，内装饰瓷砖脱落		
处治方案	根据烧损程度分别采用增设钢筋网及喷射钢纤维混凝土加固、嵌入格栅钢架及喷射钢纤维混凝土加固、摊铺环氧细石混凝土加固		

11.3.1 工程概况

11.3.1.1 隧道基本情况

大宝山隧道(表11-3-1)位于京珠高速公路广东省曲江区与翁源县的分界岭—狗耳岭凹,为分离式双向六车道长隧道,设计速度为100km/h,建筑限界净宽为14.0m,净高为5.0m(图11-3-1)。隧道左线桩号为ZK139+920～ZK141+505,全长1585m,纵坡为+1.5%/-2.483%;右线桩号为YK139+940～YK141+505,全长1565m,纵坡为+1.5%/-2.355%。受地形条件限制,左右线北京端均有部分圆曲线及缓和曲线深入隧道(圆曲线半径$R=2200$m),其余均位于直线段。隧道于2000年建成通车。

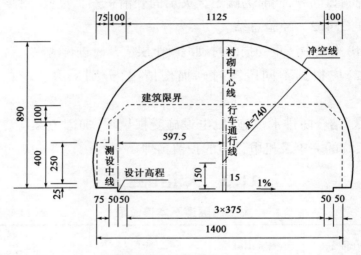

图11-3-1 建筑限界及内轮廓图(尺寸单位:cm)

11.3.1.2 隧道地质概况

1)气象水文

隧址区属中亚热带季风型气候,为明显的湿热和干冷的大陆性气候。全年盛行南北气流,冷暖交替明显,雨量丰富、湿度大,无霜期长。年均温度20.1℃,最热为7月,平均28.9℃,极端最高气温39.5℃,最冷为1月。

隧址区地下水以裂隙水为主,局部有溶蚀现象,地表降雨丰富,大部分水从地表排泄。

2) 地形地貌

隧址区属于低山陡峭山坡及冲沟地貌,地形起伏大,最高高程约570m,最低高程约290m,隧道两端地形陡峻,中段较为平缓。

3) 地质构造及岩性

隧道根据岩性和地质构造可分为三段,具体见表11-3-2。

隧址地质构造及岩性情况　　　　表11-3-2

区段	ZK139+840~ZK140+740段 YK139+840~YK140+770段	ZK140+740~ZK141+240段 YK140+770~YK141+210段	ZK141+240~ZK140+520段 YK141+210~YK147+510段
地质构造及岩性	出露的地层有中厚层状泥质灰岩,岩层单斜,倾角为25°~52°,岩层成层性差,裂隙发育,但岩体结构完整,岩石坚硬,工程地质条件良好	岩性为薄板状—薄层状泥质粉砂岩,局部夹灰紫色砂岩,岩层产状总体为单斜,局部反倾,倾角中等(41°~59°),岩层节理发育,节理密度5~7条/m,此段岩层易风化	此段岩层薄—中层状泥质灰岩夹劣质煤层,受挤压变形现象明显,有局部褶皱,岩层倾角中等(44°~59°),节理发育,密度1条/(1~3)m,岩层面是不明显的软弱结构面

4) 不良地质

隧道所处围岩大部分为弱风化、微风化或未风化基岩,未发现较大的岩溶,裂隙发育带或破碎带,围岩完整性较好,隧道右洞出口埋于地下水位以下,且存在偏压现象。

11.3.1.3　隧道设计概况

大宝山隧道按照新奥法原理进行设计施工,采用复合式衬砌结构。隧道衬砌的结构设计以锚、钢架、喷网联合支护为初期支护,二次衬砌采用C25(钢筋)混凝土结构。

隧道防排水按照"堵、排、防"相结合的原则设计,初期支护封闭岩土面裂隙,拱墙范围铺设PVC复合土工防水板,环向排水管、背贴式橡胶止水带(沉降缝采用中埋式橡胶止水带防水)组成防水层。防水层将水封闭引入$\phi110$纵向排水管,再通过横向管引入路面下方的中心排水沟,通过中心排水沟排出洞外。

事故发生位置为隧道右线南行出口的明洞段及浅埋段,洞身高度为8.9m,拱墙半径为740cm,仰拱半径为1725cm,火灾段的衬砌结构设计情况为:

(1)明洞段长度为25m,衬砌为100cm厚C25钢筋混凝土,环向主筋为$\phi20$ HRB335钢筋,纵向架立钢筋为$\phi12$ HRB335钢筋,洞顶回填厚度小于2.5m。

(2)浅埋段为S5级围岩,埋深最深约为15m。初期支护为C20喷射混凝土,梅花形布置长度为400cm的ZW-Ⅱ型早强砂浆锚杆,间距@100cm×100cm,铺设$\phi6$钢筋网支护,二次衬砌为50cm厚C25钢筋混凝土。

11.3.2 隧道病害现状及成因分析

11.3.2.1 隧道病害现状

2008年5月4日凌晨,一辆挂拖车行至京珠高速公路大宝山隧道的南行方向YK141+500处时,与液体物品储罐车(罐内物质为二甲苯,属有毒易燃化学品)追尾导致拖挂车立即爆炸起火,罐车破裂且运送的化学品泄漏,遇火立即发生猛烈燃烧,引发重大交通事故,大火于当日3时15分被扑灭,灾后的隧道情况如图11-3-2和图11-3-3所示。

图 11-3-2　火灾后隧道总体概貌　　图 11-3-3　事故现场隧道状况

本次火灾主要是由于装有二甲苯的罐车尾部受撞击后引发化学溶剂泄漏而引发大火,持续时间较长,根据受高温后混凝土的特性推测,火灾现场最高温度达到 1200℃ 左右,且往洞口方向火势增强。

根据应急检测表明,火灾对大宝山隧道影响范围主要为右线南行洞口往北京方向约 80m 范围内的衬砌结构,其余段落基本未受到影响。隧道烧伤面积达 1365m^2,YK141+455~YK141+505 段衬砌的烧伤体积约为 324m^2。火灾后隧道结构物出现的病害主要包括:

(1)二次衬砌混凝土大面积剥落和烧伤,造成混凝土失水疏松剥落。

(2)钢筋大面积裸露,部分钢筋被灼烧变形并伴有下挠现象,部分纵向钢筋在接头位置由于绑扎钢丝烧断造成下垂。

(3)隧道边墙饰面瓷砖受高温作用出现大面积脱落等现象。

具体情况如图 11-3-4 和图 11-3-5 所示。

综合考虑损伤情况,将损失段落划分为四个影响区域:严重烧伤区域 YK141+475~YK141+505(30m)、较严重烧伤区域 YK141+460~YK141+475(15m)、中度烧伤区域 YK141+440~YK141+460(20m)、轻度烧伤区域 YK141+425~YK141+440(15m)。

图 11-3-4　衬砌受火剥落露筋情况　　　图 11-3-5　衬砌受火剥落深度情况

（1）YK141+475～YK141+505（30m）严重烧伤区域（距南行广州端洞口约 30m）

该区域为火灾温度场中心区域，达到的温度最高。隧道结构物病害主要表现为二次衬砌混凝土剥落。混凝土剥落深度大，平均剥落深度约为 16cm，最大剥落深度达 20cm。表层混凝土呈白色或浅黄色，混凝土因过度失水导致酥化，绝大部分钢筋网均已裸露，局部钢筋因受高温作用表层出现烧熔现象，钢筋网受高温变形，并伴有下挠现象，最大下挠量达 16cm。衬砌混凝土从拱顶到拱脚剥落深度逐渐减少。

根据芯样试验结果显示，现存烧伤混凝土厚度约为 25cm，包含混凝土强度低于 25MPa 的 10cm 和平均强度为 27.2MPa 的 15cm，从而推断拱顶混凝土受火灾的影响深度约为 45cm；拱腰和边墙现存混凝土强度 35MPa 以上，强度仍满足设计要求。环向主筋力学性能满足国标要求，距洞口 5.6m 处纵向架立钢筋力学性能发生了脆性变化，局部产生脆性断裂，至少洞口 25.8m 以内的纵向架立钢筋力学性能仍满足国标要求。该区拱脚的表层混凝土的超声波速为 3372～3600m/s，未能测出混凝土的碳化深度。烧伤程度如图 11-3-6 所示。

第11章 震害、火灾处治

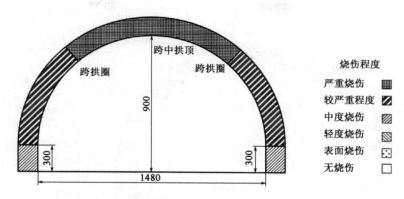

图 11-3-6 隧道烧伤径向区域划分(尺寸单位:cm)

(2) YK141 +460 ~ YK141 +475(15m)较严重烧伤区域

该段隧道衬砌病害主要表现为衬砌混凝土基本均出现剥落现象。混凝土烧疏剥落深度较大,最大剥落深度约为 10cm。表层混凝土呈灰白色、略现浅黄色,混凝土较为疏松,绝大部分钢筋网均已裸露,钢筋网受高温变形,并伴有轻微下挠现象,下挠量约为 1 ~ 5mm。表面沿纵向方向平均剥落厚度约为 5cm,衬砌混凝土从拱顶到拱脚剥落深度逐渐减少。

根据芯样试验结果显示,在距洞口 41m 处的现存混凝土强度为 32MPa,满足设计强度,该区未能测出混凝土的碳化深度;环向主筋和纵向架立钢筋的力学性能均满足国标要求。烧伤程度如图 11-3-7 所示。

(3) YK141 +440 ~ YYK141 +460(20m)中度烧伤区域

该段隧道结构物病害主要表现为二次衬砌混凝土出现一定程度的剥落、空洞现象,约占隧道主拱圈面积的 30% ~40%,最大剥落深度约为 6cm。混凝土剥落或空洞现象主要集中出现在拱顶及其两侧附近,表层混凝土呈粉红色,初现灰白色,敲击声较为沉闷。局部有钢筋外露,钢筋表面附有烟灰,但钢筋网以内的混凝土未出现剥落现象。该区拱顶表层混凝土的超声波速为 2550 ~2900m/s,

混凝土的碳化深度约为 5~7mm。烧伤程度如图 11-3-8 所示。

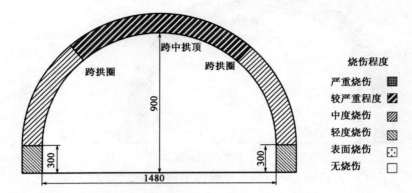

图 11-3-7　隧道烧伤径向区域划分(尺寸单位:cm)

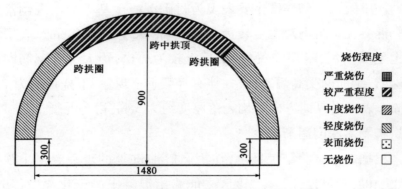

图 11-3-8　隧道烧伤径向区域划分(尺寸单位:cm)

(4)YK141+425~YK141+440(15m)轻度烧伤区域

该区域内拱顶及其附近的衬砌混凝土局部出现了剥落现象,约占隧道主拱圈面积的 10%~15%,剥落深度约为 1~2cm,未见钢筋出现裸露现象。混凝土剥落现象主要集中出现在拱顶及其两侧附近,该区拱顶表层混凝土的超声波速约为 3370m/s,混凝土的碳化深度约为 2.5~4mm。烧伤程度如图 11-3-9 所示。

(5)YK139+940~YK141+425(距南行广州端洞口 80m 以外)

由于该段距火场较远,二次衬砌混凝土未出现有剥落现象,混凝土表面黏附有烟灰,混凝土敲击声响亮,局部边墙的装饰层脱落,未发现其他明显病害。该区拱顶表层混凝土的超声波速约为3780m/s,混凝土的碳化深度为约为3mm。

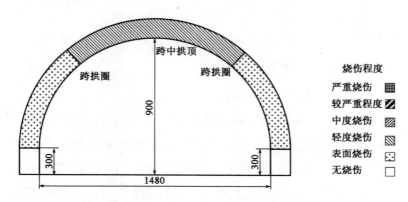

图11-3-9 隧道烧伤径向区域划分(尺寸单位:cm)

超声波测试结果表明,距南行广州端洞口80m及其以外区域的混凝土超声波速与对比测区混凝土超声波速基本相同,说明火灾对该区域混凝土基本没有影响。而越靠近火灾温度场中心方向,其波速呈明显降低趋势。同时相近断面内拱脚位置混凝土波速要大于拱顶位置混凝土波速,表明在同一断面内拱脚位置的混凝土损伤程度较拱顶相对轻微,以上超声波检测结果对损伤区域的判定与外观检查结果基本吻合。

11.3.2.2 隧道病害成因分析

(1)隧道衬砌在火灾中受损的严重程度主要取决于衬砌表面最高温度和火灾持续时间两个方面,衬砌表面最高温度与火灾持续时间相比较,前者在对衬砌的破坏程度中起主要作用,灵敏度是后者的5倍左右。

(2)火灾中受损较严重的衬砌混凝土强度明显降低,减弱结构的整体承载能力。

(3)隧道发生火灾后,混凝土在高温作用下发生脱水导致水泥石收缩,同时集料会发热膨胀,两者变形不协调致使混凝土产生裂缝,同时强度降低。此外,衬砌受热辐射的不均匀性导致结构内部产生附加应力、刚度下降,严重情况下产生的混凝土剥落更是直接减少结构有效截面,这些不利因素均影响隧道结构的安全性、适用性和耐久性。

11.3.3 隧道加固方案

11.3.3.1 加固整治原则

根据大宝山隧道火灾事故的评估与结论,结合洞内、洞外的变形、位移观测结果,经专家讨论认为:现阶段隧道火损结构安全系数有所降低,短时间内不会危及结构安全,可以在凿除失效结构后,在原结构的基础上进行加固,使得隧道受力功能、使用功能、安全储备三方面得到恢复。

11.3.3.2 加固设计

(1) YK141+480~YK141+505火灾严重烧伤区域,此段为明洞结构,在加固设计中使用的加固方案为:

① 先对混凝土结构进行凿毛处理,凿毛厚度根据现场回弹试验结果确定,凿毛后结构的回弹强度不低于C25混凝土结构强度。

② 在凿毛面上均匀植入 $\phi25$ 连接钢筋,锚固深度为25cm,连接钢筋沿隧道纵向间距50cm,沿隧道环向间距100cm。

③ 在凿毛完毕后结构加固处理中,当凿毛厚度大于6cm时,先采用保留原有环向钢筋且增设钢筋网片(环向主筋 $\phi20@20cm$,纵向主筋 $\phi16@20cm$)的加固形式,再喷射钢纤维混凝土;当凿毛厚度小于6cm时,凿毛清洗后再喷射钢纤维混凝土喷平结构表面。

④ 喷射钢纤维混凝土采用湿喷法,钢纤维掺量为 $77kg/m^3$,每次喷射厚度不宜大于8cm。

(2) YK141+475~YK141+480火灾严重烧伤区域,此段原设计衬砌结构形式为复合式衬砌,二次衬砌厚60cm,衬砌加固方案为：

①先对混凝土结构进行凿毛处理，凿毛厚度根据现场试验结果确定，凿毛后结构的回弹强度不低于 C25 混凝土结构强度。

②在凿毛完毕后结构加固处理中，当凿毛厚度大于 6cm 时，先采用保留原有环向钢筋且增设钢筋网片（环向主筋 $\phi 20@20cm$，纵向主筋 $\phi 16@20cm$）的加固形式，再喷射钢纤维混凝土；当凿毛厚度小于 6cm 时，凿毛清洗后再喷射钢纤维混凝土喷平结构表面。

③沿隧道纵向每隔 100cm 设置一道格栅钢支撑，格栅钢支撑采用 $3\phi 25$ 钢筋骨架组成，钢支撑落脚处要求混凝土结构损伤凿毛厚度小于 6cm。

④在凿毛面上均匀植入 $\phi 25$ 连接钢筋，锚固深度为 25cm，连接钢筋沿隧道纵向间距 50cm，沿隧道环向间距 100cm。

⑤喷射钢纤维混凝土采用湿喷法，钢纤维掺量为 $77kg/m^3$，每次喷射厚度不宜大于 8cm。

（3）YK141+460～YK141+475 火灾较严重烧伤区域，此段原设计衬砌结构形式为复合式衬砌，二次衬砌厚 60cm，衬砌加固方案为：

①先对混凝土结构进行凿毛处理，凿毛厚度根据现场回弹试验结果确定，凿毛后结构的回弹强度不低于 C25 混凝土结构强度。

②在凿毛完毕后结构加固处理中，凿毛厚度大于 6cm 时，采用保留原有环向钢筋且增设钢筋网片（环向主筋 $\phi 20@20cm$，纵向主筋 $\phi 16@20cm$）的加固形式。

③在凿毛面上均匀植入 $\phi 25$ 连接钢筋，锚固深度为 25cm，连接钢筋沿隧道纵向间距 50cm，沿隧道环向间距 100cm。

④凿毛后混凝土施工采用湿喷钢纤维混凝土法，钢纤维掺量为 $77kg/m^3$，每次喷射厚度不宜大于 8cm。

（4）YK141+425～YK141+460 火灾中度烧伤区域与轻度烧

伤区域,此段衬砌形式为复合式衬砌,二次衬砌厚60cm,衬砌加固方案为:

①先对混凝土结构进行凿毛处理,凿毛厚度根据现场试验结果确定,凿毛后结构的强度不低于C25混凝土结构强度。

②凿毛完毕后,进行火损后钢筋检测,不合格的予以替换。

③在凿毛面上均匀植入φ25连接钢筋,锚固深度为25cm,连接钢筋沿隧道纵向间距50cm,沿隧道环向间距100cm。

④凿毛后混凝土的施工采用环氧细石混凝土,环氧细石混凝土应先进行强度试验,经检测合格后方可采用。同时,对受损段施工缝、变形缝止水条、老化的止水带予以更换重设,对此次发现的隧道空洞同时进行注浆填充处理,受损段路面、贴面瓷砖也一并更换。

11.3.3.3　加固施工注意事项

(1)做好地表沉降及洞内收敛监测工作,确保施工人员的人身安全。

(2)凿除劣化部分混凝土时,尽可能减少对受损结构的扰动。凿毛后加强混凝土强度检测,用高压水枪冲洗结合面。

(3)结合面必须进行拉毛处理,并涂抹界面剂。

(4)锚固钢筋采用药卷锚杆,严禁过度植入刺破防水板。

(5)锚固钢筋施工完毕后,喷射钢纤维混凝土达到设计厚度。对CF25钢纤维喷射混凝土做如下施工要求:

①要求CF25钢纤维混凝土弯拉韧度$Re \geqslant 65\%$,等效抗弯拉强度$e \geqslant 2.2MPa$,并采用湿喷工艺施工。

②水泥强度等级不得低于42.5,粗集料最大粒径不得大于10mm,水泥与砂石的质量比1:3~1:4,砂率不宜小于50%。喷射混凝土施工前应做2~4组配合比试验,然后进行试喷,并获取不同龄期试件,回弹率最低且物理力学性能满足设计要求的一组,即

为应用的施工配合比。

③在进行喷射钢纤维混凝土施工时,要特别注意钢纤维成球和喷嘴堵塞现象,喷嘴的方向应和作业面保持直角,喷嘴距离作业面1m左右,喷射压力保持在$2\sim5kg/m^2$。

(6)格栅拱架尽可能安装顺直,固定、焊接牢靠,满足规范要求,严禁格栅拱架外露。

(7)对环氧细石混凝土做如下施工要求:

①基面处理:对混凝土表面进行处理,清除基面上的乳皮、水泥净浆表层或松动颗粒等,使表面外露新鲜集料。

②表面清理:用高压水或高压风清除表面沙粒、粉尘。

③涂刷基液:在处理好的混凝土基面上均匀地涂刷一层基液,尽可能做到薄而均匀、不流淌、不漏刷。

④环氧细石混凝土施工:待基液初凝后(表面不流动,指触拉丝)时,将拌制好的环氧细石混凝土摊铺到已刷好基液的基面上,每次摊铺厚度不应超过5cm。当施工厚度大于5cm时,应分层压实,并注意衔接处压实排气,然后用电动抹刀反复振动压实找平,表面提浆。

⑤养护:完工养护$3\sim14d$后可投入使用。

⑥推荐用量:环氧砂浆为$2100kg/m^2$,底层基液为$0.5kg/m^2$。

11.3.4 加固效果及经验总结

11.3.4.1 加固效果

隧道经过加固后,恢复了使用功能,加固过程中未对衬砌结构进行较大的扰动,同时提高了衬砌结构的承载力,在美观和安全性能上达到新建隧道的标准。

11.3.4.2 经验总结

隧道过火后其结构损伤主要跟火的燃烧特性有关。在径向拱圈方向,拱顶处接触到火的外焰,温度最高,损伤最为严重,拱腰次之，边墙再次之。同时在纵向，病害轻重程度随着远离着火点而降低。

对过火隧道的加固关键在于确定隧道支护结构的失效度，即隧道衬砌的劣化深度，只有明确了相关参数，才能采用不同强度的加固措施。

在隧道火灾加固施工时应先处理损伤最严重的截面，然后逐渐转移到较安全的截面。同时在施工过程中加强监控量测，保证施工安全。

第12章 综合处治

12.1 六盘山隧道

六盘山隧道基本信息表　　　　　表12-1-1

隧道名称	六盘山隧道	长度	2385m
通车年份	1997年	省份	宁夏
道路等级	二级公路		
病害情况	衬砌腐蚀劣化、严重开裂、坍塌、渗漏水、背后大型空洞,路面开裂、错台等		
处治方案	裂缝修补、渗漏水处治、空洞回填注浆、套拱加固、隧底拆换、新修防排水系统、内装饰等		

12.1.1 工程概况

12.1.1.1 隧道基本情况

六盘山隧道(表12-1-1)位于G312线宁夏固原境内,按山岭重丘区二级公路标准设计,为单洞双向两车道隧道,全长2385m,1997年建成通车。隧道设计速度40km/h,建筑限界净宽为10.5m(0.75m+4.5m×2+0.75m),净高为5.0m,洞内纵坡为2.4%。隧道原设计进、出口为Ⅱ类围岩,洞身段为Ⅲ、Ⅳ类围岩,隧道建筑限界和内轮廓如图12-1-1所示。

六盘山隧道施工期间共发生塌方210次,其中大型塌方8(段)次,塌腔平均高度5m,最大高度约45m,并伴有涌水、突泥等问题。由于早期隧道建设水平低及地下水腐蚀性问题,六盘山隧道在运营过程中病害不断出现。虽然管养单位也进行了相应的病害处治,但受国道保通压力的影响,该隧道衬砌病害一直未得到根治。近年来六盘山隧道又发生了两次衬砌坍塌掉块病害,分别如下。

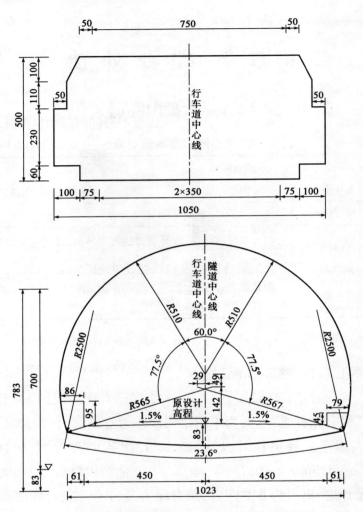

图 12-1-1　原设计隧道建筑限界、内轮廓（尺寸单位：cm）

（1）2012年1月11日凌晨，在 K1861+697~K1861+706 段左拱腰处发生局部混凝土塌落，造成隧道由西向东车道上方的拱顶部位形成一个长约10m、宽约1.2m、深浅不均匀的不规则空洞，空洞内鼓起一层白色防水材料。设计单位通过实地勘察并对全隧道进行检测后，对塌方段进行处治加固，同时对裂缝及渗水严重段进行临时加固处理。

(2)2014年1月,在K1862+710附近出现局部掉块现象,位置靠近拱顶,掉块长约2.4m,宽0.6m,如图12-1-2、图12-1-3所示。该处恰好位于2012年临时加固段落范围内,设计单位经过现场检测后,对局部段落采用钢拱架混凝土套拱进行加固,其余存在风险的段落采用临时钢拱架进行支护(图12-1-4)。

图12-1-2 洞内坍塌形成空洞(2012年)

图12-1-3 塌落混凝土块(2014年)

图12-1-4 衬砌表面临时钢架支护

2016年8月,检测单位对六盘山隧道进行了检查,依据《公路隧道养护技术规范》(JTG H12—2015)判定六盘山隧道土建结构评定等级为5类,建议及时关闭隧道,实施大修工程。

12.1.1.2 隧道地质概况

1)气象水文条件

隧址区属高山阴湿气候,阴雨多雾,气温偏低。历年平均气温

1.0～5.2℃,年最高气温31.4～23.7℃,年最低气温-28.7～-25.7℃,年平均降水量520.7～691.9mm,最大季节性冻土深度1.13m。地下水水质类型为硫酸钙型水,对混凝土具有结晶性侵蚀。

2）地形地貌

隧道地处宁夏回族自治区隆德、固原两县交界处,横贯六盘山山脊,隧道区域山体东陡西缓,东低西高,两侧山脚相对高差260m,附近制高点海拔2845m。隧道区域内地势起伏较大,冲沟发育。

3）地质构造

隧址区处于陇西系旋卷构造体系的六盘山回旋褶带、大关山回旋层与"祁、吕、贺"山字形构造体系贺兰山脊柱带的斜接部位,斜构造运动活跃,回旋褶带受贺兰褶带的抵制,形成了反S形构造形迹,隧道正处于反S形构造中间偏南部位。隧道地质构造较复杂,穿越多处断层和褶皱,围岩主要为粉砂质泥岩、泥质粉砂岩等,受构造影响稳定性差。

4）地层岩性

隧道通过地段皆属中生代下白垩系,岩层产状倾向为NW315°～NW349°,倾角由10°渐变至45°,地表覆盖层较厚。全线裸露地层有:①第四系砂石土坡积物,分布在山脚坡地;②第三系砖红色砾岩和砂质泥岩,松散易分化;③白垩系暗紫色厚层状钙质,泥质粉砂岩及蓝灰色厚层状泥晶白云岩,层间结构差。隧道穿过地层皆属于中生代下白垩系,围岩有和尚铺组暗紫色薄—中层钙质粉砂泥岩。

12.1.1.3 隧道设计概况

该隧道Ⅱ类围岩段为矿山法施工,采用60～80cm厚钢筋混凝土衬砌,35cm厚素混凝土仰拱;Ⅲ类围岩段采用新奥法原理设计、施工,初期支护喷射混凝土厚度10cm,二次衬砌为45cm厚素混凝土,仰拱为30cm厚素混凝土,施工缝设置止水带,初期支护和二次衬砌之间设置防水板,拱脚设置纵向盲沟,通过横向管与中心沟连接,将地下水排出洞外。因设置电力及通信电缆需要,左侧检修道步高95cm,右侧检修道步高45cm。隧道路面宽9m,采用30号水泥混凝土,厚20cm。

12.1.2 隧道病害现状及成因分析

12.1.2.1 隧道病害现状

1)隧道表观病害

经隧道检测和现场踏勘表明,六盘山隧道衬砌表观病害较多,主要表现如下。

(1)衬砌劣化严重

衬砌混凝土明显劣化位置共计100处,且有进一步发展趋势,主要集中在渗漏水发生位置,腐蚀介质主要为硫酸根离子,经过水质分析,其含量介于275~4071mg/L,不同段落地下水对混凝土评价为弱至强腐蚀。现场衬砌混凝土腐蚀最深为35cm,严重段落可见钢筋、围岩(图12-1-5)。

图12-1-5 衬砌劣化

(2)衬砌裂缝发育

衬砌开裂普遍,总计683条,纵向结构性裂缝主要发生在边墙至拱腰位置,纵向裂缝最长26m,最宽25mm。洞身K1861+858~

K1861+930段衬砌出现严重变形、错台现象。衬砌裂缝无论从数量和规模上均不断发展(图12-1-6)。

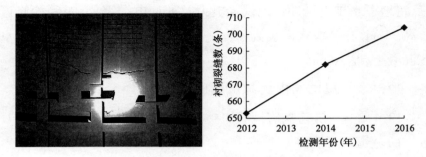

图12-1-6 隧道裂缝及增长曲线

(3)渗漏水现象明显

衬砌存在明显的渗漏水现象,主要以表面浸渗为主,局部滴漏;隧道进出口段衬砌全断面渗水泛碱;衬砌拱部渗水低温条件下形成挂冰(图12-1-7),危及行车安全。洞身段落衬砌背后积水,钻孔取芯后涌水。

图12-1-7 衬砌面状渗水及挂冰

2)隧道结构病害

(1)衬砌钻孔取芯结果表明衬砌欠厚现象严重,最小厚度仅为10cm,如图12-1-8所示。

(2)衬砌背后空洞检测结果表明,衬砌背后空洞现象普遍,主要集中在拱部位置,探测到最大空洞为220cm,大塌方段落空洞内均为碎渣回填。检测过程及结果如图 12-1-9 和图 12-1-10 所示。

图 12-1-8　隧道现场钻孔取芯及芯样

图 12-1-9　衬砌背后空洞深度测量　　图 12-1-10　衬砌碳化深度检测

（3）衬砌混凝土强度检测表明，测区强度合格率为 55.6%，较 2012 年合格率 67.7% 有明显降低，局部位置存在完全劣化现象。

（4）衬砌混凝土碳化深度基本在 10～30mm，最大碳化深度为 50mm。

（5）隧道净空断面检测结果表明，衬砌侵入原设计内轮廓现象较普遍，局部段落较严重，最大侵入内轮廓值为 64.9cm。

3）隧道路面病害

六盘山隧道自 2014 年进行路面病害处治后，路面破损、纵横向裂缝现象在 2016 年检测时再次出现，特别是部分段落行车道中心位置附近出现隆起、错台现象，最大错台 5cm。隧底地质雷达检测表明,仰拱结构厚度为 15~35cm,厚度较设计普遍偏薄,埋置深度较设计浅 1~17cm。隧道净空断面对比如图 12-1-11 所示,路面错台现象如图 12-1-12 所示。

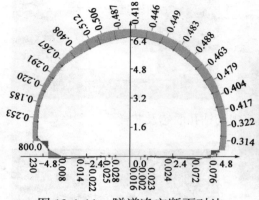

图 12-1-11　隧道净空断面对比　　图 12-1-12　隧道路面错台

12.1.2.2　主要病害成因分析

1)衬砌劣化

(1)隧址区地下水中硫酸根离子含量高,对衬砌混凝土具有弱至强结晶性侵蚀作用,导致其腐蚀疏松,强度逐步降低,加剧衬砌渗漏水。

(2)隧址区处于较寒冷地区,由于隧道衬砌渗水,在冻融作用下导致混凝土强度降低。

(3)该隧道已运营近 20 年,混凝土的碳化也是混凝土劣化的原因之一。

2)衬砌开裂

(1)小模板施工接缝多,同时浇筑后养护不到位,易产生裂缝。

(2)衬砌背后空洞、衬砌厚度变化产生应力集中现象,易产生结构性裂缝。

(3)衬砌厚度不足或劣化导致其强度不足,承载力降低,易产生结构性裂缝。

(4)仰拱较薄弱或存在破损,对拱脚收敛约束能力降低,易导致边墙部位产生结构性纵向裂缝。

（5）基底围岩变化承载能力不一致，产生不均匀沉降，易产生环向、斜向结构性裂缝。

（6）隧址区地质条件复杂，构造发育、围岩软弱产生围岩压力也是产生开裂的重要原因。

3）衬砌渗漏水

（1）原设计考虑了防排水措施，施工控制不严，导致防排水设施失效。

（2）经长期运营，地下水中矿物质结晶导致排水系统部分堵塞、失效。

（3）矿山法施工段落防水措施考虑不充分。

4）衬砌厚度不足

（1）施工中衬砌混凝土浇筑控制不严，导致衬砌厚度不足。

（2）局部可能存在欠挖现象，衬砌浇筑空间不足，导致衬砌厚度不足。

5）衬砌背后空洞

（1）隧道施工较早，施工工法较落后，爆破控制不严，超挖后没有进行及时、有效回填。

（2）施工期间发生塌方后，未进行有效回填。

（3）隧址区以泥质粉砂岩、粉砂质泥岩为主，围岩破碎，开挖后围岩易软化脱落形成空洞。

6）内轮廓侵限

（1）施工期控制不严，欠挖或模板设置尺寸偏差。

（2）运营期间受围岩荷载的作用，衬砌结构局部因承载能力不足而变形。

7）路面病害

（1）重车反复碾压或基础不密实导致路面产生破损、纵横向裂缝病害。

(2)在软弱围岩条件下,隧底仰拱埋置深度不足,结构扁平不利于受力。

(3)仰拱强度不足,且受地下水长期腐蚀,导致仰拱破坏,路面隆起、错台。

12.1.3 隧道加固方案

12.1.3.1 隧道加固原则

(1)有针对性地采取处治措施,达到"一次处理,不留后患"的目的。

(2)隧道加固应在有安全保障的前提下进行,以保证施工安全性。

(3)通过隧道结构加固,达到恢复原设计使用功能的目的,同时确保隧道装饰美观。

(4)采用成熟工艺,施工材料、工艺与施工条件紧密结合,可操作性强。

(5)隧道加固应结合病害程度、地质条件、加固方案等,综合考虑施工风险,制订应急预案,并配备相应的安全、救援等设施。

(6)隧道加固应遵循动态设计与信息化施工的原则,制订监测方案,通过监测反馈信息,优化设计或调整施工方案。

12.1.3.2 加固设计

综合隧道检测、现场踏勘及收集的相关资料,经分析可见,六盘山隧道病害情况已非常严重,单纯采用局部结构维修补强方法已经无法系统且全面地进行病害处治。经过多方沟通,并基于"一次处理,不留后患"的处治原则,提出套拱加固、换拱加固两套方案。

1)套拱加固方案

套拱加固方案是利用原衬砌承载能力,对既有衬砌病害进行处治后,沿原衬砌表面增设钢筋混凝土套拱。根据《公路隧道设计规范》(JTG D70)要求,并结合实际情况,确定套拱加固后建筑限界净宽为 $3.5m \times 2 + 0.75m \times 2 + 0.5m \times 2 = 9.5m$,净高5.0m,不降低原设计服务水平。

既有衬砌侵入原设计内轮廓现象较严重,而且增设套拱后隧道内轮廓会进一步缩小,为确保建筑限界净高、净宽满足规范要求,将路面高程降低55cm。同时在重新修筑仰拱时适当加深、加强仰拱,可一并处理隧底结构薄弱问题。套拱加固后建筑限界如图12-1-13所示,套拱加固前后内轮廓对比结果如图12-1-14所示。

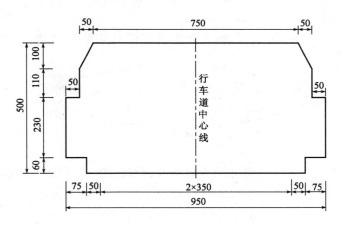

图12-1-13 套拱加固后隧道建筑限界图(尺寸单位:cm)

2)换拱加固方案

换拱加固方案中隧道建筑限界与原设计一致,净宽为 $3.5m \times 2 + 0.75m \times 2 + 1.0m \times 2 = 10.5m$,净高5.0m。由于六盘山隧道衬砌结构劣化、侵限情况较为突出,换拱方案是将原衬砌结构进行整体拆除,对围岩进行少量扩挖以优化隧道的轮廓断面,再重新施作隧道衬砌结构。隧道换拱加固后内轮廓如图12-1-15、图12-1-16所示。

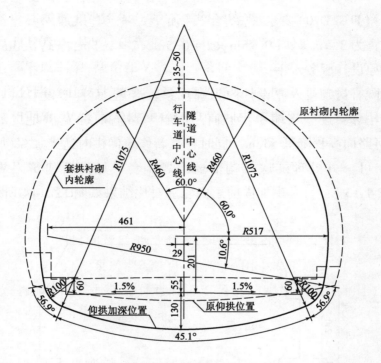

图 12-1-14 套拱加固前后内轮廓对比图（尺寸单位：cm）

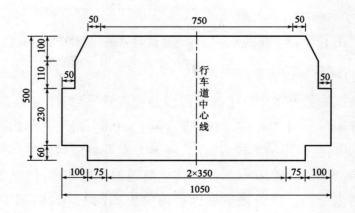

图 12-1-15 换拱加固后隧道建筑限界图（尺寸单位：cm）

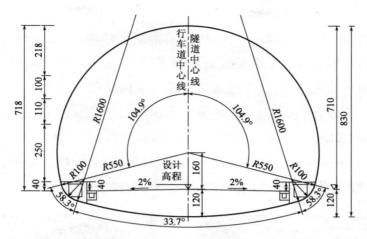

图 12-1-16 隧道换拱加固后内轮廓图(尺寸单位:cm)

3)加固方案比选

加固方案见表 12-1-2。由于方案一具有安全、环保、工期短的优势,最终确定采用套拱加固方案。

加固方法方案对比 表 12-1-2

方案名称		方案内容	优 点	缺 点
加固方法	方案一 套拱加固方案	在对既有衬砌病害进行处治后,将路面高程降低 55cm,并适当加深、加强仰拱,沿原衬砌表面增设钢筋混凝土套拱	①能够实现"一次处治,不留后患"的目标;②对既有隧道结构扰动小,能充分利用原衬砌结构,有效保障施工安全;③造价低,可节省约7600 万元;④施工快、工期短,可缩短 12 个月工期;⑤弃渣量小,利于环保	断面缩小(但仍能保证原设计 40km/h 服务水平),隧道净空断面小
	方案二 换拱加固方案	将原衬砌结构进行整体拆除,对围岩进行少量扩挖以优化隧道的轮廓断面,再重新施作隧道衬砌结构	①能够实现"一次处治,不留后患"的目标;②隧道内轮廓断面不缩小	①施工安全风险大,可能出现变形、失稳及塌方现象,危及施工安全,特别是在既有大塌方段落;②造价高,工期长,弃渣量大,不利于环保

12.1.3.3 加固施工

套拱采用35~50cm厚C40钢筋混凝土结构,为确保加固后隧道建筑限界几何尺寸满足设计和规范要求,采用"降低路面高程、增大净空断面"的方法予以解决。降低洞内路面高度55cm不但可以提供增设套拱所需空间,还可以增加仰拱埋置深度,进而优化隧道结构整体受力情况。加固施工主要内容为:

(1)对原衬砌上的明显劣化混凝土进行喷射混凝土置换,对裂缝、渗漏水病害进行处治,如图12-1-17、图12-1-18所示。

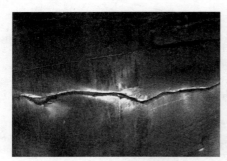 

图12-1-17　裂缝处治　　　　图12-1-18　局部置换喷射混凝土

(2)对于衬砌厚度过薄的段落、空洞段采用衬砌背后灌注泡沫混凝土、导管注浆预加固等措施进行处治,如图12-1-19、图12-1-20所示。

图12-1-19　小导管注浆　　　　图12-1-20　灌注泡沫混凝土

(3)对于衬砌变形,内轮廓不满足设计要求导致隧道套拱结构厚度不足 35cm 的情况,应对衬砌断面进行凿除修整,如图 12-1-21、图 12-1-22 所示。

图 12-1-21　铣挖机　　　　　图 12-1-22　衬砌断面修整

(4)将路面高程降低 55cm,保证套拱、仰拱施作空间,并加强仰拱结构,施工前采用注浆导管对既有衬砌拱脚进行锁脚保护,如图 12-1-23 ~ 图 12-1-26 所示。

图 12-1-23　打设锁脚导管　　　　　图 12-1-24　导管注浆

(5)在套拱与原衬砌之间设置完善的防排水系统,保证套拱结构的后续运营期的耐久性,如图 12-1-27、图 12-1-28 所示。

(6)对新增套拱结构、仰拱结构等均采用 C40 高抗硫酸盐水泥混凝土,防止侵蚀。

(7)针对隧道冬季气温低的情况,对隧道纵向管检查井、中心排水沟出水口等采取相应的保温措施。

图 12-1-25　路面破除

图 12-1-26　路面下挖

图 12-1-27　套拱衬砌背后排水系统

图 12-1-28　增设防水层

12.1.4　整治效果

12.1.4.1　加固后效果

六盘山隧道经加固改造后,隧道内衬砌腐蚀、掉块、裂缝、渗漏水、挂冰等各种病害得到了根治,隧道的结构安全得到了有效保障,彻底解决了六盘山隧道长久以来存在的各种安全隐患。隧道洞内焕然一新,处治完成已经有两年时间,通过监测和观察,运营服务水平良好,达到了预期目标。

12.1.4.2　加固经验及结论

(1)为确保隧道加固效果,施作套拱前应先对原隧道衬砌病害进行处治。隧道加固后效果如图12-1-29所示。

(2)采用钢筋混凝土套拱方案对土建技术状况评定为5类的

严重裂损隧道衬砌加固是有效的。

（3）套拱加固方案相对于换拱加固方案而言，具有造价低、工期短、施工快、利于环保等优点。

图 12-1-29　隧道加固后效果

（4）为确保套拱加固后隧道建筑限界几何尺寸满足设计和规范要求，可采用"降低路面高程、增大净空断面"的方法予以解决。

12.2　西北地区某隧道

西北地区某隧道基本信息表　　表 12-2-1

隧道名称	西北地区某隧道	长度	2152m
通车年份	2013 年	省份	西北某省
道路等级	二级公路		
病害情况	衬砌配筋不足、欠厚、严重开裂、渗漏水、局部空洞、路面开裂、隧底仰拱缺失		
处治方案	裂缝修补、渗漏水处治、钢板加固、喷射混凝土套拱加固、隧底拆换、内装饰等		

12.2.1　工程概况

12.2.1.1　隧道基本情况

西北地区某隧道（表 12-2-1）按二级公路单洞双向两车道设计，全长 2152m，属于软质岩长隧道，隧道设计速度为 40km/h，建筑限界净宽为 9.0m，限界净高为 5m。隧道最大埋深 233.13m，受地形条件限制，隧道洞身及出口段位于平曲线上，洞身平曲线半径

$R=1200\mathrm{m}$,出口平曲线半径 $R=900\mathrm{m}$,隧道纵坡为人字坡,坡率分别为 $0.7809\%/-1\%$,隧道建筑限界及内轮廓断面图如图 12-2-1 所示。该隧道于 2009 年 8 月开工建设,2013 年 12 月建成通车。

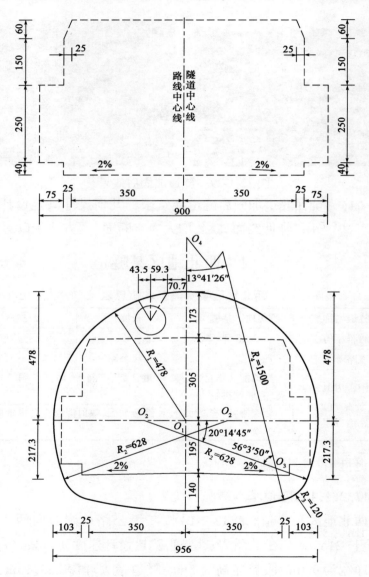

图 12-2-1 隧道建筑限界及内轮廓断面图(尺寸单位:cm)

12.2.1.2 隧址区气候、地质情况

1)地形地貌

隧址区地貌单元为库岸陡坡,隧道段海拔高程为1772.04~2006.00m,塬边植被不发育,多以荒坡地为主,坡体山势陡峻,相对高差大,坡体相对较完整。但在隧道中部发育黄土冲沟,沟深,汇水面积大,无长年流水。隧道左侧塬边下部坡体较为破碎,塌岸、小型滑塌、黄土陷穴等发育,对隧道基本无直接影响。

隧址区属温带半干旱大陆性季风气候,温差大、降水量少,最大冻土深度83cm,最冷月平均气温为-6.7℃。

2)地层岩性

隧址区揭露的地层主要为第四系风积黄土(Q_3eol)和冲积黄土、砂卵砾石(Q_3al)以及上新统临夏组(N_2L)砂质泥岩、泥质砂岩,隧道围岩为Ⅴ级,地层岩性从新到老依次为:

(1)风积黄土(Q_3eol):灰黄色,分布于隧道顶部,质地疏松而均匀,结构松散,厚度70~150m。

(2)冲积黄土、砂卵砾石(Q_3al):灰黄色黄土及青灰色砂卵砾石,分布于风积黄土之下、砂质泥岩之上,冲积黄土厚20~40m,砂卵砾石厚9~12m,局部胶结较好。

(3)上新统临夏组(N_2L)砂质泥岩、泥质砂岩:淡褐红色含钙质团块的泥岩、砂质泥岩夹薄层砂岩。岩层为厚层状褐红色砂岩、紫红色泥岩组成,总厚度56~150m,具层理构造,泥质、钙质胶结。胶结程度、成岩性较差,遇水易软化、崩解,抗风化能力低。产状近水平,锤击声不清脆,无回弹,易击碎。

3)地质构造

隧址区位于青藏高原东北边缘,地质构造属祁连山加里东褶皱系,也是祁吕贺山字形构造体系的西翼与陇西旋卷构造体系及河西系的复合部。地势由西南向东北倾斜,地质构造活动强烈。

隧址区无大的地质构造。

4）水文地质条件

隧址区地下水可分为松散岩类孔隙水、碎屑岩类裂隙层间水两种类型，以后者为主。

孔隙性潜水：赋存于塬顶及山坡第四系松散覆盖层中，受塬顶农田灌溉水和大气降水补给，排泄以地下径流为主，在个别沟道可见以泉水形式溢出地表，主要从砂卵砾石层和基岩顶板处渗出地表，少量下渗补给基岩裂隙水。

基岩裂隙水：隧址区为泥质砂岩和砂质泥岩，相对隔水，不具备地下水赋存的条件，在水库岸坡及陡坎附近，卸荷裂隙、节理裂隙发育，为地下水的赋存和径流提供了条件。基岩裂隙水受塬顶农田灌溉水和大气降水补给，沿裂隙、层面、节理下渗，并见有局部沿断裂渗出地表的泉水，水量一般不大。地表植被不发育，库岸一侧斜坡相对较陡，冲沟较发育，地表排泄条件较好。

地下水的 pH 为 7.66~7.69，不含侵蚀性 CO_2，水化学类型基本为 Cl-Na·Mg 型水。隧址区地下水对混凝土有强腐蚀性，对钢筋混凝土结构中钢筋强腐蚀性。

12.2.1.3 隧道设计概况

隧道按新奥法原理设计、施工，为复合式衬砌结构。初期支护以喷、锚、网为主要支护手段，喷射混凝土采用湿喷工艺；二次衬砌采用 C25（钢筋）混凝土结构。隧道防排水工程采用"防、截、堵、排"相结合的防排水体系。完成初期支护后，隧道初期支护表面全断面铺挂 $350g/m^2$ 无纺布及 1.2mm 厚 EVA 防排水板，衬砌外缘环向设 $\phi50$ 软式透水管，沿墙脚设置 $\phi116$ HDPE 纵向双壁半圆波纹管；横向设 $\phi116$ HDP 双壁波纹管与中心水沟连接，通过仰拱下方的中心沟将水排出洞外。沿隧道纵向每隔 50m 设一处中心水沟检查井。路面原设计为水泥混凝土刚性路面，后加铺 5cm 厚沥青混凝土面层。

12.2.2 隧道病害状况

12.2.2.1 隧道病害

1) 衬砌结构病害

(1) 隧道存在严重衬砌开裂现象，以纵、环向裂缝为主，纵向结构性裂缝主要发生在边墙、拱腰位置，最长16m、最宽6mm。衬砌渗漏水问题较轻微，主要为衬砌墙脚位置的渗水。

(2) 隧道衬砌背后空洞、脱空、回填不密实等缺陷共计27处，74m。拱顶位置缺陷13处，最长缺陷为4m；左边墙位置缺陷4处，最长缺陷为6m；右边墙位置缺陷10处，最长缺陷为10m。

(3) 隧道衬砌存在一定的欠厚问题，拱顶、左右边墙、左右拱腰5条测线共有1072m不满足设计45cm厚度要求，最小衬砌厚度为30cm。隧道衬砌未按设计要求进行配筋，主要表现为单层钢筋、钢筋间距过大或无钢筋等情况。

2) 路面及隧底结构缺陷

隧道路面板共381处开裂，主要为纵向、横向开裂及部分面板网状开裂，如图12-2-2、图12-2-3所示。其中纵向开裂25处，开裂最长为55m，最宽为20.2mm；横向开裂348处，开裂最长为7.25m，最宽为15.5mm；斜向开裂8处，开裂最长为9.4m，最宽为12.2mm。

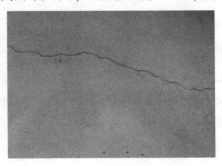

图12-2-2 衬砌纵向裂缝

图 12-2-3　隧道路面裂缝

根据检测资料及现场开挖结果,在仰拱深度位置主要为围岩、碎石层等,均未发现混凝土仰拱,局部段落填充材料采用碎石代替片石混凝土(图 12-2-4)。

图 12-2-4　隧底开挖后揭露未施作仰拱

12.2.2.2　隧道病害成因分析

1)隧道衬砌结构开裂严重

(1)衬砌边墙处落底不稳固或仰拱施作质量不佳,导致边墙墙脚位置发生沉降、收敛变形,致使边墙部位发生纵向结构开裂。此种衬砌开裂问题常与路面纵向开裂、检修道内翻等问题共同发生。

(2)衬砌混凝土厚度不足,导致衬砌的抗弯拉能力下降,在围岩荷载作用下发生开裂。

(3)隧道总体围岩地质条件较差,衬砌背后围岩松动荷载随时间逐渐增大,易在二次衬砌结构薄弱处尤其在拱部位置发生纵向开裂。

(4)二次衬砌与初期支护之间存在空洞、脱空、不密实现象,导致结构受力不均匀,产生应力集中现象,形成纵、斜向裂缝。

2)衬砌渗漏水

(1)隧道排水系统施工不完善或存在堵塞现象,地下水不能及时排出,导致衬砌背后水经由衬砌裂缝或施工缝等薄弱部位渗出。

(2)施工过程中防水板发生破损、搭接不牢或施工缝处防水施作不到位,导致地下水经由施工缝裂隙等薄弱部位渗出。

(3)衬砌背后的脱空及不密实区易形成赋水区,在水压力下由衬砌裂缝等薄弱部位渗出。

3)衬砌厚度不足、空洞

(1)衬砌施工控制不规范,混凝土振捣不密实,导致衬砌厚度不足。

(2)衬砌施工控制不规范,二次衬砌未与初期支护贴合,导致衬砌背后存在空洞、脱空。

4)路面开裂

(1)隧道仰拱未施作或仰拱厚度、深度不足,导致衬砌结构未封闭成环或隧底结构扁平,不利于受力。当围岩地质条件较差时,隧底出现应力集中,导致路面发生鼓起变形、开裂。

(2)路面板横向开裂,主要是路面板施工质量不佳或路面板下部回填不密实,回填材料松散、胶结不良,导致路面发生局部不均匀沉降,出现路面裂缝。

12.2.2.3 加固整治原则

(1)以原设计文件和专项检测报告为基础,结合现场实际情况,准确分析病害产生原因,根据结构计算结果和类似隧道加固经验,制订加固方案。

(2)隧道加固应以先下部后上部,先处治结构性病害再处治一般性病害。

(3)采用成熟工艺,施工材料、工艺与施工条件紧密结合,可操作性强。

(4)隧道加固应结合病害程度、地质条件、加固方案等,综合考虑施工风险,制订应急预案,并配备相应的安全、救援等设施。

(5)隧道加固应在有安全保障的前提下进行,以保证施工安全性。

(6)隧道加固应遵循动态设计与信息化施工的原则,制订监测方案,通过监测反馈信息,优化设计或调整施工方案。

12.2.3 隧道加固方案

12.2.3.1 加固方法

1)裂缝处治

对于宽度大于 0.2mm 的裂缝,进行裂缝凿槽注胶结构补强。对裂缝表面进行清理,在裂缝表面进行骑缝钻孔,作为注胶导向孔,孔深15cm,孔径8mm,孔距30~40cm,注入改性环氧树脂裂缝修复胶,胶液采用 A 级胶,具体处治设计如图 12-2-5 所示。

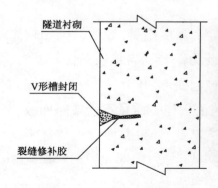 

图 12-2-5 裂缝处治设计

2)渗漏水处治

在衬砌上沿主要渗漏水位置凿 14cm×10cm 的环向倒梯形槽,凿槽埋管长度应向未漏水裂缝以上延伸不小于 10cm,向下至电缆槽;渗水段槽中心设置 $\phi 40$ 引水孔;在槽中心用 2mm 厚铝合金管卡固定 $\phi 100$ 聚氯乙烯半圆排水管,槽内填充瞬间堵漏材料,由于当地冬季气温较低,槽内填充聚氨酯保温板,最后外表面再涂刷两层高效防水层,具体处治方案设计如图 12-2-6 所示。

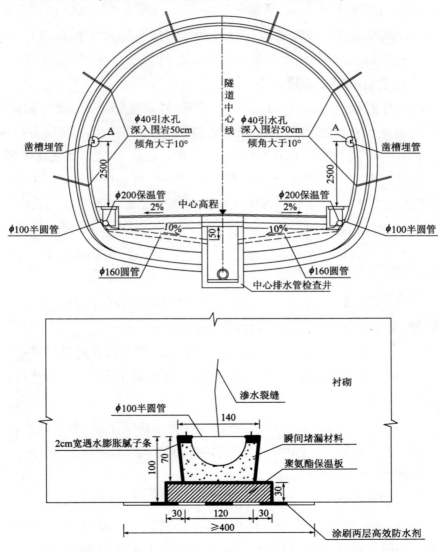

图 12-2-6　渗漏水处治设计(尺寸单位:mm)

3）钢板加固

对于衬砌厚度或配筋不足、欠厚小于 1/4 设计厚度、隧底缺陷等问题导致的衬砌开裂较严重段落,采用全断面布设钢板加固(图 12-2-7)。加固采用 25cm 宽、5mm 厚的 Q345 钢板,V 级围岩段钢板纵向间距为 0.75m,V 级围岩段紧急停车带钢板纵向间距为 0.6m,纵向采用短搭接钢板进行连接。钢板采用化学锚栓进行固定,钢板与衬砌混凝土之间采用黏钢胶进行黏结。

4）喷射混凝土套拱加固

对于衬砌欠厚 1/4 ~ 1/2 设计厚度、衬砌配筋不足、隧底缺陷等问题导致的裂损严重段落,采用喷射混凝土套拱加固(图 12-2-7)。首先架设型钢拱架,并采用 $\phi 16$ 钢筋进行纵向连接,拱架应落底在坚实的混凝土基础上,同时采用注浆钢管进行锁脚。然后喷射 15cm 厚 C25 钢纤维混凝土,套拱不得侵入建筑限界,如图 12-2-8 和图 12-2-9 所示。

5）隧底拆换

对于隧底仰拱未按设计施工的 V 级围岩段,采用隧底拆换进行处治。

(1) 采用 4.5m 长 $\phi 89 \times 6mm$ 无缝热镀锌钢管对墙脚进行注浆锁脚,在完成既有衬砌锁脚后再开挖隧底。

(2) 隧底开挖至设计深度,横向范围内拆除原有检修道、路面等。

(3) 隧底采用跳槽方式开挖,每次拆除段落不大于 5m,跳槽间距不小于 20m。

(4) 喷射 C25 高抗硫酸盐混凝土,设置格栅钢架后,浇筑 C35 高抗硫酸盐水泥混凝土仰拱。最后恢复隧底结构层、路面及检修道。

12.2.3.2　加固施工

1）裂缝处治

(1) 施工前应按设计文件中对裂缝的数量、长度及宽度,在衬砌上进行复核并标注,以此为依据对材料及工序进行计算安排。

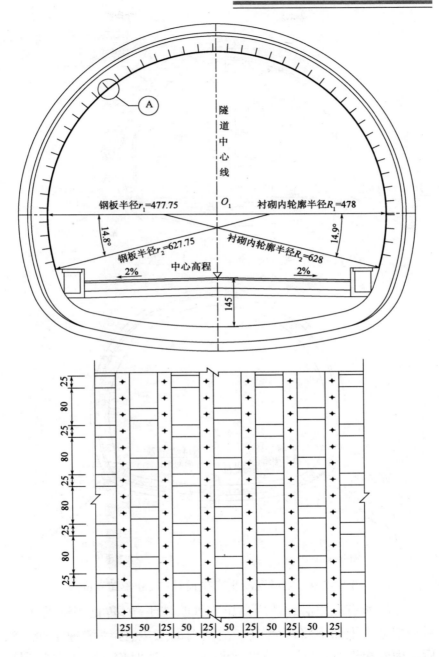

图 12-2-7　钢板加固设计(尺寸单位:cm)

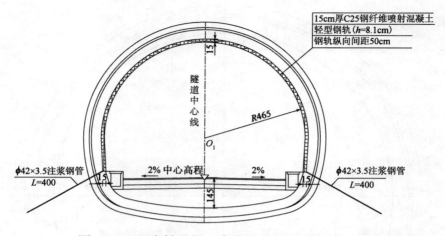

图 12-2-8 喷射混凝土套拱设计(尺寸单位:cm)

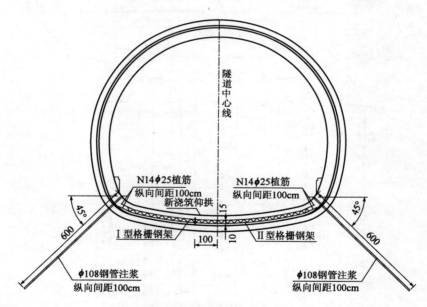

图 12-2-9 喷射混凝土套拱设计(尺寸单位:cm)

(2)所有孔眼必须使用高压空气吹洗干净,防止灰渣阻塞,之后沿裂缝从上而下将两侧 5cm 范围内的灰尘、浮浆清理干净。然后用丙酮擦洗,以清除裂缝周围的油污,清洗时应注意不要将裂缝堵塞。

(3)为使混凝土缝隙完全充满胶液,并保持压力,同时又保证浆液不大量外渗,可沿缝用人工配合小型切割机切出V形槽,宽度不小于15mm,深度不小于15mm,并回填环氧胶泥进行封闭。

(4)裂缝封闭带硬化后,需进行压气试验,以检查封闭质量。压缩气体通过注胶嘴,气压控制在0.1~0.3MPa。在封闭带上及注胶嘴周围可涂上肥皂水辅助验证,如漏气应再次封闭。压气试验对于环、斜向缝可从下向上进行,水平向缝由低处往高处进行。

(5)对于环向裂缝由下向上逐段注胶。从一端开始注胶后,另一端的注胶嘴在排出裂缝内的气体后,喷出的胶液与压入的浓度相同时,可停止注胶,在保持压力下封堵注胶嘴。

(6)对于已注胶完的裂缝,待胶液聚合固化后将注胶嘴拆除,并将粘贴注胶嘴处用改性环氧砂浆材料抹平,确保封闭严实。

2)渗漏水处治

对衬砌纵、环、斜向裂缝渗水、点面状渗水采用"凿槽埋管"措施予以处治,处治方法如下:

(1)在衬砌上沿主要渗漏水位置凿 $14\times10cm$ 的环向倒梯形槽,渗水段槽中心设置 $\phi40$ 引水孔;在槽中心用2mm厚铝合金管卡固定 $\phi100$ 聚氯乙烯半圆排水管,并将半圆管与 $\phi100$ 圆管连通,将水导入纵向保温排水管,通过横向排水管导入中心沟检查井内。

(2)渗漏水衬砌表面涂刷高效防水材料厚为2mm,对于环向渗漏水,涂刷宽度不小于40cm,并应覆盖渗水范围;对于面状渗漏水,涂刷范围应向渗水边缘线外延伸10cm。

(3)考虑施工中的渗水效果检查及后期的局部疏通,凿槽埋管处治中设置了检查孔,检查孔宜设于检修道上方250cm处。但当凿槽埋管高度小于或等于250cm时,检查孔设于检修道上方50cm处,其两侧需设置铝合金管卡固定件。

(4)处治完成后,对埋管两侧各50cm的各种水渍、泥渍进行清除，对凿槽处的涂料进行原位、原样修复，装饰层修复力求与既有装饰颜色一致，保证处治后表观的美观。

3）钢板加固

钢板加固施工现场如图12-2-10所示。

图12-2-10　钢板加固施工

（1）基面的处理：在粘贴钢板位置进行基面处理，露出新鲜坚实混凝土基面，基面应保证平整圆顺，平整度不大于1.5mm/m，局部坑槽及不平整处采用改性环氧砂浆找平。清除衬砌表面范围应满足钢板固定范围。将混凝土表面清理干净并保持干燥，钻制锚栓预留孔。

（2）钻孔植埋锚栓：依照设计图纸的要求，放出需钻孔的位置。应采用与锚栓直径配套的钻头进行钻孔。钻孔应清理干净，保持干燥，不得有油污。

（3）配制结构胶黏剂：按照供应商提供的产品说明书要求配制结构胶，用低速搅拌器搅拌均匀，并在适用期内用完。结构胶黏剂应满足设计要求的各项力学指标和耐久性要求。

（4）涂刷胶黏剂：涂刷胶黏剂前应对衬砌表面进行基面处理，保证粘贴面坚实干燥，对表面缺损及不平整处采用改性环氧砂浆进行找平处理。基面处理完成后，在衬砌及钢板表面均匀地涂刷胶黏剂，胶黏剂的胶层应有足够的厚度。

(5)安装钢板:将钢板固定在锚栓上,通过锚栓将钢板刷胶面与已涂刷胶黏剂的基面贴合,钢板与衬砌应密贴,应避免局部脱空。

(6)钢板表面防腐处理:经检验确认钢板粘贴固化密实后,清除钢板表面污渍,并对安装过程中造成的底漆破损进行补漆,在钢板外露面涂刷面漆4道。

4)喷射混凝土套拱

喷射混凝土套拱施工现场如图12-2-11所示。

图12-2-11 喷射混凝土套拱施工

(1)喷射混凝土套拱前,每隔5m对衬砌内轮廓富余情况进行复测,尤其是对左右拱腰位置进行核查,防止套拱侵入隧道建筑限界,当套拱空间不足时,可适当凿除原二次衬砌结构。

(2)喷射混凝土前,应埋设厚度控制标志(厚度控制钉、喷射线等),以控制喷射混凝土的厚度。

(3)喷射混凝土采用湿喷工艺。全面清理待喷射的基面,清除内装、浮尘、油渍,露出新鲜坚实混凝土基面,并保持一定湿度,必要时可涂刷混凝土界面剂,以保证新老混凝土之间具有良好的黏结强度。

(4)喷射混凝土采用分层喷射,首次喷射混凝土厚度应不小于50mm,在喷射混凝土达到初凝后方能喷射下一层。

（5）喷射混凝土的回弹物不得重复利用，所有的回弹混凝土应从工作面清除。

5）重新施作隧底结构

（1）仰拱应先于衬砌加固浇筑完成，隧底开挖后应尽快修筑仰拱，以利于衬砌结构的整体受力。仰拱施作现场如图12-2-12所示。

图12-2-12　重新浇筑仰拱施工

（2）仰拱须跳槽拆除，纵向拆除长度不大于5m，相邻跳槽间距应大于2模衬砌长度，拆除过程中须进行监控量测，一旦发现异常应立即停止施工，及时采取相应的处治措施。

（3）仰拱开挖不允许欠挖，仰拱浇筑前应清除虚渣、杂物，排除积水，超挖部分应采用C20混凝土予以回填。

（4）仰拱浇筑前应先施作中心排水管，中心排水管衔接应平顺。浇筑仰拱应一次浇筑成型，并由中心向两侧对称进行，仰拱与边墙衔接处应捣固密实。

（5）仰拱混凝土达到设计强度的70%以上后，清除仰拱上面的碎渣尘土，并冲洗干净而无积水，待后续仰拱填充施工。可采用保温、蒸汽养护等措施缩短强度形成时间。

12.2.4　整治效果

12.2.4.1　加固后效果

该隧道通过加固，隧道内衬砌开裂、衬砌厚度不足、配筋不足等影响到隧道安全的问题均得到很好的解决。通过隧底拆换、重新施作仰拱结构、衬砌闭合成环等施工工序,增强衬砌结构整体承载能力,提高隧道结构的安全性,改善隧道内行车条件。

12.2.4.2 加固经验及结论

(1)渗漏水处治应根据渗水位置确定衬砌背后积水位置,通过钻引水孔将积水引出,可取得较好的处治效果。

(2)钢板加固应重视基面处理,以提高钢板与衬砌表面的粘贴质量,确保加固效果。

(3)喷射混凝土套拱应重视新、旧混凝土之间的结合,宜在原衬砌上凿毛或喷水湿润,以保证结合效果。

(4)隧底拆换时,应首先进行锁脚稳定,以避免隧底开挖时拱脚沉降。新施作的仰拱结构应保证与衬砌墙脚有效衔接,形成闭合受力结构。

12.3 华蓥山隧道

华蓥山隧道基本信息表　　表12-3-1

隧道名称	华蓥山隧道	长度	左洞4706m,右洞4684m
通车年份	2000年	省份	四川
道路等级	高速公路		
病害情况	衬砌严重开裂、渗漏水、背后空洞,硫化氢(H_2S)气体溢出		
处治方案	裂缝修补、渗漏水处治、套拱加固、H_2S气体封堵引排、增设风机等		

12.3.1 工程概况

12.3.1.1 隧道基本情况

华蓥山隧道(表12-3-1、图12-3-1)位于四川省广安—邻水高速公路上,为分离式特长隧道,左、右洞分别长4706m、4684m,设计速度

80km/h，建筑限界净高5m，净宽10.5m。全隧道位于直线上，共设有9个车行横通道，纵断面为人字坡，坡率为0.3%／-1.12%，通风方式为全纵向射流通风。隧道1997年4月动工建设，于2000年12月完工并正式通车运营，为当时我国建成通车最长的高速公路隧道。

　　隧道按新奥法原理进行设计，采用复合式衬砌结构，二次衬砌采用C20模筑（钢筋）混凝土。初期支护与二次衬砌间设防水板，中央排水管排水。隧道瓦斯设防段采用防水板全环封闭。隧道路面为水泥混凝土路面。

　　1998年4月30日～8月28日，华蓥山地区出现了九次强降雨，正在施工的华蓥山隧道左洞西段相继发生了9次大的岩溶突水、涌砂（泥）事件，最大突水量7.95m³/s，涌砂（泥）总量27000m³。经各方共同研究，决定增设泄水洞进行排泄，设计单位于1999年4月完成泄水洞施工图设计，泄水洞起于路线YK32+540右侧60m，全长1772m。

图12-3-1　华蓥山隧道

　　1999年4月1日～5月28日，正在施工的右线隧道西段逆坡掘进过程分别在YK34+518、YK+34+646、YK+34+664处发生涌水，瞬时涌水量高达1200m³/h，并含有大量泥沙。经研究，决定延长西段泄水洞，适当增加横向泄水支洞，连接右洞主要泄水点，延长后泄水洞总长2175m。

12.3.1.2 隧址区气候、地质情况

1)工程地质条件

华蓥山隧道位于华蓥山脉中段,地势中部高,东西两侧低,区内山高坡陡,沟谷纵横,工程地质、水文条件十分复杂,有断层、岩溶、涌水、有害气体、高地应力、煤矿采空区等不良地质和特殊地质,隧道西段岩溶及地下水极其发育。

隧道最大埋深718m。洞身穿越2条褶皱的核部、两翼及2条断层,分别为龙王洞背斜及次级褶皱仰天窝背斜,断层为仰天窝断层(F1)、晒席湾断层(F2)。地层岩性主要以灰岩、泥灰岩、岩溶角砾岩的碳酸盐岩为主,围岩类别Ⅱ~Ⅴ级。洞身两端各穿越一次二叠系龙潭组煤系地层,洞身中部穿越含油气层灰岩。隧道主要不良地质为:洞身约4205m(占全隧长89%)穿越以灰岩为主的碳酸盐岩,岩溶和地下水发育;洞身约351m(占全隧长7.5%)穿越龙潭组煤系地层,为高瓦斯地层,存在煤与瓦斯问题;隧道洞身中部约1891m(占全隧长40%)含油气灰岩地层,含石油、天然气及硫化氢等有害气体。

2)水文地质条件

隧址区地下水类型可分为松散岩类孔隙水、碎屑岩类孔隙裂隙水和碳酸盐岩裂隙溶洞水,以碳酸盐岩裂隙溶洞水为主,岩溶裂隙发育,地下水赋存条件好,隧道区岩溶水分布极不均一。区内地下水的补给主要靠大气降水,通过裂隙、溶隙直接下渗或在一定范围内通过岩溶洼地、漏斗、落水洞渗入或汇入地下的方式补给含水层,地下水主要以泉和暗河的形式排泄。地下水水量动态变化大,属动态极不稳定型,水量常大起大落,其变化明显受降水控制,较降水略有滞后。

隧址区以龙王洞背斜轴部地下水分水岭为界,分为东坡和西坡两个岩溶地下水系统,对隧道影响较大的西坡天池湖岩溶地下

水系统为隙洞管网状、储输水型的超小型岩溶地下水系统。

隧址区属亚热带湿润季风气候,多年平均降水量1166.1mm,最大年降水量达1708.5mm,日最大降水量为297.5mm。雨季多集中在五月到九月,以七月份月降雨量最大。

3) 地质构造和油气田的影响

隧道穿过龙王洞背斜、滴水岩向斜、仰天窝背斜、田湾向斜和打罗湾背斜,主要为P_{1q}和P_{1q+m}和P_{2c}灰岩。隧址区的主要断裂构造为3个逆冲断层,分别为:仰天窝断层F_1,切割P_{1q+m}灰岩,与隧道相交;晒席湾断层F_2,发育于P_{2c},与隧道相交;麦子坪断层F_5,与隧道未相交。其中F_1与F_2是影响隧道的重要断裂构造。

川东地区是海相碳酸盐岩油气田最发育的地区,华蓥山隧址区处于油气田构造之间的强烈褶皱的高陡背斜——龙王洞背斜中,且西翼出现透及地表的"通天断层"。虽然隧道洞身将穿过C_2、P_{1m}、T_{1j2}、T_{1j3}四套区域性含油气层段,但P_{1m}、T_{1j2}、T_{1j3}含油气层段在隧道区均已裸露地表,C_2也在隧道以南5km处出露地面,因此该区已丧失了形成油气藏条件中最为关键的封盖条件,不会有工业性油气田存在。

由于残余油气藏的原油和沥青可被生物降解并生成天然气,局部具有二次生化气囊的可能性。隧址区天然气中H_2S含量较高。隧道洞身穿越围岩中H_2S气体主要赋存于茅口组、黄龙组灰岩中,对应隧道里程桩号为K33+500~K35+900,离煤层垂距20~70m的深灰色和灰黑色灰岩也富含H_2S。

12.3.2 隧道病害状况

12.3.2.1 隧道病害

1) 有害气体(H_2S)

H_2S气体对华蓥山隧道的危害最大,隧道经过近十年的运营,洞内渗漏水病害比较严重,裂缝众多,这样围岩中的H_2S气体一方面通过施工缝(裂缝)进入隧道,另一方面也通过溶入地下水进入隧道,然后从水中挥发进入隧道空气中,导致近年来隧道内的 H_2S 气味越来越严重。

H_2S(表12-3-2)是一种无色气体,有特殊的臭蛋气味,极易溶解于水,标准状况下水中溶解度为2.6。标准状况下的密度为1.5392g/L,是空气的1.19倍。硫化氢化学性质不稳定,在空气中可氧化为二氧化硫,在空气中燃烧产生淡蓝色火焰,与空气混合燃烧时会发生爆炸,其爆炸极限的体积比是4%~44%。H_2S 是一种神经毒剂,亦为窒息性和刺激性气体,其毒性作用的主要靶器是中枢神经系统和呼吸系统。低浓度接触仅有呼吸道及眼部局部刺激作用,高浓度时全身作用较明显,表现为中枢神经系统中毒和窒息症状。

硫化氢(H_2S)特性及有关标准一览表　　表12-3-2

项　目	说　　明	参　考　规　范
特性	H_2S 为具有刺激性和窒息性的无色气体,具有典型的臭鸡蛋气味,能溶解于水、酒精、乙醚等液体。H_2S 气味的感觉阈值因人而异,相当程度上取决于个体的敏感性,这种气味的感觉阈值因人而异	—
感知浓度	$0.0015mg/m^3$	《环境评价数据手册—有毒物质鉴定值》
阈值	$0.0135mg/m^3$	—
中毒	人在1~2h内吸入70~150mg/m^3,出现呼吸道及眼刺激症状,吸2~5min后嗅觉疲劳,不再闻到臭气。1h吸入300 mg/m^3,6~8min出现眼急性刺激症状;15~60min吸入760 mg/m^3,出现肺水肿、肺炎、头痛、步态不稳、恶心、呕吐症状;数秒钟吸入1000mg/m^3,很快出现急性中毒,呼吸加快后呼吸麻痹而死亡	—

续上表

项 目	说 明	参 考 规 范
中毒	空气中如有 0.02% 的 H_2S 时,几分钟内即可引起中毒反应;含量在 0.1% 左右的 H_2S 会引起头疼、晕眩等症状,短时间可以致死	《环境中有毒有害物质与工作场所及室内污染监测评价控制国际标准化通用方法》
参考标准	$0.01mg/m^3$	《工业企业设计卫生标准》(TJ 36—1979)

大气中 H_2S 污染的主要来源是人造纤维、天然气净化、硫化染料、石油精炼、煤气制造、污水处理、造纸等生产工艺及有机物腐败过程。

(1)华蓥山隧道内 H_2S 监测结果

检测结果表明,无论是通风情况下还是不通风情况下,右线 H_2S 浓度均高于左线,不通风情况下隧道内 H_2S 浓度高于通风时,左洞最大浓度 $0.017mg/m^3$,右洞最大浓度 $0.037mg/m^3$,浓度最大点位于 YK33+700,该处为茅口组灰岩与龙潭组煤系地层交界处。检测结果见表 12-3-3、表 12-3-4。

有机械通风时段华蓥山隧道 CH_4、H_2S 气体涌出量统计表(8月29日) 表 12-3-3

项 目			右隧道 (广安—邻水)	左隧道 (邻水—广安)
大车流量时段 11:00~12:00	H_2S	浓度(ppm)	0.005	0.002
		风速(m/min)	319	202
		涌出量(mg/min)	140.5	38.1
	CH_4	浓度(%)	0.05	0.05
		风速(m/min)	319	202
		涌出量(m^3/min)	10.0	6.3

续上表

项　　目			右隧道 (广安—邻水)	左隧道 (邻水—广安)
中车流量时段 15:00~16:00	H_2S	浓度(ppm)	0.004	0.001
		风速(m/min)	284	254
		涌出量(mg/min)	107.2	32.0
	CH_4	浓度(%)	0.05	0.05
		风速(m/min)	284	254
		涌出量(m³/min)	8.9	8.0

注：涌出量根据各断面、左右点位、1.8m和3.8m处监测浓度、风速平均值、隧道横截面积计算。

右线隧道 H_2S 气体浓度从1000m开始明显升高，在3000m左右达到最大值，这说明1000~3000m地段不断有 H_2S 气体溢出，而隧道地质纵断面上1000~3000m地段正好是茅口组、黄龙组含油气灰岩地层，这也进一步证明了 H_2S 就是由含油气灰岩地层中溢出。

无机械通风时段华蓥山隧道 CH_4、H_2S 气体涌出量统计表(8月30日)　　表12-3-4

项　　目			右隧道 (广安—邻水)	左隧道 (邻水—广安)
小车流量时段 1:00~2:00	H_2S	浓度(ppm)	0.009	0.001
		风速(m/min)	165	191
		涌出量(mg/min)	145.3	24.0
	CH_4	浓度(%)	0.05	0.05
		风速(m/min)	165	191
		涌出量(m³/min)	5.2	6.0
大车流量时段 11:00~12:00	H_2S	浓度(ppm)	0.012	0.002
		风速(m/min)	187	307
		涌出量(mg/min)	211.8	57.9

续上表

项目			右隧道（广安—邻水）	左隧道（邻水—广安）
大车流量时段 11:00~12:00	CH_4	浓度(%)	0.04	0.05
		风速(m/min)	187	307
		涌出量(m^3/min)	4.7	9.7
中车流量时段 15:00~16:00	H_2S	浓度(ppm)	0.014	0.007
		风速(m/min)	212	187
		涌出量(mg/min)	280.0	117.7
	CH_4	浓度(%)	0.04	0.05
		风速(m/min)	212	187
		涌出量(m^3/min)	5.4	5.9

(2) 涌出水中硫化物监测结果

隧道内涌出水无论是现场采样固定后监测还是放置一天后再进行监测，监测结果均超标，监测结果见表12-3-5。放置后一天后浓度将大幅度减小(挥发、氧化)。

华蓥山隧道水样硫化氢监测结果表(10月14日)　　表12-3-5

点位 项目	泄水洞（管理所对面边沟）	YK35+990（渗漏水处取水）	YK36+005（渗漏水处取水）	YK37+384（渗漏水处取水）	YK34+165（第三加宽带电缆沟槽内取水）	YK34+162（第三加宽带路面涌水处取水）	右隧道（广安—邻水）出口
取水时硫化物(mg/L)	0.072	1.61	1.47	1.38	1.66	11.54	0.036
1天后硫化物(mg/L)	0.019	0.090	0.108	0.122	0.126	0.240	—
硫化物标准值(mg/L)	≤0.05						

注：以上各表监测数值均来自广安市环境监测站。

2）渗漏水病害

华蓥山隧道渗漏水可分为施工冷缝渗漏（图12-3-2）、模板缝渗漏（图12-3-3）、施工缝渗漏（图12-3-4）、蜂窝麻面渗漏、结构性裂缝渗漏、单点（孔）渗漏（图12-3-5）和墙脚（含设备洞室）渗漏（图12-3-6、图12-3-7）。渗漏水状态分为干（水）印、浸渗、滴漏、涌流和喷射。左线隧道共有10段渗漏水密集段，右线隧道共有5段渗漏水密集段。多数渗漏水伴有泥沙和石膏结晶析出。隧底的泄水洞工作基本正常，如图12-3-8、图12-3-9所示。

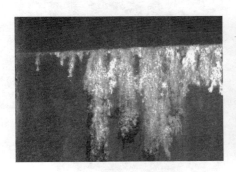

图12-3-2 施工冷缝渗漏

图12-3-3 小模板缝渗漏

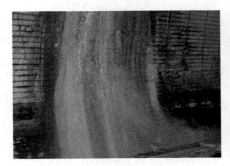

图12-3-4 施工缝渗漏、多处已增设导流设施

图12-3-5 单点（孔）渗漏

3）排水设施淤塞

隧道排水设施淤塞情况严重，对隧道排水能力造成了影响，加

剧了病害的发展,如图 12-3-10、图 12-3-11 所示。华蓥山隧道岩溶发育,所携带的泥沙也较为丰富,极易造成排水管的堵塞,使得隧道排水设施失去作用,从而加剧水压对隧道衬砌的破坏作用。

图 12-3-6　设备洞室渗漏

图 12-3-7　墙脚渗漏

图 12-3-8　4 号横向泄水
　　　　　支洞工作正常

图 12-3-9　2 号横向泄水
　　　　　支洞工作正常

对隧道路面低侧的排水沟调查发现,铸铁管及沉沙池大部分已经被泥沙和杂物堵塞,丧失了排水能力,造成电缆槽内的渗水无法及时排出,部分区段水流已经漫流至路面,对行车造成干扰。局部位置地下水更是顶穿衬砌,呈喷射状。

对泄水洞的调查发现,泄水洞内存在一定的硫化物沉积和淤塞情况,部分泄水孔也已经不通畅,使得泄水洞的排水作用降低,也加剧了地下水对隧道衬砌的破坏作用。

第12章 综合处治

图 12-3-10 检查井淤泥

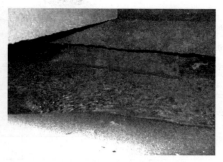
图 12-3-11 边沟淤堵

4）结构性病害

（1）结构性裂缝

华蓥山隧道左线衬砌共有结构性裂缝25条，其中纵向8条、环向5条、斜向12条，右线衬砌共有结构性裂缝56条，其中纵向20条、环向21条、斜向15条。衬砌裂缝延展方向以纵、斜向为主，裂缝长短不一，最长10余米，大部分裂缝宽度为0.2~3mm，呈微张开状态。

（2）衬砌厚度不足

华蓥山隧道左线共抽检3084m，右线共抽检3470m，衬砌厚度检测结果见表12-3-6。检测结果表明，衬砌厚度不足主要出现在拱顶位置，右线较左线严重。

衬砌厚度不合格情况统计汇总表　　表 12-3-6

隧道线别	部位	单条测线长度(m)	厚度不合格长度(m)	所占比例(%)	厚度不合格总长度,所占比例
左线	左边墙	3084	0	0	360m, 2.33%
	右边墙	3084	0	0	
	左拱腰	3084	115	3.70	
	右拱腰	3084	0	0	
	拱顶	3084	245	7.90	

续上表

隧道线别	部位	单条测线长度(m)	厚度不合格长度(m)	所占比例(%)	厚度不合格总长度,所占比例
右线	左边墙	3470	90	2.60	1635m,9.42%
	右边墙	3470	20	0.60	
	左拱腰	3470	165	4.80	
	右拱腰	3470	140	4.00	
	拱顶	3470	1220	35.20	

(3) 衬砌拱背空洞及密实性

华蓥山隧道左线共抽检3084m,右线共抽检3470m,检测结果见表12-3-7。隧道右线广安端3km范围内拱背存在较多脱空现象,主要集中在拱顶部位。隧道左线广安端3km范围内衬砌局部脱空。左线情况好于右线,这与右线存在较多渗漏水和结构性裂缝的情况一致。拱顶开裂情况如图12-3-12、图12-3-13所示。

衬背脱空及不密实病害分布情况统计汇总表　　表12-3-7

隧道线别	部位	单条测线长度(m)	存在空洞长度(m)	所占比例(%)	空洞总长度,所占比例
左线	左边墙	3084	0	0	386.5m,2.51%
	右边墙	3084	0	0	
	左拱腰	3084	16.7	0.54	
	右拱腰	3084	0	0	
	拱顶	3084	369.8	11.99	
右线	左边墙	3470	17	0.49	1216.3m,7.01%
	右边墙	3470	20.8	0.60	
	左拱腰	3470	0	0	
	右拱腰	3470	0	0	
	拱顶	3470	1178.5	33.96	

图 12-3-12　拱顶衬砌严重开裂　　　图 12-3-13　边墙开裂

12.3.2.2　隧道病害原因分析

1) 地质原因

华蓥山隧道在后期运营过程中出现渗漏水、结构开裂、H_2S 溢出等问题,一方面与隧址区的不良地质有密不可分的关系。另一方面,主泄水洞设置在左洞外侧,减轻了地下水对左洞衬砌结构的压力,因此,左洞施工缝、结构性裂缝开裂较右洞少,左洞的渗漏水病害、H_2S 溢出等问题也较右洞轻。

通过对施工期灾害发生的位置、较为严重的不良地质条件区段与隧道病害位置进行统计,可以看出:在 F_1 大断层处,隧道左线和右线病害集中及发展程度较高,不但衬砌多处开裂渗水,而且混凝土路面板也出现了开裂、唧浆等情况。在隧道东洞口区的浅埋段,由于围岩破碎、地质条件差,左线、右线也存在病害密集区。虽然在施工中采取了一定的处治措施,但在不良地质区域位置,仍然在隧道运营后出现了各种程度的病害。

另外,隧址区岩溶极度发育,遍布隧道全长范围的溶洞、暗河、溶槽、岩溶管道等已与隧道连通,为地表水向隧道快速汇集创造了条件。因此造成施工期间涌水突泥事故频发,甚至部分已经处理的溶洞也会重复突水或者迁移,使得运营阶段隧道病害根治的难度很大。

2) 设计因素

设计因素主要体现在旧规范的局限性。原《公路隧道设计规范》(JTJ 026—1990)在Ⅳ级围岩未设置仰拱,且Ⅳ级围岩条件下一般都未设钢架,甚至在Ⅴ级围岩条件下很多地段也未设置钢架。现行《公路隧道设计规范》(JTG D70)要求,Ⅳ级围岩地段应设置仰拱和钢架,Ⅴ级围岩地段必须设置仰拱和钢架。在软弱围岩地质条件下,仰拱对保持隧道结构的稳定、防止隧底隆起、路面翻浆冒泥具有重要作用。另外,排水系统可维修性较差,使隧道日常养护和清理比较困难。

3) 施工原因

检测表明衬砌背后的空洞和不密实情况主要集中在拱顶,这与施工工艺落后、泵送混凝土不饱满、采用小模板施工有关。这也导致衬砌施工缝过多,整体性较差。另外防水层施工控制不严,存在大量破损,防水板形同虚设。

4) 其他原因

每年雨季来临后,每次强降雨均会造成隧道内渗漏水加重甚至突水突泥,有害气体浓度也明显增大。隧道病害受季节变化影响很大,隧道周边岩溶管道与地表由于长期的渗流和侵蚀已部分连通。

12.3.2.3 加固整治原则

1) H_2S 等有害气体整治原则

对 H_2S 和瓦斯等有害气体的治理采用"排、封、堵、吹"综合治理的原则。

2) 渗漏水病害整治原则

(1) 总体上堵排结合、综合治理。

(2) 拱墙部位渗漏水堵排结合,边墙底部水量较大时设置泄水孔排水。

(3) 隧底地下水以排为主,在路面下设置盲沟,将水引入中央排水管。

(4)依托泄水洞,有条件时尽快将地下水引入泄水洞。

3)结构性病害整治原则

(1)技术上可行、经济上合理,确保安全、方便施工。

(2)对于已经出现的较为严重的结构性病害,一次整治,不留后患。

(3)整治措施看得见、易检测,质量易于控制。

(4)尽量避免整治施工对隧道产生破坏,最大程度保护现有隧道结构、防排水系统的完整性。

12.3.3 隧道加固方案

12.3.3.1 加固方法

1)加固方案比较

由于原泄水洞位于左线隧道外侧,对右线地下水的疏导作用较小,右洞衬砌结构受到的地下水压力较大,病害比左线严重,H_2S 浓度也较大。因此,若在右线外侧增加一条泄水洞,将会减少地下水对右线隧道衬砌结构的压力。

根据原泄水洞与隧道主洞的平面关系,新增泄水洞方案起于原泄水洞起点右侧,止于隧道右洞 YK34+646 右侧,全长 2134m,与原泄水洞基本平行。

新增泄水洞方案土建投资约 1400 万元,新增泄水洞建成后,在隧道内部不采取病害整治措施的情况下,预计右洞病害可以减轻至左洞的程度。但由于新增泄水洞工程投资大、施工工期长达 1 年以上、对隧道正常运营的影响大(泄水洞内爆破),考虑到在洞内病害整治措施实施后,预计病害程度可以大大降低,因此综合以上因素和建设方意见,不采用新增泄水洞方案。

2)H_2S 等有害气体的整治

(1)引排隧道地下水,封堵施工缝与结构性裂缝。

（2）减少地下水进入隧道空间，避免排泄水流时暴露在隧道空间内。

（3）加强机械通风。

3）结构性病害整治

（1）主洞结构安全性评价为 1A 的区段，采用 10cm×15cm 格栅套拱进行加固。

（2）主洞结构安全性评价为 2A 的区段，采用 15cm×15cm 格栅套拱进行加固。

（3）停车带结构安全性评价为 1A 或 2A 的区段，采用 15cm×15cm 格栅套拱进行加固。

4）渗漏水处治措施

渗漏水处治措施主要分为以下 7 类，其适用条件及处治方案见表 13-3-8。

渗漏水处治措施表　　　　表 13-3-8

处治类型	适 用 条 件	处 治 方 案
A	施工缝、裂缝渗漏水量较大，呈涌流或喷射状，裂缝为张开或宽张开	①采用 φ50PVC 管引排涌流或喷射状水； ②利用 KP 凝结快的特点，快速堵漏； ③利用 KT1 中水泥基渗透结晶型防水材料（CCCW）含量高的特点，达到渗透堵水的目的； ④利用 KB 强度高、与混凝土黏结性能最强的特点，能有效弥补 KP 和 KT1 强度不足的问题； ⑤涂刷 KT1 能堵塞细小的裂缝
B	施工缝（冷）、裂缝渗漏水量较小，干水印、浸渗或滴漏状，裂缝为张开或宽张开	①利用 KP 凝结快的特点，快速堵漏； ②利用 KT1 中水泥基渗透结晶型防水材料（CCCW）含量高的特点，达到渗透堵水的目的； ③利用 KB 强度高、与混凝土黏结性能最强的特点，能有效弥补 KP 和 KT1 强度不足的问题； ④涂刷 KT1 能堵塞细小的裂缝

第12章 综合处治

续上表

处治类型	适用条件	处治方案
C	单点(孔)漏,以涌流、喷射状为主	①利用 KP 凝结快的特点,快速堵漏; ②利用 KT1 中水泥基渗透结晶型防水材料(CCCW)含量高的特点,达到渗透堵水的目的; ③利用 KB 强度高、与混凝土黏结性能最强的特点,能有效弥补 KP 和 KT1 强度不足的问题; ④涂刷 KT1 能堵塞细小的裂缝
D	点渗、面渗,有明显水珠	①洒一层 KP 干粉,吸收水分,同时堵住明水; ②涂刷 KT1 能堵塞细小的裂缝
E	点渗、面渗,无明显水珠	涂刷 KT1 能堵塞细小的裂缝
F	H_2S 等有害气体溢出地段、渗漏水严重部位,有股状水或雨季有股状水流出	配合 A 类或 B 类处治方案,在墙脚钻孔排水降压,地下水采用 ϕ150 钢管引排
G	无 H_2S 溢出地段、渗漏水严重部位,有股状水或雨季有股状水流出	配合 A 类或 B 类处治方案,在墙脚钻孔排水降压,地下水通过电缆沟排水洞外或引入泄水洞

12.3.3.2 加固施工

1) H_2S 等有害气体的整治措施

(1)封堵施工缝与结构性裂缝

对全部渗漏水施工缝及结构性裂缝进行封堵,根据有害气体的分布区段,对隧道 K33+500~K34+900 段 1400m 范围内所有施工缝和裂缝全部采用 B 型裂缝处治措施进行封堵,防止有害气体的溢出。

(2)减少地下水进入隧道空间

对边墙泄水孔引出的地下水采用 ϕ150 钢管直接引入泄水洞或隧底中央排水管,防止或减少地下水进入隧道空间;对路面涌渗水,在路面下设置纵横向盲沟,将路面下地下水直接引入隧道中央排水管;加强通风,风机布置见表12-3-9。

华蓥山隧道最终风机布置表　　表12-3-9

隧道名称	已安装风机		增加风机		风机功率(kW)
	风机型号	风机数量(台)	风机型号	风机台数(台)	
左洞	TAS9-3-1	18	SDS-90T-4PD1	13	556
右洞		18		20	710

2) 渗漏水病害整治

(1) 对拱部渗漏水缝刻槽封堵,个别涌水量较大地段埋管引排,对面渗部位直接涂刷 KT1 高效防水材料。

(2) 对渗漏水严重段,在边墙上钻泄水孔将墙背地下水引入 $\phi150$ 钢管,然后直接引入泄水洞或隧底中央排水管。

(3) 路面涌水地段在路面板下增设排水盲沟,将地下水引入隧底中央排水管。

(4) 洞口附近地段,采用 $\phi150$ 钢管将地下水直接排出洞外。

(5) 路面破碎、涌水换板地段在路面下增设纵横向盲沟,疏导路面下积水。

(6) 全面清理隧道路侧排水沟,确保畅通。

3) 套拱施工

(1) 原有破损衬砌压溃和腐蚀部位应凿除干净。

(2) 保证喷混凝土套拱与原有衬砌结合紧密,射喷混凝土前,墙面应洒水,原混凝土表面应凿毛,采用湿喷工艺。

(3) 在原混凝土内表面环向设置 10cm×15cm 的格栅钢架补强,纵向间距 0.5m,设置连接钢筋。

(4) 墙面冲洗干净并刷界面剂后喷射 C30 混凝土,喷射混凝土中应加入适量的增密型微硅粉,以减少回弹量并增强结构的防水性能,微硅粉掺量为胶凝材料总重的 8%。

12.3.4 整治效果

12.3.4.1 加固后效果

经过对含 H_2S 等有害气体地层地段的隧道衬砌施工缝、结构性裂缝的封闭,以及渗漏水的直接引排,进入隧道空间的 H_2S 等有害气体大大减少。在此基础上,通风增设风机、加强通风,隧道内的 H_2S 浓度可以控制在刺激阈 $0.012 \sim 0.03 \mathrm{mg/m^3}$ 以下。华蓥山隧道经过本次渗漏水与结构性病害整治,现有的渗漏水病害得到彻底整治,在今后相当长的一段时间内将不会有危及行车安全的结构性病害,隧道行车安全和舒适性大大提高。

但是,由于地下结构荷载的不确定性,随着时间的延长,围岩在地下水等因素的影响下稳定性会发生变化。在断层破碎带、溶洞、采孔区、岩溶等不良地质的长期作用下,隧道局部小范围内可能会出现少量渗漏水现象和轻微的结构性破损,导致微量的 H_2S 等有害气体进入隧道。但是,对行车和乘客不会构成重大危害。

12.3.4.2 加固经验及结论

(1)隧道的渗漏水,不能光靠堵,必须先疏先排,使隧道的主要和分支排水管网保证畅通,最后才对渗漏水裂缝和漏水点进行堵排处治。

(2)施工前应做好施工准备,包括人员、机械、建筑材料等应准备充足,并做好施工组织和统筹安排,尽量缩短工期,减少断道时间。

(3)结构加固地段存在渗漏水病害时,应先完成渗漏水病害的处治,确保排水畅通,衬砌背后水压降低后,再进行结构加固。

(4)渗漏水裂缝的处理应采用切割机刻槽,不得采用人工凿槽,保证精细化作业以避免不必要的损伤。

(5)对于地下水发育的岩溶隧道,在设计时纵坡太小将导致排水能力弱,极易淤堵,建议纵坡在 1% ~ 1.5% 为宜。

(6)目前，在隧道运营中防气、防瓦斯的病害整治案例较少，华蓥山隧道的防气病害整治方案能起到良好的借鉴作用。

12.4　广东省珠海市某隧道

广东省珠海市某隧道基本信息表　　表12-4-1

隧道名称	广东珠海市某隧道	长度	左右洞均为1211m
通车年份	1990年/1992年	省份	广东
道路等级	城市主干道		
病害情况	衬砌开裂严重、欠厚、渗漏水、强度不足、空洞及脱空严重		
处治方案	锚杆加固、套拱加固、裂缝处治、渗漏水处治等		

12.4.1　工程概况

12.4.1.1　隧道基本情况

早期建设的某隧道（表12-4-1）位于广东省，是珠海市境内的重要通道，为我国第一条城市主干道隧道。隧道为双向四车道行车公路隧道，上、下行线长度均为1211m，采用半横向通风，主洞洞顶设置风道及吊顶板。隧道分两期建成，其中下行线于1990年建成通车，上行线于1992年建成通车。上、下行隧道内轮廓如图12-4-1、图12-4-2所示。

12.4.1.2　隧址区气候、地质情况

1) 气候

隧址区属于低纬度亚热带季风区，日照充足，雨量充沛，年平均气温22.4℃；年平均降雨量1700~2300mm；东风为常向风，夏季以东南风为主，冬季以东北风为主，夏秋季有台风侵袭。

2) 地形地貌

隧址区为低山地貌，山脊走向近东西，地形陡峻，山顶呈尖顶形，山顶高程274.6m，测区最低高程约13m，相对高差约261.6m。

第12章 综合处治

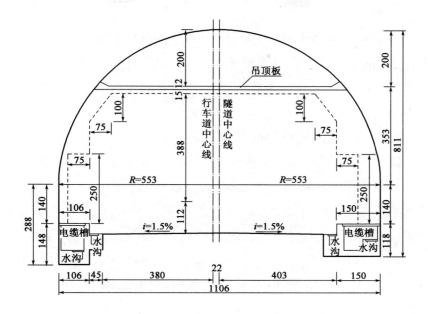

图12-4-1 上行隧道内轮廓(尺寸单位:cm)

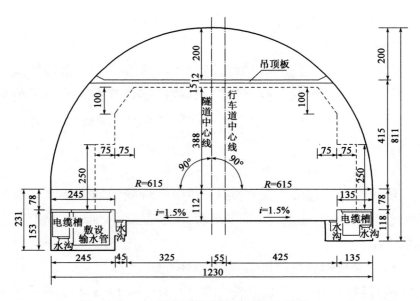

图12-4-2 下行隧道内轮廓(尺寸单位:cm)

3) 地质条件

隧道穿越山体中麓，地层为燕山中期粗粒黑云母花岗岩，最大埋深245m。两端洞口岩体风化严重、节理发育，为Ⅴ级围岩；隧道中部围岩较完整、坚硬，为Ⅱ、Ⅲ类围岩；中部发育有两个断层及多条小断层。

12.4.1.3 隧道设计概况

隧道采用新奥法原理进行设计、施工，复合式衬砌结构，衬砌采用C20的EA-H明矾石膨胀剂防水混凝土；衬砌施工缝处设置背贴式止水带；隧道内每8m布置一条表贴式盲沟，地下水丰富地段加密；隧道路面左右两侧设置纵向排水沟；隧道二次衬砌与初期支护之间设置防水板（仅上行隧道设置）。隧道内路面面层采用18cm厚C40水泥混凝土；在隧道内无仰拱地段，铺设10cm厚C15混凝土整平层，有仰拱地段以仰拱回填作为整平层。

12.4.2 隧道病害状况

12.4.2.1 隧道病害

1) 衬砌结构开裂严重

隧道下行线存在严重衬砌开裂现象，病害严重段落裂缝交叉切割衬砌形成闭合状裂缝；隧道内其他段落也存在大小不等的裂缝。隧道上行线内纵向、斜向受力裂缝很少，裂缝以环向裂缝为主。

2) 隧道内渗漏水严重

隧道存在普遍的渗漏水病害，其中下行线洞内渗漏水情况较严重，主要表现为施工缝、裂缝湿渍，主要呈点状、带状，局部存在面状渗水。

3) 二次衬砌脱空严重、衬砌厚度不足

隧道衬砌表面及背后状况如图12-4-3、图12-4-4所示。隧道下行线洞内，拱顶衬砌厚度严重不足，合格率仅为8.6%，衬砌设计厚度30cm,局部位置实测最小厚度只有8cm;拱腰和边墙衬砌厚度基本满足设计要求。隧道拱顶衬砌背后有空洞或脱空率达98%,拱腰衬砌背后空洞区段达11%。

 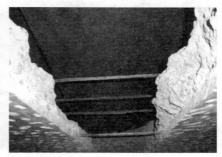

图12-4-3　衬砌表面状况　　图12-4-4　衬砌背后脱空严重

隧道上行线洞内,拱顶衬砌厚度存在45%的区段小于设计值,其余各部位衬砌厚度均大于设计厚度;衬砌设计厚度30cm,拱顶局部最小厚度为11cm。拱顶和拱腰的空洞占总长度的19%。

在隧道病害整治施工过程中,发现上行隧道内拱腰、边墙部存在二次衬砌厚度严重不足的问题,局部区段二次衬砌厚度为5cm,最小厚度仅为2cm,凿除内装后出现防水卷材大面积外露的情况。

4)二次衬砌强度不足

隧道下行线检测的拱部115个测区中,小于设计强度的占14%,最小强度为14MPa,相当于设计强度的71%。

隧道上行线拱部检测87个测区、边墙部检测29个测区,其强度均大于设计强度19.6MPa,满足设计要求。

在隧道病害整治施工过程中,出现了拱部二次衬砌混凝土掉块的情况(图12-4-5),掉块区域二次衬砌混凝土厚度仅为20cm,掉块部分混凝土强度严重不足(图12-4-6)。

图 12-4-5　拱部衬砌掉块　　图 12-4-6　边墙部衬砌强度低

5) 衬砌内轮廓问题

隧道下行线检测的 30 个断面边墙部均存在不同程度的侵入设计内轮廓的现象,一般侵入量小于 4cm,最大侵入量为 11.8cm;拱部 19 个断面均有不同程度的侵入内轮廓,合格率为 36.7%,最大侵入量为 15.7cm。

隧道上行线洞内检测 31 个断面边墙部均侵入了设计内轮廓,一般侵入量小于 5cm,最大侵入量为 13.3cm;拱部 31 个实测断面均有不同程度的侵入设计内轮廓情况,侵入量大于 5cm 的断面有 18 个,占 58%;侵入量大于 11cm 的断面有 4 个,占 13%;最大侵入量为 12.2cm。

12.4.2.2　隧道主要病害成因分析

1) 隧道衬砌结构开裂严重

(1) 衬砌强度、厚度不满足设计要求,导致结构整体承载能力降低。

(2) 衬砌后存在空洞或不密实区,导致结构受力不均衡,形成应力集中现象。

(3) 水化热产生温度过高或养护不良等原因,导致衬砌混凝土固化过程中产生收缩变形,出现细小环向裂缝。

(4) 二次衬砌环向施工缝处理不当,致使施工缝位置出现细小环向裂缝。

2）衬砌厚度不足

（1）二次衬砌背后存在脱空、空洞现象，造成该处衬砌混凝土厚度不足。

（2）施工过程中存在欠挖，导致二次衬砌厚度不足。

3）隧道衬砌背后空洞、衬砌脱空

二次衬砌拱部背后存在空洞、空隙及不密实区，主要原因是早期隧道施工水平较低，拱部泵送混凝土不足，振捣不充分所致。

12.4.2.3　加固整治原则

（1）主要针对结构缺陷、病害进行加固处治，对既有衬砌结构不宜过大扰动。

（2）拱部衬砌强度、厚度不满足设计要求情况较严重，采取套拱加固措施以提高衬砌结构的承载能力。

（3）对衬砌背后存在的空洞全部处治，防止空洞降低地层抗力，使围岩进一步松弛。

（4）当结构加固设置的锚杆可能破坏已有防水层时，隧道防水应服从结构加固，确保结构安全。但如果结构稳定，应以防水为主。

12.4.3　隧道加固方案

12.4.3.1　加固方法

1）衬砌结构加固

（1）锚杆加固

针对隧道内开裂严重区段，特别是存在环向、纵向及斜向裂缝区段采用锚杆进行加固；对于单一裂缝，在裂缝两侧布设 3m 长 D25 中空注浆锚杆，锚杆间距 80cm，纵向延伸至裂缝外 80cm；对于裂缝密集区段，采用 3m 长 D25 中空注浆系统锚杆进行加固，锚杆间距 80cm，纵向延伸至裂缝区段外 3m。

(2)套拱加固

对于隧道内衬砌开裂严重、衬砌后未设置防水板,同时内轮廓富余量较大的情况,在隧道内增设30cm厚C30模筑混凝土套拱;考虑到原隧道二次衬砌内轮廓存在侵限的问题,要求侵限位置套拱最小厚度不小于25cm。在隧道原二次衬砌破坏严重区段采用钢筋混凝土结构,独立裂缝区段采用钢架混凝土结构。针对上、下行隧道改造的结构图如图12-4-7、图12-4-8所示。

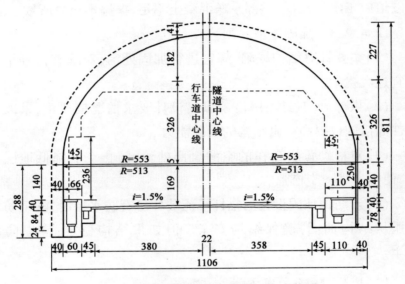

图12-4-7 上行隧道改造内轮廓(尺寸单位:cm)

2)渗漏水处治

(1)衬砌裂缝渗水处治

对于施工缝、环向裂缝及变形缝渗水,采取以"排"为主的原则。沿缝凿梯形凹槽;在渗水位置钻孔后,插入$\phi50mm$的塑料花管(管身包无纺布),通过弯管接头将地下水接入环向排水盲管中,最终由横向导水管导入排水沟。凹槽内布设$\phi50$排水盲管后用"立止水"堵漏剂填充凹槽,最后用"优止水"防水剂沿裂缝方向喷涂,宽度范围为30cm。对于变形缝,尚需加设1mm的遇水膨胀止水胶。

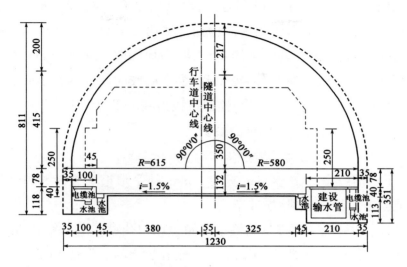

图 12-4-8 下行隧道改造内轮廓(尺寸单位:cm)

(2)重新施作防排水系统

在模筑混凝土套拱与原有二次衬砌之间全断面设置 EVA 复合防水卷材,在衬砌后设置环向 $\phi50$ 软式透水管盲沟,衬砌边墙脚设置纵向 $\phi50$ HDPE 排水管及横向引水管;对路面边沟及电缆沟内排水沟进行改造,保障排水功能。

(3)衬砌裂缝处治

对隧道衬砌裂缝采取开槽注胶的方式进行处治,裂缝注胶所用的胶应采用专用裂缝修复胶。

12.4.3.2 加固施工

1)套拱加固施工

(1)对原二次衬砌进行 0.3~0.5cm 深度的凿毛,凿成新面,以加强套拱模筑小石子混凝土与原二次衬砌模筑混凝土的固结能力。

(2)在原二次衬砌的表面进行纵 50cm×横 100cm 梅花形布置 $\phi16mm$ 钢筋的植筋。植筋钻孔应避开原二次衬砌钢筋,设计允许钻孔位置可以适当挪动以利施工,严禁钻穿原二次衬砌破坏复合防水板而影响到隧道的防水;植筋前,钻孔要用刷子及清洁压缩空气清孔,并应满足植筋的干燥要求;植筋埋深取 $10d$ 即 16cm,钻孔直径为 22cm,钻孔深度 16~20cm。要求凝胶时间控制在 10min 以内,固化时间控制在 1h 以内,锚筋抗拔力在 5t 以上。

(3)铺设钢筋网及浇筑混凝土。

2)衬砌裂缝处治

(1)沿缝凿深 2~4mm、宽 4~6mm 的 V 形槽。裂缝缝口及周边混凝土应清平,剔除松散杂物。

(2)在裂缝表面进行骑缝钻孔做为导向孔嘴。沿缝钻孔,按宽缝稀、窄缝密的原则进行钻孔,一般孔深 5cm,孔径 8mm,孔距 35cm,裂缝交错处应单独设孔。

(3)用 0.2MPa 以上气压清除裂缝、V 形槽、钻孔内灰渣、浮尘;沿缝长范围用丙酮洗刷去污,并注意不得堵塞裂缝。

(4)注胶嘴应用丙酮洗净后,在底盘均匀抹上 1~2mm 厚环氧树脂,并与孔眼对准埋贴于裂缝上。注胶嘴是灌浆和排气通道,应注意粘贴牢靠,且不堵嘴堵缝。

(5)采用环氧胶泥对裂缝进行封堵,确保注胶压力作用下缝口密闭。

(6)裂缝封堵后至少一天,应进行压气试验,气压控制在 0.2~0.4MPa,在封闭带及注胶嘴周围可涂肥皂水,检查裂缝的封闭和注胶嘴的畅通,对冒泡部位应再次封闭。

(7)进行压力注胶时,应保证压浆头与注胶嘴密贴不漏气。应严格控制压力,宽缝或进浆通畅时压力宜控制在 0.1~0.2MPa,细缝或进浆难时可适当增大注胶压力,并通过试验确定最大压力。应注意压浆次序,竖缝先下后上,平缝先低后高。

(8)浆液固化后拆除注胶嘴,用环氧胶泥抹平粘贴位置,并及时用丙酮洗液对缝口周围清整。

12.4.4 整治效果

12.4.4.1 加固后效果

加固改造后,隧道内衬砌开裂、渗漏水、厚度不足等问题均得到很好解决,隧道结构安全性得到有效提高;通过加铺复合式路面、升级机电系统、更新隧道内装,大大改善了隧道内行车条件,提高了隧道通行能力。隧道治理后实景如图12-4-9所示。

图 12-4-9　隧道治理后实景(洞内)

12.4.4.2 加固经验及结论

(1)衬砌加固施工前应先清除衬砌表面的剥落、疏松、蜂窝、腐蚀等劣化部分及附着物,衬砌表面应平整、干燥、整洁,以保证新旧混凝土有效结合。

(2)对于衬砌厚度过薄区段,若净空富余量较大时,尽量采用钢筋混凝土套拱,以提升加固效果。

(3)套拱厚度较薄时,宜采用小石子混凝土,同时保证浇筑质量。

(4)当二次衬砌内轮廓存在侵限时,可适当增大套拱厚度,确保侵限位置的最小厚度不小于25cm。

12.5 金鸡关隧道

金鸡关隧道基本信息表　　　　表 12-5-1

隧道名称	金鸡关隧道	长度	左洞 511m, 右洞 500m
通车年份	1995 年	省份	四川
道路等级	一级公路		
病害情况	衬砌腐蚀劣化、开裂严重、欠厚、渗漏水、强度不足,空洞及脱空严重,路面开裂错台、无仰拱、检修道内翻		
处治方案	衬砌拆换、喷射混凝土套拱、裂缝处治、渗漏水处治、树根桩锁脚、增设仰拱、衬砌背后注浆、锚杆加固、内装饰等		

12.5.1 工程概况

12.5.1.1 隧道基本情况

金鸡关隧道(表 12-5-1)位于四川省雅安市姚桥乡境内,距雅安城区约 5km,按一级公路双洞单向四车道标准设计,设计速度 60km/h,最大埋深约 110m。左洞长 511m,纵坡为 +1.839%;右洞长 500m,纵坡为 +2.9%,两洞净距为 30~38m。隧道净宽 9.5m,净高 5.0m,断面形式为单心圆曲边墙。隧道洞口如图 12-5-1 所示。

图 12-5-1　金鸡关隧道洞口(雅安端)

隧道于1993年9月动工,1995年1月建成通车。由于修建时隧道施工机具比较落后,隧道二次模筑混凝土采用"先拱后墙"法施工,小模板拼装浇筑,且隧底超挖较多,部分采用施工弃渣回填,隧底结构软弱,造成隧道结构病害严重。

12.5.1.2 隧址区地质情况

1)地质条件

隧址区地质构造为单斜构造,无断层等不良地质。隧道穿越地段主要以泥岩为主,夹少量泥质灰岩和泥质砂岩,倾角15°~20°,层厚0.1~0.5m,石膏细脉较发育,层间结合较差,岩性较软弱,裂隙发育,抗风化力较弱。两端洞口第四系覆盖层厚度1~3m,两端洞口段20~30m为Ⅴ级围岩,洞身段围岩均为Ⅳ级。

2)水文条件

隧道穿越单一山脊,地表植被茂密,地下水总体贫乏,施工中以浸润、点滴为主,但随着隧道运营时间加长,地表水通过洞顶竖向裂隙与洞内有连通趋势,表现在雨季隧道内渗漏水病害明显加大,甚至在施工缝处出现帘幕状渗漏水。另外,岩层间的石膏细脉部分溶入地下水中,沿衬砌表面裂缝渗出,对衬砌混凝土有结晶类腐蚀。

12.5.1.3 隧道设计概况

隧道衬砌结构按新奥法原理进行设计,洞身采用复合式衬砌,初期支护为C20锚喷网结构,二次衬砌采用C25素混凝土,衬砌厚度35cm;洞口明洞为C25钢筋混凝土,厚度60cm。隧道建设年代较早,洞身衬砌结构均未设置仰拱。初期支护与二次模筑衬砌间设防水板,但实际施作质量差。两侧电缆沟兼作排水沟,路面为水泥混凝土刚性路面,后期多次维修后加铺了沥青层。

12.5.2 隧道病害状况

12.5.2.1 隧道病害

金鸡关隧道的病害主要有:衬砌裂损,隧道渗漏水,衬砌强度不足,衬砌厚度不足,衬砌背后有空洞,地下水腐蚀,隧道边沟盖板严重倾斜损坏,路面隆起、纵向开裂损坏等。

1)衬砌裂损

隧道右洞中部至成都端洞口长约250m范围内衬砌严重裂损,裂缝纵横交错,宽度最大达6mm,并有轻微错台现象,极大地影响了结构的安全,如图12-5-2所示。其他区段及左洞的裂缝多为环向裂缝,一般发生在环向施工缝处,贯穿整个拱部,部分已延伸至边墙脚,缝宽0.3~5mm,间距5~11m,排列分布较均匀。

图12-5-2 二次衬砌开裂严重

2)隧道渗漏水

金鸡关隧道左洞衬砌共有50余处渗水,仅暴雨后隧道局部有少量滴渗发生,其余时段均为渗水湿渍状态,多发生在雅安端洞口K2+223~K2+288m段65m范围。

金鸡关隧道右洞衬砌共有70余处渗水,多为拱部施工缝开裂渗水,集中在隧道进、出口和中部。隧道中部K2+415~K2+445区段常年大面积滴渗,雨季出现小股流水,拱部和边墙混凝土(图12-5-3~图12-5-5)大面积腐蚀、剥落,已严重影响了结构的安全。

3)衬砌混凝土强度不足

经检测,左洞衬砌混凝土70%达到设计强度,不合格点离散分布,同一断面仅一个测点不满足设计强度,衬砌混凝土状况基本达到设计要求;右洞钻孔32处,30处取芯抗压强度未达到设计要求,不合格率为94%,最小强度11.5MPa(图12-5-6)。

图12-5-3　边墙裂损渗水

图12-5-4　边墙施工缝渗漏水(旱季)

图12-5-5　边墙混凝土破损

图12-5-6　混凝土强度严重不足

4)衬砌混凝土厚度不足

隧道左洞17%的测点混凝土厚度不合格,右洞13%的测点混凝土厚度不合格,最大相差11cm,最薄处为25cm,主要位于隧道拱顶和拱腰,呈零星分布状态。衬砌厚度不足情况如图12-5-7、图12-5-8所示。

5)衬砌背后有空洞

经钻孔取芯,隧道左洞检测的4个断面中有3个断面存在空洞,均位于拱顶;右洞7个断面均有空洞,多分布在拱顶(图12-5-9、

图12-5-10）。衬砌混凝土与围岩的接触普遍密贴性不好、密实度相对较低；局部区段混凝土浇筑不均、振捣不密实，少数地方集料架空、砂浆分离。

图12-5-7　拱顶衬砌厚度严重不足

图12-5-8　边墙厚度严重不足

图12-5-9　拱顶严重脱空
（无防水层）

图12-5-10　拱顶严重脱空
（无防水层）

6）地下水腐蚀

隧址区地下水为SO_4^{2-}-Na^+·Ca^{2+}型，该水对混凝土中等结晶类腐蚀及弱、微矿化水型腐蚀，衬砌有白色结晶体析出，影响衬砌混凝土的耐久性，拱部和边墙混凝土被大面积腐蚀并剥落，混凝土的有效厚度大大降低。隧道内腐蚀情况如图12-5-11～图12-5-14所示。

第12章 综合处治

图12-5-11 拱顶衬砌严重腐蚀

图12-5-12 边墙结晶腐蚀

图12-5-13 边墙渗漏、腐蚀结晶

图12-5-14 已被腐蚀的混凝土表面

7)隧道边沟盖板严重倾斜损坏

隧道边墙基底软弱,长期沉降,导致部分区段边沟严重倾斜内翻,人无法站立行走,部分盖板破损,以左洞中部较为严重(图12-5-15)。

图12-5-15 沟底板严重倾斜

8）路面隆起、纵裂损坏

隧底回填了大量泥岩隧渣,路面边缘在隧道边墙沉降的牵引下一起沉降,导致路面中央出现隆起,相对隆起高度 5~15cm,路面在中部出现纵向裂缝,宽度 1~5cm,局部有断板现象。左、右洞路面隆起、纵裂现象如图 12-5-16、图 12-5-17 所示。

图 12-5-16　右洞路面隆起、纵裂　　　图 12-5-17　左洞路面隆起、纵裂

12.5.2.2　隧道病害成因分析

1）地质原因

洞口地表左右侧发育有 4 条小冲沟,沟内均有泉水出露。地下水通过裂隙等通道逐渐渗入隧道周边和底部,对隧道围岩和基底形成软化作用,围岩的力学指标降低,导致隧道结构受力逐渐加大而开裂变形,路面不均匀沉降开裂。

岩层间发育的石膏细脉在地下水作用下逐渐溶解于水,然后通过裂缝渗漏至衬砌表面,风干后在衬砌裂缝附近形成白色结晶体,同时产生微膨胀性,对混凝土产生破坏;同时地下水硫酸根离子具有一定的腐蚀性,造成混凝土劣化。

2）设计原因

隧道原设计未设置仰拱,隧底结构强度不足,围岩变形导致隧道路面隆起、纵向开裂。

3）施工原因

（1）隧道拱顶、拱腰处的纵、斜向裂缝主要是由于两侧边墙基础遇水软化后在隧道横向和对角斜向上产生不均匀沉降造成的（钻孔揭示墙基存在大量的回填土石），纵斜向裂缝绝大部分为拉裂；另外，拱背有空洞，混凝土强度普遍不足也是造成隧道纵向开裂的原因之一。

（2）环向裂缝主要是由于隧道基础在纵向上的不均匀沉降致使衬砌在施工缝处拉裂引起的，另外混凝土受温差影响收缩也是衬砌环向拉裂的原因之一。

（3）隧道渗漏水严重主要是防水板施工质量差，隧道背部的排水体系因长年沉积泥沙和矿化结晶而部分堵塞，地下水通过围岩裂隙直接渗漏至衬砌背部，遇裂缝和不密实部位直接渗出。

（4）衬砌混凝土强度不足。施工中采用小模板施工、每次浇筑混凝土时"量小次多"，混凝土的均匀性差；混凝土中卵石和砂含量偏多、水泥含量偏少、水灰比配合不当、混凝土离散性大等，都导致了混凝土强度下降。

（5）衬砌混凝土厚度不足，主要是由于隧道欠挖和施工工艺差致使混凝土灌注不饱满，衬砌背后有空洞。

（6）衬砌背后有空洞主要原因是施工方法不当，施工工艺落后，无泵送混凝土设备，采用小模板施工时混凝土灌注不饱满。

（7）隧道路面纵向隆起、开裂，还由于施工中隧底超挖回填材料不规范，回填的泥岩弃渣中富含的蒙脱石吸水膨胀，造成路基的隆起；隧底地下水较丰富，使石膏溶解流失和泥岩软化，造成部分路基下沉，隧道边墙基础的沉降挤压也加剧了路基中部的隆起。

（8）衬砌混凝土局部鼓出、拱部侵入内轮廓并轻微侵入建筑限界，主要是施工时放样量测不准确、"跑模"所致；同时也与隧道整体沉降有关。

12.5.2.3　加固整治原则

(1)整治工序应遵循"先下后上"的原则,先进行隧底病害处治,再进行衬砌结构的加固。

(2)隧道病害处治,应在保证隧道结构的安全性前提下进行。

(3)衬砌裂损腐蚀严重时,结构加固不考虑原衬砌的承载能力,对原衬砌进行拆除。

(4)隧道在进行结构加固时,原衬砌结构的剩余承载能力应尽量利用,避免浪费。

(5)渗漏水处治的原则是隧道拱部渗水以"堵"为主,边墙渗水以"排"为主,保证处治后排水畅通。

12.5.3　隧道加固方案

12.5.3.1　加固方法

1)二次衬砌拆除重建

二次衬砌拆除重建适用于右洞 K2+412～K2+456 段,共计 44m,该段衬砌已严重裂损和腐蚀剥落,渗漏水严重,衬砌已基本丧失承载能力。拆除该段衬砌并凿除已腐蚀剥落的原初期支护,必要时需在拆除前进行注浆预加固。分段拆除后,及时补作初期支护并加强监控量测,控制围岩的变形;铺设好纵环向排水体系后加铺防水层,最后及时浇筑 C25 钢筋混凝土衬砌,厚度 55cm,新建衬砌严禁侵入建筑限界。

实际拆除施工时拱顶发生了长 2m、高 3.5m 的小坍方(水平砂泥岩拱顶离层坍塌),在及时施作喷混凝土护拱后坍腔用泵送 C20 混凝土回填密实,随后及时施作钢筋混凝土二次衬砌(图 12-5-18、图 12-5-19)。

2)喷钢纤维混凝土套拱

喷钢纤维混凝土套拱适用于右洞(衬砌重建段除外),该隧道纵环向裂缝较多,将衬砌切割成块状,混凝土的承载能力严重下降。在原混凝土内表面环向设置高9cm、18kg/m的轻轨钢拱架补强(图12-5-20),环向间距0.5~0.8m,在有纵斜向裂缝、病害严重的段落再用$\phi25$中空注浆锚杆锚固;布设钢筋网,在墙面冲洗干净并刷界面剂后喷射C30钢纤维混凝土厚度13cm(喷混凝土后不能侵限);喷射完毕后,表面用砂浆找平,刷涂隧道用防水涂料,兼作装饰(图12-5-21)。

图12-5-18 二次衬砌拆除时发生坍方

图12-5-19 重建后的钢筋混凝土二次衬砌

图12-5-20 架设轻轨套拱

图12-5-21 喷射混凝土套拱表观

3)树根桩加固

树根桩加固适用于隧道边墙基础均有软基导致隧道长期不均匀沉降开裂区段。加固措施为:边墙基础每侧施作$\phi150$钢筋混凝土树根桩,桩长3~4m,纵向间距0.75~1m,桩长和桩距应根据软基厚度及病害情况而变化,如图12-5-22、图12-5-23所示。

 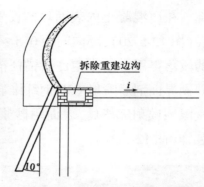

图 12-5-22　边墙基础树根桩钻孔　　图 12-5-23　树根桩布置图

4）增设仰拱

增设仰拱适用于左洞中部路面严重隆起开裂段，共 170m，该段路基和墙基均有回填 20~150cm 的土石软基，回填物中含有蒙脱石等遇水膨胀性物质，致使路面在地下水作用下长期隆起开裂，隆起高度 30~60cm，路面最大开裂达 11cm。对该段隧道彻底清除隧底软基和回填物并增设 C25 混凝土仰拱，仰拱厚度 50cm，仰拱上部充填用 C10 混凝土，最后用 11cm 厚沥青混凝土恢复路面（图 12-5-24）。

图 12-5-24　清除软基增设仰拱

5）拱背填充注浆

拱背填充注浆适用于右洞全隧道（拆除重建段除外），主要目的是改善衬砌的受力条件，使围岩压力均匀作用于衬砌，从而提高结构的安全度,也可起到局部堵水的作用。压浆充填分为两次压注,注浆材料采用水泥砂浆,注浆尽可能采用无压充填,压注困难时注浆压力不宜大于0.1MPa,且注浆前衬砌应搭设临时钢支撑并做好安保措施,并随时观测衬砌的情况,发现问题应立即停止注浆。增设仰拱示意图如图12-5-25所示。

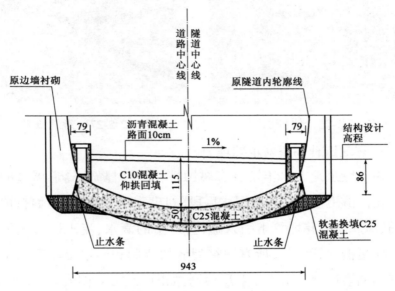

图12-5-25 增设仰拱示意图(尺寸单位:cm)

6)纵、斜向裂缝补强

纵、斜向裂缝补强适用于左洞衬砌强度和厚度都基本满足设计要求,仅由于基础不均匀沉降导致衬砌纵向、斜向开裂区段。对该类裂缝周边施作骑缝锚杆加固补强,锚杆采用5m长$\phi 25$中空注浆锚杆,间距0.8m,距裂缝两侧50cm左右布设。最后对裂缝用JCT-8型专用灌缝胶注射补强同时封闭裂缝。

7)衬砌变形鼓出处理

衬砌变形鼓出处理适用于隧道局部围岩因各种因素长期松弛变形,衬砌混凝土受松动荷载作用开裂和鼓出。处治措施为凿除鼓出的混凝土和已腐蚀的混凝土，在鼓出区周边施作锁边锚杆，在整个鼓出区施作5m长φ25中空注浆锚杆，间距、排距0.8m，如图12-5-26、图12-5-27所示。

图12-5-26　锚杆加固　　　　　图12-5-27　裂缝修补

8）裂缝嵌补和渗漏水处理

由于隧道地下水丰富且有腐蚀性，需及时降低隧道周边的地下水位。隧道左右洞在渗漏水区段（衬砌重建段除外）边墙打泄水孔，孔深3.5m，并埋管下引入边沟，严重的滴水、流水以及大面积渗水应凿槽埋管引排，所有嵌补裂缝的两侧和渗水湿渍区均用水泥基结晶渗透型防水涂层双层涂刷，如图12-5-28、图12-5-29所示。

图12-5-28　边墙凿槽埋管排水　　图12-5-29　边墙底部泄水孔

9）路面整治

左洞的增设仰拱段和右洞的衬砌重建段路面应重新铺设，路面采用沥青混凝土,厚度10cm。此外,施工中应尽量避免破坏现有路面,否则,应在施工后期对隧道路面进行沥青表面处理,厚度4cm。

10)隧道装饰

病害处治施工结束后,全隧道刷涂隧道专用防水涂料,兼起装饰作用。

12.5.3.2 加固施工

1)施工交通组织

隧道整治施工时采取全封闭断道施工,以保证安全。若交通不能中断,则建议右洞采取分期断道施工,采用单洞双向行车或单向定时放行机制,但应加强交通管制,保证交通安全。

2)增设仰拱

在拆除二次衬砌前应先跳槽施作好仰拱和仰拱填充。跳槽开挖增设仰拱每次开挖长度不宜过长,施工可根据监控量测数据调整,相邻两段同时开挖时中间净距不小于8m;每段开挖后仰拱必须尽快施作,决不能中途停工、窝工。

3)衬砌拆换

衬砌拆除重建施工前应搭设临时钢支撑,并应高度重视施工安全和隧道结构的安全,拆除后及时补作初期支护。

4)铺设防水层

由于本区段渗漏水严重,铺设防水层前应除去初期支护表面的尖锐物(包括锚杆头、尖角石等),避免刺破防水层。铺设顺序为①环向铺设盲沟管;②铺设$300g/m^2$无纺布,无纺布用暗钉圈固钉在喷混凝土层上;③铺挂防水卷材,铺挂时应采用热风双焊缝无钉铺挂工艺,防水卷材搭接长度不小于11cm,并应保证接缝质量。

5)模筑混凝土

二次衬砌浇筑后,拱背不能再留有空洞,必要时拱部可预埋注浆管进行二次压浆充填。

6）喷混凝土套拱

原有破损衬砌压溃和腐蚀部位应凿除干净；裂缝应嵌补，明显渗漏处应埋管引排；应保证喷钢纤维混凝土套拱与原有衬砌结合紧密，喷射混凝土前，墙面应洒水，原混凝土表面应凿毛，建议采用湿喷工艺并保证钢纤维的掺量。

7）中空注浆锚杆加固

中空锚杆应注浆饱满，保证全长黏结；锚杆端部的防水应精心施工；压浆充填时应控制注浆压力，不宜大于 0.2MPa，并加强对衬砌的观测，发现问题应立即停止施工。应搭设好临时钢支撑并用锲子锲紧后才能压浆施工。

12.5.4 整治效果

12.5.4.1 加固后效果

加固完成后，隧道结构安全性得到加强，隧道内装整洁美观，极大地提高隧道运营的安全性和舒适性，达到了预期的加固效果。隧道加固前后效果如图 12-5-30、图 12-5-31 所示。

图 12-5-30　隧道加固前　　　图 12-5-31　隧道加固完工后

12.5.4.2 加固经验及结论

（1）隧道在大规模病害处治时建议断道施工，各个工序可以有序安排，减少相互掣肘，施工安全有保障，施工速度可大大提高。

(2)隧道边沟底部或路缘带底部设置深埋排水盲沟可有效降低隧道地下水位,减少路面翻浆冒泥。

(3)衬砌病害极其严重区段,采用二次衬砌拆除重建,加固效果好,对后续的隧道整治起到借鉴作用。

(4)本隧道加固未对原衬砌进行大规模的凿槽和切割,充分利用了原有衬砌的残余承载能力,加固效果好,施工快。

(5)隧道加固后,应对隧道衬砌施作内装饰,保证加固美观性。

12.6　山王庙隧道

山王庙隧道基本信息表　　　　表12-6-1

隧道名称	山王庙隧道	长度	656m
通车年份	1992年	省份	贵州
道路等级	二级公路		
病害情况	衬砌开裂严重、渗漏水、变形错台,路面开裂严重,洞门破损		
处治方案	洞口地表及洞内注浆、模筑混凝土套拱、完善防排水系统、路面拆换、内装饰等		

12.6.1　隧道概况

12.6.1.1　隧道基本情况

山王庙隧道(表12-6-1)位于贵州省大方县瓢井区和长石区交界处,全长656m,为二级公路双向两车道隧道,设计速度40km/h。进口明洞长11m,出口明洞长13m,进出口洞门均采用翼墙形式,洞身衬砌为曲墙式。隧道于1991年5月开工建设,于1992年12月建成通车。

12.6.1.2　隧道地质概况

隧道穿越地段地质构造简单,无大型断层通过,岩石层次清楚,岩层走向与隧道轴线夹角50°~70°,倾角自地表往深部变陡为35°~48°,进出口岩层上覆有黏土夹碎石,结构松散。

隧道围岩为Ⅱ~Ⅴ类围岩。隧道通过地段进出口附近岩层垂直风化深度20m,风化带内岩层破碎,节理发育,极不稳定。隧道出口地段通过110m的煤系地层，K46+492~K46+532段内1690m高程以上的煤系地层大部分已经开采，岩体内不规则的老山洞较多，洞内被充填或半充填，有地下水浸出。由于围岩地质条件太差，洞口段施工时110多米范围内发生过多次坍塌。

12.6.1.3 隧道设计概况

隧道衬砌结构采用新奥法原理设计、施工。隧道防排水设计以排为主，堵排结合，洞身满铺1mm厚夹布橡胶防水板加无纺布，隧道衬砌混凝土均采用抗渗等级S8的防水混凝土浇筑。在防水层底部，每隔15m预留φ60横向汇水管1个，隧道墙背水通过汇水孔排入侧沟内。

2001—2002年对隧道出口处K46+442~K6+504.6段进行了锚杆、钢架及表面模筑30cm厚的耐腐蚀混凝土等加固措施，对隧道进口及其余段的施工缝采取了防排水处理。

12.6.2 隧道病害现状及成因分析

12.6.2.1 隧道病害现状

1）裂缝与渗漏水

隧道衬砌开裂现象明显，渗水较严重，主要为大面积的浸渗（图12-6-1），其中洞口段比洞身段严重，出洞口比进洞口严重，隧道右侧比隧道左侧严重。

图12-6-1 隧道衬砌裂缝及渗漏水

2）隧道断面轮廓和表面变形

（1）K45+862~K46+072段隧道实际断面轮廓大于设计断面，衬砌轮廓整体外扩。

（2）K46+072~K46+452段因偏压作用，隧道总体从右向左偏位。衬砌右拱部普遍下沉，左边墙普遍左移。

（3）K46+452~K46+518段经过模筑混凝土等加固处理，衬砌轮廓无明显变化。

（4）整条隧道轮廓异形现象严重，即隧道衬砌纵向轮廓不直、内凹、外凸；横断面轮廓不平整；模板与模板之间以及前后浇筑的两幅衬砌间有较大的错台。

3）隧道衬砌情况

（1）K46+352~K46+398段断面衬砌厚度小于设计厚度，其他区间的衬砌厚度接近设计厚度。

（2）强度不合格的段落占总长度的20%，主要集中在K46+222~K46+382段的左拱腰和右边墙；拱顶强度均达到设计要求。

（3）衬砌剥离、蜂窝、麻面严重，分布在K46+342~K46+382段、K46+462~K46+502段。

（4）衬砌中的钢拱架和钢筋的部位与设计基本一致；衬砌不同深度处存在蜂窝状气孔且未发现防水层，初次衬砌与二次衬砌间的界限不明显。

（5）部分钻孔钻到一定深度出水，部分衬砌背后发现木头和黄泥。

4）边沟和路面

（1）局部路段路面开裂现象严重，主要分布在K45+862~K45+962段、K46+112~K46+212段、K46+312~K46+362段、K46+412~K46+518段，如图12-6-2、图12-6-3所示。

（2）路面泛水且排水不畅。

图12-6-2　隧道衬砌劣化剥落　　图12-6-3　隧道路面开裂严重

5) 隧道洞门

隧道出口段洞门已严重破坏；隧道出口明洞段衬砌已压裂破坏，裂缝已发展到地表。

12.6.2.2　病害成因分析

1) 地质原因

山王庙隧道地质条件差，隧道洞身经过了泥岩、煤系地层、灰岩及泥质砂岩等多种岩体，穿越的地层围岩复杂。煤系地层煤层采空区较多，灰岩段落岩溶发育，局部存在充填溶洞，隧道地下水丰富且具有腐蚀性。

2) 设计原因

本隧道设计时间为20世纪90年代初，设计经验缺乏，设计理念尚不成熟，导致隧道设计在防排水体系、支护参数及路面结构等方面都存在较多不足。特别是隧道的防排水系统不完善，地下水无法有效排出，因此造成隧道出现漏水、渗水等问题。

3) 施工原因

早期施工机械及工艺较差，施工管理水平较低，施工过程中出现多次坍塌，对坍塌、采空区及岩溶处理不完善。在施工过程中，由于原施工单位缺乏隧道施工经验，没有能力处理不良地质及坍塌，后期又重新换施工单位。检测发现隧道局部衬砌强度不合格，存在衬砌空洞及蜂窝麻面;衬砌厚度不足,衬砌背后有空洞或不密实,且施工处理不及时,导致隧道多次发生塌方,衬砌上方有大量塌方荷载。

4)运营阶段原因

由于隧道未设置机电系统等安全设施,隧道养护条件差,且隧道设计不完善,地下水丰富,运营中对隧道排水系统的堵塞没有及时清理,导致路面下积水严重、排水不畅,引起基层浸泡强度不足,路基松软,路面混凝土板在车辆大量重复荷载作用下,造成路面破坏。隧道衬砌背后积水引起隧道二次衬砌受水压力作用而产生裂损、漏水。

12.6.3 隧道加固方案

12.6.3.1 隧道加固原则

(1)根据隧道存在的各种病害和质量缺陷的具体情况,采用针对不同情况分类分段的处治措施。

(2)遵循技术可行、经济合理的原则,确保处治后结构具有一定的安全度,同时应兼顾美观。

(3)处治施工时,根据各工序顺序可开辟多个工作面可同时展开,以节省工期。

(4)加固处治后,能够确保结构的运营安全。

12.6.3.2 加固设计

本次病害整治根据不同段落的病害程度、围岩及隧道施工情况,采取不同的治理措施,主要措施有:地表及洞内注浆加固,对渗漏水严重的各种裂缝采取引排,对整个隧道增加套拱,更换全部路面、边沟及盖板,完善防排水系统,施作隧道内装饰。

1)地表及洞内注浆加固

该段(K46+485~K46+516)隧道两侧边墙均有纵向的剪切或拉裂缝,且该裂缝还在发展,隧道顶部的洞门端墙有向外移动的剪切口。分析该段隧道开裂是由于隧道基底下沉、隧道两侧侧压力较大所致,目前隧道裂缝已严重影响到隧道的结构安全。采取的主要措施为:

(1)对隧道两侧采用地表注浆。

(2)从洞内对隧道底部进行注浆加固(图12-6-4)。

(3)对纵向裂缝两侧施设锚杆加固,锚杆采用 $\phi25$ 中空注浆锚杆,锚杆外露端部必须采用垫板并用螺帽拧紧。

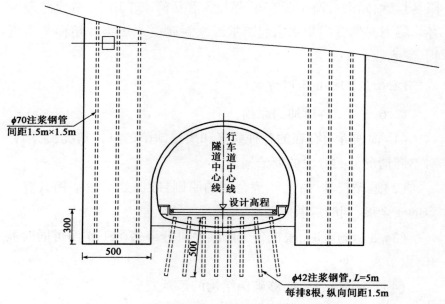

图 12-6-4　隧道出口地表及基础注浆加固设计图

2)完善防排水体系措施

全隧道均需完善防排水体系,具体措施为:在原设计二次衬砌与套拱之间增设由带蜂窝状防水板及无纺布组成的防水层,路面下设置横向 MF12 塑料盲沟,更换全部隧道边沟。

由于隧道裂缝较多,渗漏水较严重,因此在 K45+860～K46+211 段和 K46+340～46+516 段采用 MF7 塑料盲沟进行凿槽引排。

3)增加套拱

考虑结构本身存在的不安全性,本隧道进行全面整治,同时裂缝较多,渗漏水严重,故本隧道全部增加套拱,套拱采用防腐混凝土,混凝土等级为 C25,防水等级不低于 S6。

4)路面

隧道路面全部拆换为混凝土路面,混凝土路面结构层厚 26cm,要求路面混凝土 28 天龄期的弯拉强度标准值不得低于 5MPa。

5)装饰

隧道衬砌表面喷涂隧道专用防火涂料,表面采用隧道防火涂料专用面饰漆装饰,防火材料的耐火时间不小于 2h。拱部采用浅蓝色,边墙采用米黄色。

6)隧道机电

增设隧道照明、消防等机电系统。

12.6.3.3 加固施工

隧道进行全封闭施工,以利于施工安全和缩短施工工期,施工期间改线至原有老线路临时通行。

1)地表及洞内注浆加固

(1)地表注浆

①施工场地、测量放样:清除对要注浆的施工场地有影响的植被后,对场地进行平整,然后进行碾压密实;按照设计布孔形式放出注浆孔位并明确标示;钻孔前,对注浆段测设横断面,在横断面图上对每个钻孔进行放样,标明每个断面上点位的钻孔深度。

②钻孔:钻孔开孔直径不小于 50mm,在土层过厚地段开孔直径采用 50~100mm,钻孔采用干钻或无水反循环,注浆套管采用跟管钻进。钻孔施工按照先两边、后中间的施工顺序,先进行最远一排孔的施工,然后进行最内一排孔的施工,最后进行中间一排加强孔的施工。

③下钢管与封堵:套管采用 $\phi42\times4mm$ 钢管,注浆管前段做成尖锥状,尾部焊接 $\phi6$ 加固筋,管壁四周钻8mm 压浆孔,对于设止浆盘段小导管尾部50cm(不含地表面出露50cm 段)不设压浆孔,对于不设止浆盘段小导管尾部250cm 长不设压浆孔。套管与孔壁的间距1m 范围用 CS 胶泥、速凝砂浆封堵或用止浆盘,以确保注浆孔的密封性。

④注浆:注浆顺序与钻孔顺序相同,按照先两边、后中间的施工顺序,先进行最远一排注浆孔的施工,然后进行最内一排注浆孔的施工,最后进行中间一排加强注浆孔的施工。在同一排,为防止相邻施工孔之间窜浆,采用间隔施工法。

⑤注浆效果检查:近洞口段第一循环注浆完成以后7天,通过地表钻孔检查,观察洞内浆液扩散情况,监测拱顶下沉、周边收敛、地表沉降等方式进行注浆效果检查,不合格者进行补钻孔注浆,合格则采用相同方法进行下一个循环施工。

(2)隧底注浆

进行地表注浆试验→预留注浆孔开孔→钻孔→下管→浇筑固壳料→基底注浆加固→注浆完毕后清理隧道。

2)套拱加固

(1)套拱加固施工前,应对加固断面净空进行复查,保证套拱施作空间,同时不侵入建筑限界。

(2)钢架落底于坚实的混凝土基础上,可在墙脚适当凿槽留出钢架落底空间,钢架与原衬砌做到密贴,脱空位置可以采用垫块或混凝土填实。

(3)钢架安装后,安装套拱模板,浇筑套拱混凝土。

(4)套拱混凝土浇筑完毕后,进行养生、拆模。

12.6.4 加固效果及经验总结

12.6.4.1 加固效果

本隧道按照设计对隧道进行改造加固后,增强结构承载能力、完善隧道排水体系,对洞内进行装饰并安装照明等设施。自改造后通车运营以来,隧道洞内渗漏水得到了彻底的治理、结构变形破坏得到了有效控制,无渗漏水也无新的裂缝发生,隧道状态及运营情况良好。

12.6.4.2 经验总结

通过对此隧道的病害处治,经总结得出以下经验及结论,给后续类似的病害处治提供必要参考。

(1)在进行隧道病害处治设计前,对病害现状、原因等进行调查和检测具有重要的作用,为处治设计提供必要的基础参考资料。

(2)该隧道地质条件差,隧道洞身穿越的地层围岩较为复杂,本次病害整治根据不同段落的病害程度、围岩及隧道施工情况,针对性地采取不同的治理措施。

(3)套拱加固是成熟有效的加固措施,不仅增强结构承载能力、完善隧道排水体系,还对洞内进行装饰并安装了照明等设施,极大提升了隧道的运营美观和行车舒适度。

结　语

截至 2018 年底,我国公路通车总里程为 484.65 万公里,高速公路通车里程为 63.33 万公里,公路隧道通车里程为 17236 公里。目前,我国已基本建成交通运输部规划的"7918"国家高速公路网络,公路行业已进入新建与维修并重阶段,若干年后会处于以维修加固和现代化改造为主的阶段。

大量隧道加固工程实践表明,隧道在建设期存在的不合理现象及质量缺陷,随着时间推移将导致衬砌开裂、渗漏水、底鼓等病害。这类病害的产生有一定规律可循,通常加固处治措施相对明确,采取科学的处治方案可大幅提高隧道技术状况。

调查证实,大量早期建设的隧道已经表现出结构变形及材料劣化等特征,尤其是在寒冷气候区、特殊地质地段及施工中塌方、涌水等条件下修建的隧道,此类情况更为明显。我国大量公路隧道修建于复杂地质、地形、气候等条件下,可以预见在长期的使用过程中,隧道结构随着地下水环境变化、围岩松弛、材料劣化等情况的持续发展,安全储备逐渐降低、病害现象陆续出现,将会有相当数量的隧道进入维修期,维修加固将成为隧道工程领域一项长期的核心工作。因此,需要通过及时、合理的工程措施,延长其使用寿命,从而创造出巨大的社会和经济价值。

我国交通运输主管部门近年来越来越重视公路隧道养护管理工作,正在陆续制定、完善相关制度、标准、规范等,公路隧道养护行业即将进入一个新的发展时期,届时公路隧道养护资金投入将得到改善,养护理念得以提升。以此为契机,公路隧道行业的工程技术人员应不断提高公路隧道的修建水平,不断完善、发展公路隧道维修加固技术;公路隧道行业的运营管理者,也应不断提高认识,通过科学管理实现隧道的安全运营。

最后祝愿:隧隧质优安全,道路祥瑞通达!

参 考 文 献

[1] 杨新安,黄宏伟. 隧道病害与防治[M]. 上海:同济大学出版社,2003.

[2] 关宝树. 隧道工程维修管理要点集[M]. 北京:人民交通出版社,2004.

[3] 重庆市交通委员会. 公路隧道养护技术规范[M]. 北京:人民交通出版社,2003.

[4] 中交第一公路勘察设计研究院. 公路隧道健康诊断的应用技术研究报告[R]. 2006.

[5] 吴新璇. 混凝土无损检测技术手册[M]. 北京:人民交通出版社,2003.

[6] 刘启琛. 锚喷支护整治隧道裂损衬砌[M]. 北京:中国铁道出版社,1986.